伊沢多喜男と近代日本

大西比呂志　編

芙蓉書房出版

まえがき

伊沢多喜男は、明治維新直後の一八六九（明治二）年、長野県伊那郡高遠町に生まれ、敗戦ののち一九四九（昭和二四）年に没しているから、ほぼ近代日本の戦前期という時代を生きた人物である。伊沢の主な経歴をみると、一八九五年帝国大学法科大学を卒業して翌年内務省に入り、以来和歌山ほか各県知事（一九〇七年～）、警視総監（一九一四年）、貴族院議員（一九一六年）、台湾総督（一九二四年）、東京市長（一九二六年）を歴任、ついで枢密顧問官（一九四〇年）となった。これから明らかなように、伊沢は内務官僚そして明治の国家官僚として典型的なコースを歩み、明治憲法体制の成立と終焉をほぼそのまま見届けた官僚政治家といえるだろう。

伊沢が明治の国家官僚の中で顕官であったことはまちがいないが、とはいえ官界での経歴において伊沢を上回る高官はいくらも数えることができる。また伊沢多喜男の名は、歴史上、長兄の伊沢修二に及ばないことも確かである。伊沢多喜男の存在は、決して華々しいものではないが、それはむしろ伊沢が望むところであり、そこにこそ伊沢の本領があった。本書で明らかにするように、伊沢は官界での経歴を背景に、自身は直接表舞台に立つことを避けながら政党有力者・重臣・首相クラスの政治家たちと強い関係を有し、主に大正後半から昭和戦前期の政界で隠然たる実力を発揮した。伊沢は国家官僚と同時に政治家として国政に深く関わり、その政界活動と人的ネットワークは、内閣中枢から地方政治、植民地統治に及んだ。昭和期に政界で喧伝された「伊沢閥」あるいはその影響下にあった「新官僚」

などは、その一つであった。本書はこうした官僚政治家伊沢多喜男の政治活動の分析を通じて、近代日本における官僚と政治の関係について考察することをねらいとしている。

本書は、伊沢多喜男文書研究会のメンバーによる共同研究になるものである。本会は一九九六（平成八）年に発足して、伊沢多喜男関係文書の整理と分析を進め、その成果として、さきに『伊沢多喜男関係文書』（芙蓉書房出版、二〇〇〇年一一月）を刊行した。これが伊沢多喜男と近代日本における官僚政治研究の「資料編」であったとすれば、本書はこれら基礎資料にもとづいて伊沢の生涯を系統的に考察した「通史編」と位置づけるものである。本会のメンバーは以下の通りである。代表大西比呂志（早稲田大学講師）、吉良芳恵（日本女子大学助教授）、広瀬順晧（駿河台大学教授）、季武嘉也（創価大学教授）、櫻井良樹（麗澤大学教授）、中島康比古（国立公文書館公文書専門官）、加藤聖文（国文学研究資料館史料館助手）、黒川徳男（國學院大學講師）である。

さて、伊沢多喜男についてこれまでもっとも詳細に論じているのは、カナダ人歴史学者ハーバート・ノーマンである。ノーマンは、敗戦直後にＧＨＱの一員として再び日本を訪れ、「伊沢多喜男―日本の黒幕」（四五年一二月）を著した。伊沢の存在は、「日本における近代国家の成立」（一九三九年）以来、一貫して「官僚的文官」の役割を重視して近代日本の発展と没落の過程に洞察をめぐらしたノーマンにとって、民主国家日本の建設にあたり重要な分析の対象であった。

伊沢の没後、旧内務官僚の有力者が母胎となり、伝記『伊沢多喜男』（一九五一年）が編纂され、その生涯がはじめて系統的に叙述されたが、以来、今日までの歴史研究のなかで伊沢について、正面から論じたものは少ない。戦後の民主化と経済的発展の結果、その担い手として政党が肯定的に、その反対に軍部が批判的に歴史研究の対象として取り上げられることが多かったこととは対照的に、官僚への着目は看過されがちであった。またノーマンが伊沢を

「日本の黒幕」と呼んだことは、伊沢を一種あやしげな存在として、歴史研究の正当な対象から遠ざける一因となったかもしれない。近代日本において「黒幕」とか「惑星」と呼ばれた政治家には、宇垣一成など何人もの政治家を数えることが出来るだろうが、彼らの活動が水面下であればあるほどその実態を伝える資料は残されることは少なく、このことも実証的な研究を困難とした要因となっている。

しかし伊沢に即して言えば、前書の「解説」で述べたように、伊藤隆政策研究大学院大学教授によってはじめてその存在を明らかにされた「伊沢多喜男文書」は、こうした政界中枢の機微に満ちた交渉を解明する貴重な資料であり、ここにようやく本格的な研究のための環境が整ったのである。おりしも、日本近代史における官僚研究は近年、新たな高まりをみせ多くの業績が重ねられており、また歴史学の分野にとどまらず行政改革、構造改革のかけ声にみられるように、現代日本政治にみられる官僚制に派生する諸問題は、広く国民の関心事である。日本政治における官僚およぴ官僚組織の持つ功罪は、過去の問題にとどまらず、現代日本に深く内在することの証左であり、本書刊行の動機は以上のような経緯とともに、近年の「官僚政治」への関心とも無縁ではない。

本書は、以下の七本の論文からなる。

吉良芳恵「県知事時代の伊沢多喜男―和歌山・愛媛・新潟」は、伊沢がはじめて知事となった一九〇七（明治四〇）年から一九一三年までの右の三県知事時代を扱う。この時期は、内務官僚伊沢が地方行政の一線に立った時期で、緊縮財政下で地方改良運動を進める日露戦後経営の遂行を、政友会勢力の台頭という政治情勢のなかで担うことになった。この過程で伊沢は内務官僚として辣腕をふるう「鉄血知事」の異名をとると同時に、党派的には非政友系と目される存在として位置づけられていく。本論文ではその過程を、兄伊沢修二、原敬、大浦兼武という、官僚、政党、藩閥を象徴する三人との関わりに着目して分析する。

季武嘉也「大浦兼武と伊沢多喜男―内務官僚として」は、吉良論文をうけて一九一四（大正三）年四月第二次大隈内閣で就任した警視総監伊沢を扱う。伊沢の警視総監就任とそのもとで行われた警視庁人事は、非藩閥系の専門官僚の台頭を促し、この間伊沢は当初疎遠であった内相大浦と急速に親密になっていく。伊沢は大浦内相のもとで内閣の「中堅」を担う官僚政治家への転身をとげていったのであり、ここに一九三〇年代以降の政治家伊沢多喜男の原点があるとする。

櫻井良樹「伊沢多喜男と東京市政」は、一九二六年七月、台湾総督を辞任して就任した東京市長時代を扱う。その任期はわずか三ヶ月ほどであったが、就任のプロセスは市会の政党勢力の増大と執行体制における専門官僚制化という、この時代の都市政治状況をめぐる二つの潮流の焦点に位置する出来事であった。ここでは、吉良、季武論文で指摘された大浦・伊沢らの官僚グループが、原敬率いる政友会の対抗勢力になりつつあった同志会・憲政会と結びつきながら、都市政治に影響力を行使していく過程が考察される。

加藤聖文「植民地統治における官僚人事―伊沢多喜男と植民地」は、一九二四年九月、台湾総督となって以降、昭和初年の政党内閣期に台湾ほか朝鮮、満州において伊沢が影響力をふるった官僚人事を扱う。植民地への人事は地方官界とならんで伊沢の重要な政治資源の一つであった。しかし五・一五事件で政党内閣が終焉し、斎藤内閣以降の挙国一致内閣期には軍や革新官僚の進出によってその影響力も低下していく。論文ではこうした伊沢の「植民地介入」の実態を考察し、台湾、満州などを通じた植民地統治体制における官僚人事システムと人的ネットワークを明らかにする。

黒川徳男「中間内閣期の伊沢多喜男」は、斎藤内閣、岡田両内閣における伊沢の活動を扱う。伊沢の斎藤実擁立と閣僚人事への関与はよく知られているが、その斎藤を伊沢が見限っていく過程は必ずしも明らかでない。論文では、同内閣期に貴族院議員として伊沢が審議に関わった米穀法、日本製鉄株式会社法をめぐる活動を通じてこれを検討する。続く岡田内閣は挙国一致の実を挙げるべく内閣審議会や文政審議会を設置し伊沢も参加するが、論文では伊沢の活動がこれら審議会の性格に大きな変化をもたらしたことも考察する。

中島康比古「国家総動員法案と伊沢多喜男」は、伊沢が貴族院議員としてもっとも華々しい発言をした一九三八（昭和一三）年、貴族院委員会における国家総動員法の審議を対象とする。伊沢は日中戦争が長期化し議会制が危機に直面するなかで、政府への包括的委任立法を制限する修正案を共同して提出する。最終的に伊沢は政府原案への賛成に回るが、その後の国家総動員審議会への参加を含めて、この間の伊沢の活動を明らかにし、成立した国家総動員法の運用にどのような影響をもたらしたのかを考察する。

大西比呂志「戦中戦後の伊沢多喜男―内務官僚支配の終焉」は、枢密顧問官就任（一九四〇年）から公職追放（四七年）をへて没する（四九年）までの伊沢の政治活動を対象とする。伊沢は開戦に反対しながらも東条内閣を支持し、その辞職後には近衛、次いで鈴木貫太郎を擁立して敗戦を迎える。戦後も東久邇、幣原両内閣で強い影響力を保持したが、吉田・片山内閣期に進展する占領改革のなかで急速に喪失していく。論文では伊沢に象徴される戦中戦後における内務官僚支配の連続と終焉を考察する。

なお、巻末に、参考として前書に収録した「伊沢多喜男略年譜」（中島康比古作成）を再掲した。

以上のように、本書は内務官僚として一線に立った日露戦後の知事時代から、警視総監、東京市長という枢要の地位に登り政治的にもその旗幟を明確にしていく大正期、植民地行政に影響力を持った昭和の政党政治期、ついで貴族院議員として華々しい活動を行い、斎藤内閣擁立など政界活動の旺盛であった準戦時期、次いで戦中戦後の各内閣に影響力を行使した枢密顧問官の時代、というようにほぼ伊沢の官僚政治家としての主要な公的生涯を網羅している。それは近代日本の半世紀に重なるものであり、本書を『伊沢多喜男と近代日本』と題した所以である。

各論文は、それぞれの関心から執筆されたものであるが、伊沢が近代日本の統治機構内で、政官、中央地方関係の結節点に位置し、この構造の持つ特質を解明する上で重要な対象であるという認識は一致している。伊沢は政界の「黒幕」とされたが、その評価はこうした政治構造上に占めた伊沢の機能から明らかにされなければならない。各論文と全体としての本書が、今日にいたる日本政治における政官関係を歴史的に考察する一つの素材となることができれば幸いである。

二〇〇三年六月

大西　比呂志

伊沢多喜男と近代日本●目次

11　県知事時代の伊沢多喜男

県知事時代の伊沢多喜男
――和歌山・愛媛・新潟――

吉良　芳恵

はじめに

伊沢多喜男は、一八九五年（明治二八）に帝国大学法科大学政治学科を卒業後内務省に入省、九六年に愛知県属となり、その年文官高等試験に合格して内務官僚としての道を歩むことになった。九七年には内務属として内務省内務部長第一課長に就任、ついで山梨県参事官として土木局道路課に勤務、九八年には岐阜県参事官、一九〇〇年には岐阜県警部長に任命された。こうして伊沢は、キャリアとしての道を順調に歩み、〇二年には福井県書記官（内務部長）、〇四年滋賀県書記官（内務部長）、翌〇五年には地方官官制の改正により滋賀県事務官（第一部長）となった。その後日露戦後の〇六年一月第一次西園寺公望内閣が成立するや、四月警視（高等官三等）に任命され警視庁第一部長に就任した。この時の内務大臣は原敬、警視総監は安楽兼道である。一説によると、岐阜県時代の知事であった安楽により抜擢されたという。ついで翌〇七年一月一一日、三九歳で和歌山県知事（高等官三等、在職約二年七ヶ月）に任命され、この年から一三年（大正二）三月まで、愛媛（高等官二等、在職約三年五ヶ月）、新潟（高等官一等、在職わずか二ヶ月）を含めた三つの県知事をつとめた。こうした約六年にわたる知事時代の始まりは、第一次西園寺内閣期で、日露戦後恐慌が始まった年である。次の愛媛県知事就任は、第二次桂太郎内閣（内相平田東助）期で、その後の「情意投合」による第二次西園寺内閣（内相原敬）成立時にも、伊沢は愛媛県知事に留任している。最後の新潟県知事は第三次桂内閣（内相大浦兼武）期であるが、大正政変により第一次山本権兵衛内閣が成立するや休職を命じられた。(1)

すなわち伊沢は、日露戦後経営まっただ中の「桂園体制」期に、地方長官＝県知事として財政緊縮を余儀なくされる地方経営にたずさわることになったのである。

愛知県属時代と思われる頃兄の伊沢修二が多喜男にあてた書簡が残っている。地方官の心得がよくわかる書簡で、伊沢多喜男が最も信頼する兄の教えをモットーに、キャリアの道を歩むことになった原点たるものと考えられる。(2)

奉職地之事ニ就ては毎々彼是被申越候へ共甚以不得其意儀と存じ候。元来官吏たるものハ一旦いづれニなりと奉職致候上ハ其処ニ在りて孜々勤功を積ミ自ら人々の信用を得てこそ好位置ニも進むことを得べき歟。当時の若年輩のやゝもすれバ運動などゝ唱へ彼是奔走致候事ハ誠ニ片腹痛き次第ニて到底ろくなことの出来べき道理なし。以後改心現時の職ニよく勤むるハ他日好位置ニ到ルの礎なりと覚悟ヲ定め可被成候

この書簡からは、多喜男が兄に赴任地からしばしば不満を述べたことがうかがえる。これに対し修二は多喜男に、運動などせず「改心」して忠勤に励めば「好位置」につける、つまり出世ができるとたしなめているのである。伊沢は後年の述懐で、「地方官をして歩いて到る所で多数党と争」ったと述べ、さらに福井県では着任の日から、県会で三

分の二の絶対多数をほこる政友会と農工銀行をめぐり対立し、政友会に厳しい態度をとったと回顧する。しかし滋賀県ではあまり「喧嘩」をせず、日露戦争末期の国債募集に全力を注いで、東京・大阪についで好成績をあげたともいう。(3)この述懐は、地方官としての伊沢の性格を意外に正確にあらわしていて面白い。

そこで本稿では、「好位置」へ向けキャリアの道を歩んだ伊沢の和歌山・愛媛・新潟県知事時代をとりあげ、第一に、どのような状況で県知事に任命され、どのような状況で他県に転出したのか、第二に、どのような地方政治状況に直面し、県知事として如何なる県政を行ったのか、という点について考察し、地方政治における官僚知事としての伊沢の意味を明らかにしたい。

一　和歌山県知事時代

1　就任状況

一九〇七年（明治四〇）一月一二日の『紀伊毎日新聞』は、一一日午後着の東京電報として、伯爵清棲家教知事の更迭（新潟県知事任命）と警視庁警視伊沢多喜男の和歌山県知事任命を報じた。伊沢はこの任命について、一九四〇年五月一八日の「府県制発布五十周年記念座談会」や四一年六月一七日の第一回「伊沢多喜男氏談話速記」で、原内相により「非常な抜擢」をうけ和歌山県知事に任命されたと述べている。「政党の領袖」である原はその際伊沢に、陸奥宗光の従兄弟で政友会の岡崎邦輔とは相当懇意であるため政党人として岡崎の言うことは聞くが、伊沢には「理想通りの知事として」その信じることをやるようにと述べたと述懐している。ちなみに伊沢はこの時の原の配慮に感銘をうけている。(4)

そこで赴任前の和歌山県の政治状況を、伊藤之雄氏の先行研究などをもとに概略しておこう。

和歌山県では、一八八八年から、陸奥宗光に従う陸奥派とその反対派である自由派が対立関係にあり、激しい政争を繰り広げていた。日清戦争期までは、陸奥派が自由派（自由党）を圧倒し、全国的に優位を占めていた自由党も和歌山県では不振を続けた。(5) しかし日清戦争後は陸奥派の結合力が弱まり、九七年の陸奥の死後分裂、その後自由党の後身である憲政党が主流となる時代が到来した。伊藤之雄氏は、憲政党は民党連合路線よりも藩閥勢力との妥協・提携を重視する陸奥派の理念をうけついでいたこと、九八年の地租増徴問題をめぐり一時的に憲政本党が力をのばしたが、一九〇〇年一一月には、憲政党と旧陸奥派を中心に和歌山市部の商工業者等も参加した立憲政友会和歌山県支部が創設され、政友会が県政の主流となったこと、陸奥派は自由党の一派であったことを明らかにしている。また『和歌山県史』も、この二派は政策上での差異はそれほどなく、「似たような半吏党と半民党」であったと分析し、以後大正期にかけて政友会の優位が続いたとみる。(6)

伊沢はこうした政友会王国に〇七年一月末赴任した。

2「鉄血知事」の誕生

『和歌山県議会史』は、伊沢が「官僚的」であったため「議会を軽視して独断専行が多く、県会との対立を深めた」と位地づける。(7) そこでまず、愛媛県知事への転出時に与えられた評価をみることにより、伊沢が如何なるイメージで総括されていたかを確認しておこう。

一九〇九年（明治四二）七月二〇日に伊沢が愛媛県知事に任命されると、憲政党系の『紀伊毎日新聞』は社説で、清棲前知事の「万事大やり」なやり方に反し、伊沢は「辛辣骨を刺すの手腕」による県政を行ったと記した。また福井県時代、政党政派の威圧に屈せず「鉄血伊沢」の異名をとった如く、和歌山でも「従来の県知事が多数党の為に媚び、政派の鼻息を伺ひ（中略）県会開会の以前に於て既に妥協を成し、些の波瀾なく曲折」もなかったのに対し、伊沢は情実を容れず、〇八年冬の県会では「知事対政派」の争いになっても、「自信の為に幾多政派の圧迫にも屈」せず県政史上最初の原案執行を行って所信を断行したと総括した。ついで高野山の開発、県土木界の大改新に特に意を用いたとその業績を評価した上で、「愛媛はかの土工紛擾問題を以て有名の地たり、明府伊沢氏の之に転ずるは是れ蓋し天は其の辣腕を振はしむるに好適地を与へたるもの」と、その転出を惜しんだ。(8)

伊沢自身も事務引継が終了した際、

地方政党の如き多数必ずしも悉く輿論を代表するものでない、却つて多数者の為に県の一角に歎声を聞く事は往々ある（中略）唯一随に万事事なかれ主義を取つて多数党と提携し鎗栗算段してやつたならば或は穏便にいつたやら分らぬ、しかし之れ決して地方長官としての職を全うしたるものでない多数党の意見も徴し、少数者の意見も見、そして自己に於て之が真に国家社会に忠実なるものである県民の福利を増進するものであると信じたる事あらば、よしんば現前に於て多少の反抗ありとも之を行ふて然るべしと思ふ

と述べ、「多数党」との衝突も辞さず、地方官僚として国家や県民の利益のため「正義」を断行したと語った。(9)

しかし政友系の『和歌山新報』は、伊沢を「細心翼々」で「勤勉熱心」ではあるが「地方行政に不熟練」と評し、治民の術においては未だ円融滑脱の妙手腕なく前任者に及ばざること遠く法規を楯に県参事会と衝突して参事員等の悪感情を買ひ、県政治の上に最大支障を生ぜしめその編む所の四十二年度の予算の如きは県会をして頂辺より不信任的否決を加へしむるの不幸を買ひたる始き、彼の和歌浦鉄橋案の原案を執行して県民の意に逆ひ県会の決議を軽視し、甚く不評を受け、彼の独のビ公的専制風の異名として鉄血知事の称呼を加へられたるが如き（中

略）在任中の治績は唯だ官僚主義と民主々義との争議を見るの他又真に上下一致の態度を見る事なかりしと、「鉄血宰相」ビスマルクに模して伊沢を「鉄血知事」と呼び、その「専制」を酷評した。[10]さらに伊沢県政の特徴を法規に忠実な「官僚主義」ととらえ、それが政党の「民主主義」と対立したとみた。愛媛県へ転出した直後の八月二三日挙行された和歌浦鉄橋開通式に伊沢は、「元来同鉄橋に関しては感情問題ともなり居れる事なれば却つて其式に臨まざる方穏やかならんと推し態と列席を避け」たと述べており、その信任をめぐって感情の対立があったことを証言している。[11]

では、伊沢は具体的にどのような県政を行ったのであろうか。主要な点を左にあげておこう。

第一は、県会と対立してまでも予算の原案執行を行い、強硬な姿勢を貫いたことである。

伊沢は、最初の通常県会（一九〇七年一一～一二月）に貸家税を新税目とする原案を提示し、拒否された。しかし県民の銀行預金と郵便貯金を調査し、一人当りの平均額が他府県に比較して大差があるとの見地から県民の担税力に余裕ありと判断し、翌〇八年の通常県会では〇九年度歳出予算額を前年度より一〇万三〇〇〇円増加させ、土木・勧業・教育等の施策（田辺警察署建築費・高野街道改修費・岩出橋架換費・和歌山中学校寄宿舎建築費・有田郡役所新築費・石油発動機漁船新造費等）を拡充する積極政策を提案した。しかしこの知事原案に県会が反発、県参事会、予算調査特別委員会は負担過重を理由に、田辺中学校増築費のみを残して大半を削除した消極予算の修正案を提出した。本会議でも論戦が展開されたが、結局大幅な削減九万三〇〇〇円で決着した。この過程で、特に新税目の貸家税について、課税は家賃の引き上げとなり借家人の負担となるゆえ貧民税だとの反対論が出され、この原案は削除された。そこで知事は貸家税案を撤回し、土木・勧業等主要経費について再議に付したが、県会は再びこれを否決、結局知事はその一部について内務大臣の指揮を求め原案執行を行った。さらに〇八年度追加予算（和歌浦～紀三井寺間道路改修費、和歌浦鉄橋架設費）についても、県費支弁編入の手続きがとられていないことを理由に不当支出として再議が否決されたため、原案執行という県会史上異例の事態が続くことになった[12]。つまり、日露戦後経営として県民の税負担増加により積極政策を推進しようとした伊沢に対し、政友会主流の県会が抵抗したため、原案執行が伊沢により強行されたのである。しかしこうした姿勢は県会との間に感情的対立を生み、皮肉にも伊沢の後任知事によって積極政策は実施されることになる。いずれにしても県会の反対を押し切って積極政策の原案執行を行う姿勢が、「鉄血知事」のイメージとなったとみてよいだろう。

第二に、政党に対し不偏不党の態度をとったことである。

一九〇八年五月一五日の第一〇回衆議院議員総選挙において、市部では大同倶楽部の阪本弥一郎が当選し政友会の久下豊志が破れた。また郡部でも非政友派の山口熊野（猶興会）が首位で当選した。しかし他の四名は全てが政友会で、しかも阪本も山口も元は政友会に所属していたから、結果的には政友会が圧倒的優位を占め、和歌山県が政友王国であることにかわりはなかったが[13]、伊沢はこの総選挙にある種の「選挙干渉」を行ったと後年回顧している。その語るところによれば、「和歌山県と云ふ所は殆ど百分の八十迄政友会の地盤」で「非政友は殆どない所」であったが、選挙前に衆議院議員で政友会の県支部長である神前修三を呼び、政友会の候補者久下について、

私は政党と云ふものは知事としては眼中に置かない、政友会であらうが、非政友であらうが、眼中に置かない（中略）久下豊忠《ママ》君と云ふのは僕は余り感服しない、田舎新聞〔筆者注・和歌山新報〕の社長で、恐喝取材と云ふ様な如何はしいことやつて居るとの世評がある、私も余り柄が宜くないと思つて居る、斯んな人が和歌山県の代議士として出て行くことは私は県知事として余り嬉しくないのだ

と伝え、支部の久本支持に圧力をかけたというのである。そのため支部はしばらく運動をひかえたが、政友会本部か

ら久本支持の運動をするよう指令が来たため運動を開始、結局出遅れがひびき政友会が破れるという事態を招いた。勿論政友会は「伊沢と云ふ奴は怪しからぬ奴だ」と息巻いたが、原内相は「君非常に宜くやつた君等のやうな態度で知事と云ふものはあるべきものだ」と政党に偏らない伊沢を逆にほめたと、後年の伊沢は述懐する(14)。原内相の言葉が事実であるとしてもその本意は不明であるが、伊沢がこうした原の態度にある種の大きさを感じたことは確かである。いずれにしても伊沢が官僚知事として不偏不党の態度をとったことは、結果的には多数党である政友会への干渉となったのである。

第三は、国家官僚の一員として、神社合祀政策を積極的に遂行したことである。

政府は日露戦後、疲弊にあえぐ町村の財政を立て直し基本財産を造成することなどを目的に、地方改良運動を推進した。一九〇六年五月の地方長官会議で原内相により神社整理の訓示（「神社合祀勧奨ニ関スル件」）がなされ、八月には勅令「神社寺院仏堂合併跡地ノ譲渡ニ関スル件」が出された。また内務省神社宗教局は八月「由緒なき矮小の村社無格社」の合併を勧奨する通牒（「寺社合併並合併跡地譲与ニ関スル件」）を府県に通達した。これは、神主が不在で社殿も荒廃し祭神も不分明な神社を整理合併し、不用となった跡地を無償で払い下げて神社の基本財産とし、村の精神統合の核として神社を再興させようとするものであった。一町村一社の実現で新行政町村内の統合を図り、神社行政の貫徹を達成しようとするねらいがあったとされるが、和歌山県ではこれをうけて一二月通牒「神社ノ存置及合併」が出された。その後〇八年七月に成立した第二次桂内閣の平田内相により、合祀の方法と処分を府県知事に委任することが訓令された。これをうけた府県知事は、郡長にその処理を委せ、郡長は町村長らとはかり早急に一町村一社制を実施することになり、各地で不合理な合祀が強行された。ちなみに伊勢を擁する三重県と熊野を擁する和歌山県が最も神社合祀の激しいところであったという。こうした和歌山県に赴任した伊沢は、清棲前知事からの方針をうけつぎ神社合祀に積極的に取り組んだ。〇八年一一月九日、伊沢は「神職者の心得に関する訓令」を発表した。民力の涵養と風紀の振興を趣旨とする戊辰詔書（一〇月一三日発布）をうけ、「我国固有ノ美風タル敬神ノ念ヲ善導利用シ神社ヲ中心トシテ地方民ノ協同輯睦ヲ謀」って「公共事業」を起させ、「教化訓育」団体を結成させ、「共同組合地方改良」等の事業を起こさせるために、「神社制度ノ改善」に努め「地方民風ノ振興」を謀り「神社ト地方トノ関係ヲ親密ナラシメ」よというのである。(15) こうして、〇六年には神社数が五八一九（村社六四九、無格社五一四一社）あったにもかかわらず、伊沢が赴任した〇七年には三〇一七（村社五五一、無格社二四三七）、〇八年には一九二二（村社四五七、無格社一四三七）、〇九年には一〇九一（村社三九三、無格六七〇）と激減し、伊沢知事時代に神社合祀が急激にすすんだ。伊沢は国の方針である合祀政策を忠実に実行し、〇九年六月二四日から開催された郡市長会議では、「神社整理」について、「維持困難の神社にして他の神社へ合併し又は廃社したる数二千余に上り（中略）整理上の好傾向を証する所以（中略）喜ぶべき現象なり」と訓示し、その成功を誇っている。(16)

この神社合祀政策に対し、南方熊楠が〇九年九月からしばしば『牟婁新報』に反対意見を寄稿し、積極的に反対運動を展開したことはよく知られている。南方は、〇六年の原内相の合祀令は、特殊事情や特別の由緒書がある場合は合祀しなくてもよいとの訓令であったが、次の平田内相は一町村一社制度を府県知事に委任し、知事の方針をうけた郡長が合祀を厳行したことが問題であるとして、その責任を追及した。さらに南方は、六分の一にまで減少したとされる和歌山県の神社合祀の実態を調査し、その政策を厳しく糾弾したが、伊沢の施政については具体的に言及することはなかった。(17)

第四に、伊沢が利益誘導あるいは情実を排した政治を行ったということである。その事例を和歌山市の遊廓設置問題にみることができる。

清棲知事時代の一九〇五年の通常県会で、兵営設置建議案が全会一致で可決され、清浦内相に建議された。その結果日露戦争から帰還した歩兵第六一連隊が、〇九年三月から海草郡湊村（後に和歌山市へ編入）に入り衛戍を開始、第三二旅団司令部と衛戍病院も同地に設置された。この設置に対し、陸軍省と在郷軍人、地元議員等は和歌山市に遊廓の設置を要望したが、伊沢は原内相も暗黙の了解をしたと理解し拒否の姿勢を貫きとおした。ここには地元の利益誘導に対して一線を画し、さらに地方改良運動がめざす風紀の改善につとめた「潔癖」な伊沢の姿勢をみることができる。(18) あるいはまた、滋賀県内務部長時代の連隊区司令部との喧嘩が示すような軍人嫌いの性格が作用していたのかもしれない。

以上、伊沢は国家官僚＝官僚知事としての観点から県会運営を行い、県政を支配する多数党である政友会と対立してまで原案執行により積極政策を遂行したこと、しかもその手法が県会に対して「専制的」であったため、「鉄血知事」のイメージを与えたことをみてきた。

二　愛媛県知事時代

1　就任状況

一九〇九年（明治四二）七月三〇日、東京発至急電報として、文官分限令による安藤謙介知事の休職と伊沢の愛媛県知事任命が報じられた。(19)

伝記『伊沢多喜男』(20) や一九四一年七月二日の「伊沢多喜男氏談話速記」（第二回）に記された就任前後の状況を要約すると次のようになる。

①たまたま上京中であった伊沢は平田内相に呼ばれ、一木喜徳郎内務次官列席のもと、愛媛県の腐敗の現状を詳細に説明された。すなわち愛媛県では、政党が県政に強い根を張り、県吏の任用から県費事業の運営まで左右し、警察も政党人と結託して綱紀が紊乱しているため、如何なる県政の問題も政党ボスの支配をうけ、その諒解なくしては決定できず、知事は傀儡にすぎない。安藤知事は政友会支部の手先となり大土木事業を計画、そこでこれを粛正するため、同県に転任せよと懇請されたが、平田は「えらく気の毒なやうな顔付」であった。

②三等《(ママ)》指定地の愛媛県知事に就任することは、知事を二、三〇人追越して行くことになり、大変な栄転であり喜んで行った。

③直接任にあたる警察部長に信頼できる柴田善三郎を和歌山県からつれて行き、愛媛県内務部長で大学同期の西久保弘道をその後福島県知事に栄転させた。なお三等《(ママ)》県の内務部長が県知事に出ることは異例で、通常は一等県の東京、大阪、京都、警視庁等から出るのが慣例であった。

これを裏打ちするかのような、兄修二から多喜男にあてた翌一〇年二月二一日付の書簡が残っている。平田が修二に次のような内話をしたようである(21)。

先日平田内相ニ面会之節同氏よりも懇々談話有之愛媛へ其許を赴任せしめしハ全く内相自身より頼ミたる次第ニ付どこ迄も保護可致ニ付一ケ年間位ハ面倒ニても耐忍を望む云々と頗ル打解けて内話有之候。右御含迄ニ申入置候。

つまりこの人事は内相自身の依頼であり、どこまでも保護するから一年間は辛抱してくれと述べたというのである。また「稿本柴田善三郎伝」は、一木次官が伊沢に招電して上京を促し、愛媛県の「粛清改革」のため転出を希望したと記している。いずれにしても、平田あるいは一木が愛媛県政を粛正するために伊沢を異動させたということになる。

しかし『原敬日記』の〇九年八月一日の記述は、少し異なる。

昨日愛媛県知事安藤謙介を休職にし、伊沢を和歌山より移し其跡に大浦の子分なる休職富山県知事川上親晴を採用せり。曩には有田義質を三重に採用し、今又川上を採用したるは大浦兼武が平田内相に迫りたる結果ならん[22]

つまりこれらの玉突き人事は、平田の後ろで大浦兼武農商務大臣が糸を引いているというのである。ただしこの時点では、伊沢は大浦の子分とは認識されていない。

ともあれこの人事に対し、政友会に近いとみなされていた『日本』は、内務当局の談として、内閣の更迭毎に地方長官の異動を行うのは地方県政の発達を阻害し、その影響は地方産業の健全なる発達を阻害する故、現内閣は成立の当初なるべく地方長官の異動を行はぬ方針であったが、安藤は政友会に偏しすぎ、不偏不党を本旨とすべき地方長官の職務を忘却する行為があったため更迭したと報じた[23]。

一方地元の新聞は次のように反応した。反政友系の新聞『愛媛新報』は、安藤知事の更迭を歓迎し、伊沢の選出は、中央政府が県政の整理革正は凡骨庸人ではできぬと判断した結果であると評価した[24]。さらに福井県時代、伊沢が関新吾、坂元彭之助両知事を補佐して「伊沢の天下サマ」の異名をとるほど辣腕をふるったこと、和歌山県では、「政友会勢力を占め且つ非役の陸軍少将又は中将等ありて常に県治に容喙し頗る面倒の地方なれど沈着にして学植深く何事にも定見を有する人のこととて為さんと欲する所は断々乎として之れをなし（中略）功績を挙ぐ現に昨年の通常県会に於て予算に付き県会と意見を異にし県会は多数を頼んで約十万円の削減をなしたれども氏は毫も動する所なく主務大臣の同意を得て原按を執行」したことを紹介し、伊沢への期待を表明した[25]。

新聞社の在京社友からも次のような情報がもたらされた[26]。

少しく傲慢に且圭角ある人にて見様によれば或る点に於て何んとなう官臭を帯べるイヤ味なきにあらざれ共極め

て自信力強く決断力にも富み絶大なる執着力を有し或場合には自家主張の為に首をかけても断行するの勇あり（中略）真面目に几帳面に吏人のモラルを以て自ら任ずる由に候へば多年弊政に困める貴県にとりては又無好知事と被存候

官僚臭はあるが、決断力や執着力、実行力があり、吏員としてのモラルを持っているから、党弊の激しい愛媛県にはうってつけだというのである。

一方安藤は更迭直後の談話で、二ニヶ年継続土木事業の件で昨年から休職を覚悟していたと述べ、現内閣では「地方官に異動のあつたのは、熊本、三重、茨木位のもので何れも人繰の為めで、懲戒的休職を喰つたのは僕一人のやうだ（中略）夫れも当然のことで（中略）今の内閣には安藤排斥論者が五人もあるのだ、然るに今日まで継続したのは聊か按外だ」と懲戒免職的人事異動であることを認めた。[27]

政友系新聞の『海南新聞』も、更迭理由は、「従来山縣系が行ひ来りたる辛辣なる遣り口より想像」すると、政友会に加担する傾向があったという程度であり、もしそれが理由なら地方長官のほとんど全部を馘首せざるを得ず、安藤だけがやり玉にあがったのは政友会への挑戦の第一矢ではないかと、当を射た記事を載せた。[28]

いずれにしてもこの異動は、大浦に促された平田内相が、政友会に偏した県政を行う安藤知事にかえて、官僚系知事伊沢を送り込み、安藤県政の粛正をもくろんだとみるのが妥当であろう。

2　県政の刷新

伊沢は八月三日初登庁し、安藤前知事が同席する中、「諸君が家族なれば余は家長にして其関係頗る密接なる（中略）建設は難く破壊は易し県行政の如き前任者の建てたる方針を猥りに破壊するが如き考へなく又た吏員の如きも徒らに交迭せざる積りなる」と訓示し、至誠をもって国家のために尽くすと、牧民官としての姿勢を強調した儀礼的発言を行った。[29] しかしその後は、最大課題であった二二ヶ年継続土木事業は調査の上自分の考えと一致すれば継続し、一致しなければ破壊や変更をし、無闇に破壊せぬ代りに決して盲従もせぬと発言、さらに九日には県下各郡市長に「多数党の鼻息を窺ひて之に迎合するが如き醜體ある可らず只だ至公至平事に当るべし」と訓示し、政友派への厳しい態度をみせ始めた。[30]

こうした事態に、政友会愛媛支部は七日伊沢対策のために協議会を開き、既定事業は安藤知事と「我党」の企画を踏襲するものと認め県下同志に通牒すべきであると決議、南予の政友派も政友会の方針を破壊するなら県会で戦うとの意思を表明した。[31]『海南新聞』も、八月九日付の『大阪新報』の記事[32]を転載し、

大浦男安立綱之氏等は愛媛県に官僚派の勢力を扶殖すべき画策を建て同県出身の静岡県選出代議士八束可海氏及び改革派の前代議士井上要氏等をして種々運動せしめつゝある由なるが同県は政友会及び又新硬派団村松恒一郎氏等の勢力範囲にして進歩党には非改革派の急先鋒合田福太郎氏あり随つて官僚派の評判極めて悪かりければ如何に奔走するも官僚派扶殖の計画は到底至難なるべし

と、大浦による官僚派扶植計画を警戒した。

伊沢は和歌山での引継終了後、その抱負を紀伊毎日新聞社主幹に語り、

四十一年度より四十二年度継続工事七百数十万円の大事業に就ては年々三十五万円の支出を要する事とて頗る難事たるに相違なしと雖も安藤前知事は充分の成算ありて決行したる事なれば左迄意とするに足らざらんか、唯其解決振りに就ては各方面より余の手腕を傍観せんなどゝ注視さるゝは聊か迷惑の感なくんばあらず[33]

と、政友会がお手並み拝見の態度に出ることを十分承知していると発言し、さらに「松山へ行つてはどんな事をする

か、まあ見てゝ呉れ給へ」と豪語した。(34) そこで伊沢が愛媛でどのような県政を展開したのか、少し長くなるがその主要な「手腕」をみておこう。

第一は、大土木事業計画をめぐり県会で原案執行を行ったことである。

日露戦後、政友会が圧倒的優位を占めていた愛媛県では、西園寺内閣の積極政策と一致する産業基盤の整備、特に土木振興策が重要課題となっていた。一九〇四年（明治三七）に知事に就任した安藤謙介は、財源難の中、港湾河川道路の修築改修等運輸交通機関の整備、教育の振興、産業の奨励を推進し、〇七年五月の臨時県会に三津浜築港を含む土木事業計画を諮問、政友派の賛成答申を得た。この三津浜築港に関しては以前から激しい政争が続いていたが、背景には松山市をめぐる運輸体系の整備構想、すなわち高浜開港を目指す進歩党（井上要派）と三津浜築港の実現を期す政友会（藤野正高派）の対立があった。水深が深く自然条件にめぐまれた高浜に目をつけた伊予鉄道（井上要社長）は三津浜から高浜に路線を延長し、港湾建設を開始、〇三年には大阪商船も寄港地を高浜に変更、日露戦争中は軍隊や軍需品の輸送がこの港から行われた。日露戦争後も高浜埋立と築港整備、高浜駅移転が伊予鉄道や大阪商船と協力してなされ、〇六年九月には高浜港開港式が挙行された。この影響をうけ衰微が始まった三津浜町も築港運動を開始し、〇三年には逸見義一町長が政友会愛媛支部幹事藤野政高らと会談、三津浜町の政友会支援を交換に築港に関する全面的支援を得る密約が結ばれ、三津浜港湾改修協賛会が結成された。この密約は、政友会がかろうじて多数派となった同年の通常県会で、三津浜築港測量費五〇〇〇円として実現され、〇六年には高浜港開港式に憤慨した町民が町民大会を開催、伊予鉄不乗運動を展開した。さらに三津浜有志は政友会の有力者と組み、道後・三津浜間に伊予鉄道との併行線敷設計画をたて、〇七年松山電気軌道株式会社を設立（一一年に開通）した。こうした中安藤知事は、〇七年九月の県会議員選挙で政友会が圧倒的に勝利したことを背景に、〇八年五月に臨時県会を招集、二二ヶ年継続土木事業計画案（七五五万五〇〇〇円、その中心が最高額九五万円の三津浜築港費）を提出した。「地方税制限ニ関スル法律」＝地方付加税課税率制限の緩和により増税が可能と判断したのである。しかし土木事業を政友会拡張の道具とみ、また県民負担の過重をおそれる進歩派は反対せざるを得ず、結局政友派の採決強行により可決をみた。両政派は、その後事業の認可をめぐって国に陳情合戦を展開、内務省内にも認可への慎重論が台頭したが、七月四日に西園寺内閣が総辞職する中、原内相の置き土産として七月一三日、内務・大蔵両省の協議により条件付で認可が決定された。すなわち、〇八年度支出予定額は削減、継続土木費額は課税制限内で、一地方の利害に係わるものは下級団体の経営に、年度内施行工事個所は毎年内務省の内議を経るとする付帯条件付の認可には、郡市町村土木補助費継続年期などを不許可とする内相の指令とその理由を記した地方局長通牒が付されていた。しかし安藤は付帯条件には言及せず、財源が危惧される一二月の通常県会に〇九年度継続土木支出額約三三万円を上程、政友派の同意を得て原案通過をみ、大土木事業はともかく開始されることになった。無条件認可ではないと進歩派が批判する中、〇九年七月一三日、三津浜築港起工式が挙行された(35)。

こうした大土木計画の「更生」＝変更を最大課題として赴任した伊沢は、〇九年一一月県参事会に、財政難を理由に継続土木費本年度支出額の大幅減額の原案を提出し、他日方針を確定すると説明した。これに対し政友派は予算の修正案を参事会に提出したため、知事は原案を議会に提出した。政友会は一二月、県選出代議士も参加して伊沢県政を糾弾する県民大会を開催、既定土木事業の遂行と伊沢の更迭を期す決議文を採択した。ついで政友会愛媛支部総会を開き、税制整理と民力涵養、交通機関の完成、河川港湾の改良などを決議し、政談大演説会を開催した。その後県会の予算審議第一読会では、県当局が公表した主務省の認可指令書・通牒の解釈をめぐり政友と進歩両派が対立、政友派は知事の弾劾決議を行い、知事も議決取消命令でこれに報いたため、議会は不当処分取消請求の行政訴訟提起決議で対抗するなど紛糾を重ねた（この議決取消命令は、翌一〇年四月行政裁判所が適法であるとして請求を棄却）。第二読会は、原案より増額した参事会修正案を可決、さらに県立松山病院予算を否決した。この県会議決に対し伊沢は再議に付さず、府県制第八三条に基づいて内務大臣の指揮をあおぎ、一〇年二月に原案執行を断行した。進歩派は四月県民大会を開催し、健全な県財政の確立、県政の宿弊の刷新、多数党の否認と次回選挙での排除、交通機関の整備などを決議、外郭団体愛媛県政同志会が結成されるなど政友派への対抗を強めた。こうした中、伊沢の強硬姿勢に政友派も態度を軟化させ、知事も土木費補助等について政友派の要求をいれて譲歩し、一〇年一一月からの通常県会に大土木計画の更生案を提出した。その内容は、国県道の改修、主要河川の水源土砂扞止と修築、主要港湾の浚渫のみを県営事業に留め、工事の継続年期を一九年に短縮、支出総額を大幅に削減（三津浜築港や里道二二線工事等を削除）、年割額を減額、港湾里道工事を郡市町村へ移管、県費補助規定を整備するなど、大幅な整理節減計画であった。この更正計画は満場一致で県会の賛同を得、長年の土木に関する政争に終止符がうたれ、県土木行政の根幹が確立された。伊沢の高姿勢により、政友派は態度を軟化せざるを得なかったのである。[36]

後年伊沢は、安藤前知事の土木工事を「砂上の楼閣」「杜撰な経理」と言い切り、「収入も何にもない膨大な予算を作つてさうして地方民を喜ばした（中略）それで安藤君は大変に一部の人間には人気があつた（中略）私が行つて之を兎に角粛清する、根本的の立直しをやつた」と述べている。さらにその背景には、高浜港があるにもかかわらず三津浜築港に県予算を越える経費を投じる計画が前内閣時代に認可され、外国からの機械購入が実行されたため、急に愛媛に行けと内相から命じられたと回顧している。[37]

第二は、三津浜築港疑獄事件の摘発による県政の粛正、すなわち政友会への厳しい態度である。

伊沢は赴任して間もない一九〇九年八月二五日、警察署長の大更迭を命じ、安藤系の署長、特に三津警察署長と大洲警察署長を休職にした。さらに大土木計画立案担当者である宮川清土木課長兼工師長を休職・依願免職にした。[38]

布陣をととのえた伊沢は警察的辣腕を振るい、不正が噂される三津浜築港に関し徹底的な調査を開始した。九月二四日三津浜町長と町会議員等一一名が三津浜築港起工式典への寄付強要恐喝の容疑で拘引された（裁判の結果証拠不十分で全員無罪）。ついで一〇月一三日政友会愛媛支部幹事長藤野政高が詐欺取財容疑で検挙され、「三津浜築港疑獄事件」に発展した。前年の〇八年一二月一三日に三津浜築港運動費として藤野政高が三津浜町側からうけとった一万円の使途が不正である、つまり藤野が社長をつとめる海南新聞社の資金等に流用した＝だまし取ったとの罪状であった。一一月八日には、政友派県参事会員大政章津、政友会支部幹部柳原正之ら三名が藤野から県立女子師範学校を三津浜町に誘致するための運動費をうけとったことが判明、藤野の予審廷での証人尋問で偽証をしたとして拘引される「女子師範学校運動費分配偽証事件」がおきた。この一連の疑獄事件における藤野らの有罪判決確定は、県政界粛正の気運を助長し、政友会に大打撃を与えた。政友会は伊沢を官僚主義者として非難攻撃したが、県民からの批判をあび、一一年九月の県会議員選挙では、進歩派が八年ぶりに政友派を押さえて議会多数派の地位を獲得することになった。[39]

一二年五月の第一一回衆議院選挙でも、警察畑のキャリアが豊富な伊沢は警察部長柴田善三郎に、「絶対公平にやれ、もう何等の手心を加へると云ふやうなことがあつてはならぬ、もう何処から何と言つても一向構はぬから君の正しいと思ふことを敢行」せよと命令したという。その結果であろう、政友会候補者成田栄信が買収容疑で逮捕され当選後失格、次点の村松恒一郎が当選し、非政友（国民党）の当選者は五名、政友派は三名となった。この摘発に政友会は、「伊沢と云ふ奴は連続してどえらい犯罪を二度犯し」た「怪しからぬ奴だ」と非常に騒いだという。しかし伊沢は、この時も原内相が「少しも私に対してお前は怪しからぬぢやないか所ぢやない、実にお前の態度は好いと云ふ

料金受取人払

本郷局承認

1379

差出有効期間
平成16年3月
31日まで

郵便はがき

1138790

東京都文京区白山
1－26－22

㈱芙蓉書房出版

読者カード係　行

ご購入書店

（　　　　区市町村）

お求めの動機	広告を見て（新聞・雑誌名）	書店で見て	書評を見て（新聞・雑誌名）	DMを見て	その他

■小社の最新図書目録をご希望ですか？　（　希望する　しない　）

■小社の今後の出版物についてのご希望をお書き下さい。

読者カード	ご購読ありがとうございました。ご意見をお聞かせください。大切に保管し今後の出版企画の資料にさせていただきます。

■書名

(ふりがな) お 名 前	年令　　　　歳 職業　　　男・女
ご 住 所　　郵便番号 ☎　　(　　　)	

■本書についてのご意見、ご感想などをご自由にお書き下さい。

注文書	書名	円	部
	書名	円	部
	1. 書店経由希望 (指定書店名を記入して下さい) 書店　　　　店 (　　　　区市町村)	2. 直接送本希望 送料をご負担頂きます 3,000円まで380円 8,000円まで450円 8,001円以上無料	

ので終始居られた」と、その態度に感服している。(40)

第三は、地方改良運動の一環として公有林野整理政策を遂行したことである。

一九一〇年一〇月、内務・農商務両次官は連名で、部落有財産を統一し市町村の基本財産とするための公有林野整理の依命通牒を各府県に送付した。これをうけた伊沢は、県下の実情を調査して整理方針を策定、一一年三月には郡市町村に内訓し整理着手を林務課に命じた。その内容は、町村基本財産の増殖、町村自治の改善、農村の開発、国土の保安のため、部落有林野四万七〇〇〇町歩を町村有に統一整理し、造林計画を定めるものであった。公有林野施業規則も同時に令達され、県当局の強固な方針と実情に適合していたこともあいまって整理が着実にすすみ、伊沢の在任中に部落有林野の大半が市町村有に統一整理された。さらに一ヶ年の造林面積も一〇〇〇町歩に達して、農商務省交付の造林補助金額は全国第一位となり、愛媛県の林野行政の整備は全国一だと称されるまでになった。(41)

第四は、住友四阪島製錬所の煙害問題の調停に成功したことである。

一九〇四年に操業を開始した住友四阪島製錬所の煙害（亜硫酸煙）公害問題は、数十年来紛糾に紛糾を重ねていた。〇八年に農商務省・県当局・住友により煙害が確認されると、農民運動も激化し、町村や県農会、県会等からは貴衆両院、内務・農商務大臣、県知事へ救済を訴える陳情や請願が提出された。伊沢が赴任したのはこの問題が尖鋭化したまさにその時期であった。〇九年一二月の通常県会では、内務大臣への煙害救済陳情建議案が満場一致で可決され、一〇年一月には越智郡外三郡の農民が再度貴衆両院へ請願書を提出、衆議院でも有志議員による鉱毒除害命令・被害救済建議案の提出をみた。伊沢は事態が一刻も猶予を許さぬと判断し、種々調査の上、農商務省と協議し農鉱交渉を準備、一〇年八月には被害四郡町村に覚書を提示した。各郡は代表者を県庁に送り、一〇月条件付で承認したが、この間伊沢は住友側の意見も聴取し、大浦農商務大臣に報告、大浦の現地視察を要求した。大浦は一〇月一二日から下岡忠治農務局長（伊沢の同期生）らと来県、煙害地の実情を視察、製錬所等でも事情聴取を行った。大浦は帰京後関係者を東京に招き、伊沢を座長に煙害賠償契約協議会を一〇月二五日から一一月八日まで農商務大臣官邸で開催したが、両代表の主張が対立、結局一一月九日に農商務大臣と知事の裁定を双方が承認して契約書に調印、協議会を終えた。双方不満の賠償内容ではあったが、とにかく六年に及ぶ煙害問題は一応解決をみた。しかし伊沢が牧民官としての本領を発揮したのは、その後の賠償金の処分方法であるといえよう。処分を一任された伊沢は、被害地農事改良事業費と準備金を控除した残金を農商務省の被害調査額に応じて町村に比例配分し、これを農林業改良奨励基金にあてた。被害地農事改良費とは、県が指定寄付をうけて米麦原種田を設け、専門技師を任命して耐毒性があり経済上有利な品種を研究させ、その種苗を被害農民に分配するというものであった。また町村に分配の賠償金は、県の訓令によって農民には直接配分せず、農林業改良奨励基金として町村が蓄積し、県の監督のもと産業組合・水利組合・耕地整理組合・肥料共同購入組合・森林組合に限り利子付で貸し出されることになった。伝記『伊沢多喜男』は、この賠償金処分方法を、「農民を思ふ牧民官としての用意周到なる深謀によるもの」として高く評価する。伊沢自身も「快心の作」であったと述懐しており、伊沢の県政中最大の業績であったことは間違いない[42]。

伊沢は後年の談話で、愛媛県知事が内定したことを聞いた大浦農商務大臣が伊沢を呼び、煙害問題を片付け住友と農民は共存共栄方針で行くようにと説いたと述べている。また大浦と同意見の伊沢は、赴任後すぐには農民代表の陳情に応じず、半年後の機会をみて調停に乗り出したとも述懐する[43]。大浦と伊沢の接近をうかがわせる談話である。

ところで、原案執行の強行や煙害問題解決については、兄修二が多喜男にあてた一〇年二月二一日付の書簡（前出）が残っている[44]。

例之原案執行も御見込之通ニ相運候事欣喜之至ニ候。（中略）又煙害問題之請願ハ周桑之方ハ調査未了ニ葬り去り越智郡之方採択可相成と存じ候。これハ昨年も既ニ採択相成居候ニ付不採択ニも成り兼候事とも承知相成度候。

兄が弟の政治手腕を喜んでいるだけでなく、中央政治の情報源でもあったことがよくわかる書簡である。

こうした伊沢の県政に対し、原敬は次のように反応した。一〇年五月一二日に桂太郎を訪問して長時間談話した際、地方官が国民党を利用する動きにふれて、「余は愛媛県に於ける伊沢の処置に付何となく政友会を打破らんとするが如き行動あり、今日まで内相にも君にも云つたる事なけれども、知事が来訪せば注意する所もあらんとせしに知事も来らず、此儘にては次の県会は衝突の外なけん」と伊沢のケースを持ち出し、桂から「内相と協議し何とか云はしむべし」との答えを得た。(45) 原は伊沢の県政運営に対して警告的発言をしたのである。

翌一一年八月三〇日第二次西園寺内閣の内相となった原は、九月二日の日記にさっそく、内務省の人事や伊沢への言及を左のように記した。(46)

犬塚の後任には安藤謙介を登用せり、安藤は愛媛県知事たりしを政友会に結託せりとて休職にし其跡に伊沢をやりて検挙をなし政友会に打撃を与へたり、政友会に対し如此処置も甚しきことなれども第一安藤が左までの悪政をなしたるにも非らず又品性は決して醜汚の点なし、只弁口常に人の非難を招く次第なるも用ゆべからざる人物にあらず、故に断然人言を排して之を登用したり、其他三重県知事有田義質、和歌山県知事川上親晴も辞職せしが、是等は大浦の子分にて官僚派の爪牙なり（中略）彼等辞表を出したるに因り更迭せしめたるものにて、其他にも不適任者はあれども府県会議員の選挙目前に控へたる今日なれば一切を動かざることとなしたり

これにより原は、伊沢が政友会に打撃を与えたことを「甚しきこと」とみていたことが判明する。それにもかかわらず、原は伊沢を留任させた。この理由はわからないが、やはり府県会議員選挙前であったため避けたのかもしれない。

留任後、伊沢は勧業の振興を県政の重点課題にあげ、原蚕種製造所建築、原蚕種配布、産業諮問会設置、物産陳列

場設置等に取り組み始めたが、一二年一二月三〇日新潟県知事に任命され、転出することになった。愛媛県より格が上の一等県への異動であったから栄転ではあったが、就任時に多大の期待を記した『愛媛新報』は今回は、

県治紊乱の極に達したるの時にあり爾来氏は能く快刀乱麻を断つ底の手腕によつて着々整理改善の実を挙げ傍ら東予多年の宿題たりし煙害問題を解決する等治績としては見るべきもの尠からず然れども一面徒らに官民の間に牆壁を築き官権を濫用して民権を圧抑せし如きは県民の長く忘るゝ能はざる処なるべければ本県に於ける氏の功罪は相償ふと云ふを得べきか這次県会に於ける両党の提携の如き偶以て氏に対する県民悪感の如何を窺ふに足るべし

と記し、紊乱腐敗した県政をたてなおした功績はあるが、あまりに官僚主義で民権を抑圧したため政友・国民両派が提携し伊沢に対立する事態にまでなったと、厳しい評価を下した。事実、一二月四日の両党幹部懇親会でも、「極端なる両党の争は官権を跋扈跳梁せしめ其結果県利民福の発達に害」をもたらしたとして、以後両派の提携がすすむ状況となった(47)。

『海南新聞』も、愛媛県民百万のために喜ぶと記し、伊沢が三年半在職し得たのも、官僚でさらに原の信用をかち得ていたからであるが、両党の対立自体も又一大原因であったと認めた上で、「凡ゆる県民から忌まれ嫌はれ(中略)官権濫用、民権抑圧等、批難の声を招くに至る」、あるいは「政界攪乱策を試み(中略)警察権を手足の如く乱用し」たと伊沢を酷評、批判した(48)。

以上伊沢は、政友会が県政を支配して県官吏の任免や県費事業の運営を左右し、警察の綱紀も紊乱していた愛媛県で、県政をたてなおすことに邁進したが、あまりの官僚主義に非政友派勢力からも批判をうけることになった経緯をみてきた。しかしこれこそ伊沢の官僚知事としての性格をあらわしたものといえよう。

三　新潟県知事時代

1　就任状況

一九一二（大正元）年一二月五日、第二次西園寺内閣は二個師団増設問題で総辞職し、二一日第三次桂内閣が成立した。[49]大浦兼武が内相となり、内務省警保局長の候補者として内務省参事官湯浅倉平や伊沢の名が取り沙汰された。また、議会前に政友会系知事を馘首し第三〇議会対策の駆け引きにするのではとも観測され、県会で波瀾を醸しつつある新潟県の森正隆知事が第一に血祭りにあげられるのではないかと噂された。[50]『時事新報』も、一道三府四三県の地方官中大部分は多年大浦が養成した官僚系統で、原が開拓中の政友会系は十指に過ぎず、そのうち阿部浩東京府、杉山四五郎高知県、熊谷喜一郎山梨県、深野一三愛知県知事等は「変転自在」で変わり身が早いこと、純政友系が旗幟鮮明な知事は安藤謙介長崎県、大島久満次神奈川県、犬塚勝太郎大阪府、依田銈次郎群馬県、岡喜七郎鳥取県、森正隆新潟県、川村竹治和歌山県等であり、官僚系の大森鐘一京都府、服部一三兵庫県、石原健三北海道、有吉忠一宮崎県、松井茂静岡県、伊沢多喜男愛媛県知事等は官僚内閣の誕生に得意満面であると報じた。この記事は新潟や愛媛にも配信され、地方の各新聞に掲載された。[51]しかし得意満面であると記された伊沢は、新内閣成立当日の二一日、原敬にあてて次のような書簡を書き送った。[52]

今回内閣更迭ニ付内務大臣御勇退相成候趣、兼て御推挽ニより今日ある小生共にとりては遺憾之情特ニ切なるもの有之候。希くハ将来不相変御眷顧相仰度切望ニ不堪候。孰レ其中上京之機も可有之、其節拝趨万縷可申上候得共、不取敢右申上度如此に候

現在の伊沢があるのは原のおかげであり、倒閣による原の更迭は遺憾であると直に認めたもので、「得意満面」とは

異なる原への尊敬の念があらわれている。

ところで血祭りにあげられると噂された新潟県は、従来進歩党が多数派を形成し非政友勢力が優位を占めていた。その後進歩党内部で旧改進派と旧国権派が対立、旧国権派が〇六年一一月に結成された憲政本党に参加せず、県会では政友会と提携して憲政本党に対抗するようになっていた。〇六年の第一次西園寺内閣の成立後は政友会が勢力を伸ばし、一二年三月に就任した政友系の森知事は、強引な人事異動等政友会の党勢拡張政策をおしすすめた。一二年九月三〇日に第二次西園寺内閣の原内相が地方財政整理と経費節減を旨とする一三年度地方予算編成方針に関する訓令を発するや、森知事は財政整理と民力休養を目的とする教育費・勧業費・土木費大幅削減の緊縮予算案を発表した。しかし（憲政本党↓）立憲国民党系地盤の三中学校廃止等を含む予算案をめぐり、政友会と国民党の両派間に第三勢力の旧国権派が介在して激しく対立、一二月一四日の県会では国民党の平松遮那一郎議長が暴行をうける事件がおきた。こうして森知事と国民党は決定的に対立し、国民党は委員を上京させ、知事の非違失政を内務次官床次竹二郎・地方局長水野錬太郎に陳情した。こうした中での内閣交代に、国民党員は再び上京し陳情、一方森知事は、通常県会終了の二四日になっても予算案が議決されぬため原案執行を断行、顛末を内相に具申するため地方課長を知事代理として上京させた。(53)

内閣成立一〇日後の一二月三〇日、森知事は突然休職を命じられ、新潟県知事に伊沢が任命された。伊沢にとっては、初めての内閣交代による異動であった。一二月三一日の『時事新報』は、伊沢の人事を新政府の「覚え目出たき証拠」であると報じた。また同日の『万朝報』は、一〇県に及ぶ地方長官の異動が近年ではまれな大規模なものであり、さらに「官僚系のチヤキ〳〵」で「大浦直系」の伊沢が要地である新潟に異動した裏には大浦の意志が働いていると記した。翌一三年一月一日、国民党系の『新潟新聞』は、三〇日の号外の再録として、「政友会の私党と通謀し県治を紊乱したる知事森正隆は到底牧民官の資格に堪えざる」ため休職になったと報じた。[54]

こうした人事に、原敬は日記に次のように記した。[55]

地方官阿部浩、安藤謙介、依田銈次郎、犬塚勝太郎、川島純幹等休職となる、大浦が政友系を排斥する積にて此歳晩殊に御用仕舞後に決行せしは如何にも穏当ならずと思ふ、但し此等数人は余と共に辞職の意思を内々申出たるも地方官が内閣と共に更迭するは不可とて見合せしめたる者なり

原は御用納め後の発表に不信感をもったが、『新潟新聞』は次のような前内閣の有力者の評を掲載した。この人事は、「在野党と戦ふ為めの陣立てに相違あるまいが、夫れとしては余り堅固な排列方とも思はれぬから之から続いて陣容を整へるのだろう、今度の更迭は平凡と言つてよかろう」というのである。つまり大浦内相が解散を見越し選挙準備のために行った第一段階だとみたのである。また伊沢については、教育界の名流伊沢修二の弟でもあり、「官僚系の少壮官吏中では錚々の名を馳せて居る人丈に其手腕も相当に見るべきものがあるかも知れぬが、之れからどんな芝居をうつか先つ見物だ」と、お手並み拝見の姿勢をみせた。また『新潟新聞』は、和歌山と愛媛において県会を解散してまで原案執行を行い政友派を屏息させた伊沢は、「比較的公平」で「地方官中の良材」であり、「純官僚系の特色として部下に対しては中々威張らるゝとの説」もあるが、必ずしもそうではなく捌けた人であるとその期待を表明した。一方政友系の『新潟毎日新聞』は、伊沢を「警察政治」を行う人と評して警戒した。[56]すなわち伊沢は大浦系の官僚知事として、従来の県治に粛正を加えるために異動になったと理解されたのである。

2　初めての休職

伊沢は地方長官会議終了後の一九一三（大正二）年一月二〇日新潟に着任し、二一日に登庁して次のように挨拶

した。[57]

国県は一大家族なり。自分はその大家族の家長となれるもの、諸君は昨日先の親を送り、今日新しき親を迎へたるものと思ひ、職務に勉励すべし。併し家族といひ親といふも、世間甘垂れたる母の如く、子の非行を助くる訳に行かず、正しきは飽く迄之を励まして、賞罰を明かにすべし。長官更迭の際は、兎角庁内の動揺するを見るは尤もなることとなるも、私は出来るだけ安心を与えたく思ふ。（中略）家族たる諸君は、常に県のため善かれ、長官のため善かれとの考へを以て執務せられたく

と、その国家家族観を披露し、「非行」＝積弊を正すことを宣言した。

ところが赴任してまもなくの二月一一日、第三次桂内閣が憲政擁護運動のため総辞職し、二〇日第一次山本権兵衛内閣が成立した。藩閥系の内閣ではあったが、内相には原敬が再び就任し、当然地方官の更迭が予想された。新潟県の政友会員は伊沢を排して森流の党化的人才を内相に要求したが、安藤謙介が新潟県知事をねらっているとの噂も流れた。[58] その一方、地方行政を政争の渦中に投じぬよう、水野錬太郎内務次官が更迭に反対であるとの情報も報じられた。[59]

こうした政変劇の最中の二月二四日、伊沢は内務・警察両部長をして、県会の騒擾事件は県会議長の要求がなくても警察権で制圧が可能であることを各郡市長へ通達させるなど行動を開始し、紛糾をまねいた予算問題も愛媛赴任時と同様の展開が予想された。[60]

一三年度予算の打合せと県治上の要務のため三月一日から上京中であった伊沢は、三日原内相から文官分限令第一一条第一項による休職を命じられた。ついで四日には安藤謙介（前長崎県知事で休職中）の新潟県知事への任命が発表された。そのため、愛媛県知事就任時とは逆のこの人事は、「四国の讐を北陸で打たす」ものと称され話題とな

った。[61]

一九四一年六月一七日の「伊沢多喜男談話速記」（第一回）は、その間のことを次のように記している。

役人の中で政党の云ふことを聴かぬ奴が二人あつたのです。それが石原健三と伊沢多喜男、私よりも石原はもつと輪を掛けた硬骨漢です。だから今度の政友会内閣が出来た時に政友会の代議士連中はあの二人を血祭りに上げろ、さうすれば外の奴は右にならへと云ふ訳で、訳ないのだと云ふので、丁度議会中だつたから代議士の云ふことは相当聴かなくちやならぬと云ふ訳で（中略）新潟県の代議士全部が原さんに迫つた訳です。原さんにあの二人の首を切らなければ我々共は脱会すると言つて威かしたのです。（中略）兎に角ごた付くものであるからそれで一番厄介な奴の石原と伊沢を馘れと云ふので休職を命じた

しかし休職を命じられた伊沢は原に馘首の理由を尋ね、原から「世の中が喧しいからね」との簡単な返答を得たという。[62]結局伊沢は政友会がうるさいからだと理解して礼を言って引き下がったようである。

戦後出版された伝記『伊沢多喜男』には次のようにある。[63]

私が新潟県知事に愛媛県知事から転任して、まだ一二ケ月、行李の紐を解くや、解かぬに、内相が代り、政友会内閣となり、突然新潟県知事休職、恩給年限にも達せぬに浪人になつた。私としては、予て多数党（政友会、非政友共に）には気受けの良くないことだから、或はヤラレるかも知れぬが、特別の知遇を受けて居る原敬氏が内務大臣であるから、一言の話もなく、バツサリ休職にすることはあるまい。況んや、偶々上京中であつて、前日、水野内務次官にも面会して、探ぐりを入れて居たので、マサかと思つて居たところ、案に相違、一言の話もなく、バツサリやられた。それで、その理由を尋ねて見た。

「自分は官吏であるから、御都合で罷めさせられるのは致し方ないが、何か自分のやつたことに、間違つたこと

があつたか、どうか、自分が知事でをるのに不都合な欠点があるだらうか、その点に就て教へて貰ひたい」と質したところ、原敬氏は、「君が知事で居るのに不都合な様な事柄は、君にはない、併し君が余り厳正公平にビシ〱やるので、党の方にも色々意見があつて、治まらぬ。この上君に知事をやつて貰つて居ても、面倒が色々出て来て、皆が困ると思つてナ」と言ふことで、私としても、初めて安心し、又、原敬氏は、矢張り偉いと感心したが、原敬氏にして何ともならぬ様では、政友会は、全く腐敗して居るとして、政友会に対しては、特に警戒の念を抱く様になつた。

その後水野（錬太郎）次官が、原内相の便として伊沢を訪ね、ここで非政友の極印を付けるのはよくない、いま一度出ないかと薦めたという。任地はハッキリ言わなかったようであるが、伊沢はこの申し出を断わり、原氏に対してはその後も敬意を失うことはなかったという。

一九三一年に出版された馬場恒吾の『政界人物風景』にも同様の記述がある。「元は政友会の原敬に引立てられたこともあり、山本内閣誕生の際、東京の友人からの今度は馘られるぞとの注意にも「原に愛せられてゐると思ふから、なあに大丈夫」と思っていたが、滞在先の日本橋島《ママ》谷旅館で属官から休職を知らされ、翌日秘書官高橋光威に原との会見を希望したところ、議会最中の議院で直接原から「まあそんなに、やかましくいふほどのことはない。ただ世間がうるさくてね」と言われたというのである[64]。原に直に理由を聞くなど、原から切られるとは予想していなかった伊沢の姿がうかがえる。

しかし、一三年三月一日の『原敬日記』は違う。

桂の新政党組織に際し、地方官の職務を忘れて尽力せし新潟・愛知の知事を更迭せしむること、昨夜水野次官と内議し、本日山本首相に内談せしに異議なし

すなわち、単に政友会がうるさかったからではなく、伊沢が愛媛で地方長官として結果的に政友会と対抗する県政を行ったのとは異なり、新潟では大浦内相のもと同志会結成に尽力したため、休職を命じたというのである。(65)

確かに赴任した新潟県では、二月一二日に立憲国民党新潟支部が解散し、立憲同志会支部結成準備委員会が組織されていた。(66) 桂太郎は一月二〇日に新政党構想を発表し、二月七日に大浦ら反政友派をあつめて立憲同志会を創立したばかりであった。(67)

伊沢が同志会支部結成のためどのような行動をしたのか、資料的には不明であるが、もしそうだとするなら、官僚知事として不偏不党の立場をとっていた伊沢が、大浦との関係で政党に対する姿勢を変化させたとみることができる。この前後の変化を察知したのであろうか、兄修二が新潟転出に反対したという話が政友系の『海南新聞』に載っている。修二は夢見が悪いと松山の多喜男に書き送り、栄転が発表されるや長文の電報を送って拝辞をすすめ、さらに上京した多喜男に数寄屋町の嶋《マ》谷《マ》旅館で喧嘩腰で忠告したというのである。記事はこの話を隣室の某から流れたものとして紹介しているが、(68) 掲載されたのは伊沢が休職となった後のことであり、事実なら大正政変期に非政友という旗幟を明らかにし始める弟への警告だったのかもしれない。

三月三日の『原敬日記』には、

安藤謙介を新潟県に（伊沢休職）、松井静岡を愛知県に（石原休職）、笠井岩手を静岡に、堤定次郎を岩手県知事に採用したり。

と、事実のみが簡単に記されている。(69)

こうして伊沢の新潟赴任はわずか約二ヶ月で終わった。

おわりに

以上、伊沢の和歌山・愛媛・新潟県知事時代について考察し、次のことを明らかにし得た。

第一は、二大政党化時代への過渡期である「桂園体制期」に、一地方長官である伊沢がどのように任命されたかを検討することによって、官僚と政党の関係の実態を明らかにできたことである。伊沢は、藩閥官僚派対政党の妥協と対立の時代、すなわち非政友派（憲政本党、立憲国民党）の勢力が弱まり、政友会が勢力を拡大し地方政治で優位を占めていた時期に、高等文官試験をとおった帝大出の「生粋の官僚」知事として和歌山・愛媛・新潟の三県に赴任した。第一次西園寺内閣期の和歌山への赴任は原内相が抜擢したもので、政変にともなうものではなかった。この頃の原は、極力党派的な関与をさけ、地方官会議で人物を鑑定し「新進者」を採用していたとされる。[70]原は、〇八年五月の第一〇回衆議院議員選挙前に地方長官を更迭し政友系知事を多くして選挙戦を戦ったが、この時伊沢を更迭することはなかった。その理由としては、和歌山県が政友王国であったため、別に更迭する必要がなかったものと考えられる。しかしこうした人事に、兄伊沢修二の存在が大きく影響していたことは想像に難くない。次の第二次桂内閣期の愛媛県知事就任は平田・大浦の推挙によるもので、これも政変にともなうものではなかったが、明らかに政友会の腐敗＝「党弊」を粛正し県政を刷新するための赴任であった。事実伊沢は政友会潰しに近い辣腕を振るったが、それにもかかわらず一一年の第二次西園寺内閣成立では、更迭されることなく留任した。原が人材登用に慎重かつ周到であったことはよく知られているが、[71]桂のニコポン主義にこりた原が藩閥官僚派と対決姿勢を強めた組閣であっただけに、その留任の理由はよくわからない。兄修二の関係もあって伊沢が原から「特別の知遇」をうけていたためかもしれない。あるいは政治腐敗にメスをいれた伊沢の手腕を原がある程度認めその実力を評価していたからかもしれない。最後の新潟への赴任は、一二年の第三次桂内閣誕生の政変によるものであり、大浦の政友会潰しを目的とする人事といってよい。そのため一三年の大正政変による第一次山本内閣成立では、伊沢は初めて休職となり浪人を経験した。以上のことから、伊沢は「多数党政友会のお先棒をかついで不浄の金をためこむ、能なしの浮き草知事」になることを拒否して政党色にそまらず、帝大出の官僚知事として日露戦後経営に邁進したが、その施政が政友知事の施政を革正し結果的に多数党である政友会潰しとなったため、また大浦との関係で同志会支部結成にかかわったため、原の粛清の対象となったとみることができるだろう。原の好意によって登用された伊沢ではあったが、政友会に与みしない姿勢が強まったため首を切られることになったのである。とはいえ伊沢自身はその後も原への尊敬の念を持ち続け、大隈内閣の警視総監時に大浦事件がおきた際、原敬の議員買収の証拠となる書簡を入手しながら、尾崎行雄法相に渡さなかったという(72)。つまり、初期の原は言われているほど政党的人事を行ったわけではなく、「老朽淘汰」「新進抜擢」など、能力による人事の刷新、公平な人事を行い、学士知事にある種の感銘や好感を与えたのである。原の人事もまた過渡期の性格をもつものであったといえよう。

第二は、伊沢が国家官僚＝官僚知事として、和歌山でも愛媛でも、地方行政の刷新、地方財政の整理安定、教育の充実、産業の振興、農事改良、造林事業、民力の充実など、戦後経営の一貫として内務省主導の地方改良運動を忠実に実行したことである。各県の状況に応じて、和歌山県では積極財政を、愛媛県では反対の消極財政をすすめたが、伊沢の県政の手法は一貫しており、行政権の独立を確保するため、県会運営の方法として原案執行を行わざるを得なかったということである。赴任した和歌山県と愛媛県は、政友会が圧倒的勢力をほこる政友王国であり、新潟県も政友会が勢力を拡大し非政友勢力と拮抗する関係にまでなっていた。そのため、伊沢の施政方針が県会の多数党＝政友派に否決されると、原案執行という知事権限による執行を強行して対抗せざるを得ず、その結果非政友系の「鉄血知事」として政友会から大反発をうけることになったのである。帝国大学の同期生二八会から贈られた雅号「怒庵」が意味するように、伊沢は「潔癖で、破邪顕正の念」が強く、不正に対し憤ることが多く、しかも「強情不屈」であったという。(73)こうした性格がその一貫した牧民官たらんとする政治姿勢の背景にあったことは間違いないだろう。後年の「伊沢多喜男氏談話速記」（第一回）で伊沢は、地方官になった時、知事の大半は薩長藩閥が占めており、藩閥政治には反対で「立憲政治をやる限りは政党は絶対に必要なもの」と考えていたが、イギリス流の政党内閣論者ではなかったと述べている。(74)さらに「政党は絶対に立憲政治には必要だが、良い政党でなくちやならぬ、そんな選挙干渉をして見たり、買収をして見たり、そんなことで出来た政党と云ふものは何もならない、そんなもので国政は支配は出来ぬ」とも述べ、日露戦後の政友会には批判的であったが、山県系官僚とは異なり政党自体を否定していたわけではなく、「良い政党」の可能性をにおわせていたということである。(75)すなわち政友系が多数党として支配する県の地方長官として赴任したため、利権獲得に奔走する政友会に批判的にならざるを得なかったのであり、政党の存在そのものを否定したわけではなく、非政友派への道を歩む素地があったということである。

第三は、伊沢に対する原の対応が好意的→批判的に変化するのと軌を一にして、大浦に対する伊沢の対応が批判的→好意的となったことである。大浦との関係がいつ頃始まったかについては諸説ある。伊沢は、福井県の書記官時代に、政友会と農工銀行の癒着に関して厳しい態度をとったため、その背後にいる大浦と初めて会ったと後年の「伊沢多喜男氏談話速記」では述懐している。その際大浦は、二大政党がいけないのであって、中間の政党が両党をチェックをするのが日本の政治の理想だと述べたというが、この述懐には立憲同志会に参画した大浦の存在が影響しているため割り引く必要があるが、この頃から大浦との関係が生じていたのかもしれない。(76)またある記事は、警部長、書記官時代には特に政治系統というものはなかったが、いつとはなしに大浦に接近し、大浦の声掛で警視庁第一部長に任命され、県知事になってからは大浦系随一の極印を打たれたこと、また大浦との関係で憲政会と結びつき大隈内閣で警視総監になったことを記している(77)。さらに一九四二年に行われた大浦への追懐談では、大浦ほど伊沢に「感化」を与えた人はいないと述べた上で、警視総監に就任した際初めて大浦に使われたが、それまでは大浦を陰険悪辣な人物と誤解していたと述懐する(78)。後述談が多いため確かなことはわからないが、三県知事時代を考察したことにより、大浦との関係が、愛媛県知事への赴任と四阪島製錬所公害問題に奔走した時点からより深くなったことが判明する。さらに新潟での同志会の組織化をとおして、大浦系官僚の刻印が原によっておされたとみることができよう。

以上、明治末期から大正期にかけての政治行政の変動期、すなわち地方長官が政友派と非政友派に識別され「官僚の政党化」がすすむ過程の一事例として、伊沢の県知事時代を考察し、伊沢の政党へのスタンスが微妙に変化してゆくことをみてきた。しかし伊沢が政治的立場を明確にしてゆくのはこの後の時代である。

註

(1) 伊沢多喜男文書研究会編『伊沢多喜男関係文書』芙蓉書房出版、二〇〇〇年、(年譜)七二三〜七二四頁。伊沢多喜男伝記編纂委員会編『伊沢多喜男』羽田書店、一九五一年、五九頁。

(2) 同右『伊沢多喜男関係文書』一一九〜一二〇頁。

(3) 「伊沢多喜男氏談話速記」『伊沢多喜男関係文書』五〇〇〜五〇二頁。この速記は、貴族院五十年史編纂事業の一環として、一九四一年六月一七日と七月二日の二回、伊沢邸で尾佐竹猛編纂長と深谷博治編纂主任を聞き手として行われたものである。

(4) 「府県制発布五十周年記念座談会（第二日、其の二）」『斯民』第三五編第八号、一九四〇年八月、五四〜五五頁。同右『伊沢多喜男関係文書』四七九〜四八〇頁。

(5) 伊藤之雄『立憲国家の確立と伊藤博文—内政と外交　一八八九〜一八九八—』吉川弘文館、一九九九年、二七六〜二七七頁。和歌山県史編さん委員会編『和歌山県史　近現代一』和歌山県、一九八九年、三二八〜三四七頁。

(6) 同右『立憲国家の確立と伊藤博文』二七六〜二七七頁。同右『和歌山県史　近現代一』三三七、三四七、三六〇〜三六七頁。

(7)『和歌山県議会史』和歌山県議会、第二巻、一九七一年、一一頁。和歌山県史編さん委員会編『和歌山県史　人物』和歌山県、一九八九年、二八頁。

(8)『紀伊毎日新聞』一九〇九年七月三一日。

(9)『紀伊毎日新聞』一九〇九年八月一八日。

(10)『和歌山新報』一九〇九年七月三一日。この記事は、『愛媛新報』一九〇九年八月七日号に転載された。

(11)『紀伊毎日新聞』一九〇九年八月一九日。

(12)前掲『和歌山県史　近現代一』三五七～三五八頁。前掲『和歌山県議会史』第二巻、一一～一二、二五五～二六〇、二八七～三二三頁。

(13)前掲『和歌山県史　近現代一』三六六～三六九頁。

(14)前掲『斯民』第三五編第八号、五五～五六頁。前掲『伊沢多喜男関係文書』四八二～四八三頁。

(15)有泉貞夫「明治国家と民衆統合」『岩波講座日本歴史17近代4』岩波書店、一九七六年、二三六～二三八頁。前掲『和歌山県史　近現代一』四一四～四一九頁。和歌山県史編さん委員会編『和歌山県史　近現代史料四』一九七八年、二七七頁。伊藤信明「東牟婁郡における神社合併の展開」『和歌山県立文書館紀要』第二号、一九九六年。

(16)前掲『和歌山県史　近現代一』四一四～四二三頁。『紀伊毎日新聞』一九〇九年六月二六日～七月一一日。

(17)『南方熊楠全集』第六巻、平凡社、一九七三年、二一四、一一一、二八七頁。同第七巻、一九七一年、四九一～四九二、五〇九～五一〇、五一三、五三〇～五三四、五四四、五六六頁。同別巻二、一九七五年、二七一頁。

(18)前掲『伊沢多喜男関係文書』四八一～四八二頁。前掲『和歌山県議会史』第二巻、九頁。

(19)『和歌山新報』一九〇九年七月三〇日。『紀伊毎日新聞』同年七月三一日。『愛媛新報』同年七月三一日。『海南新聞』同年八月一日。

(20)前掲『伊沢多喜男』七二～七三頁。前掲『伊沢多喜男関係文書』五〇三～五〇四頁。

(21)前掲『伊沢多喜男関係文書』一一八～一一九頁。

(22)『原敬日記』一九〇九年八月一日。なお日記の記述はこれ以降全て『影印原敬日記』（北泉社、一九九八年）と照合し、明らかな誤りは訂正した。

(23)『日本』一九〇九年八月一日。「安藤much首の理由」と題するこの記事は、八月四日の『海南新聞』に「安藤氏休職の理由」として転載された。

(24)『愛媛新報』一九〇九年八月一日。
(25)『愛媛新報』一九〇九年八月一、三日。
(26)『愛媛新報』一九〇九年八月一〇日。
(27)『愛媛新報』一九〇九年八月一日。
(28)『海南新聞』一九〇九年八月四日。
(29)『愛媛新報』一九〇九年八月四日。『海南新聞』同年八月四日。
(30)『愛媛新報』一九〇九年八月八、一〇日。『紀伊毎日新聞』同年八月一五日。
(31)『愛媛新報』一九〇九年八月六、八、一〇日。
(32)『海南新聞』一九〇九年八月一一日。
(33)『紀伊毎日新聞』一九〇九年八月一九日。
(34)『紀伊毎日新聞』一九〇九年八月一八日。
(35)愛媛県議会史編さん委員会編『愛媛県議会史』第二巻、愛媛県議会、一九七七年、一一一四〜一一一九、一一八八〜一一九三、一二〇二〜一二一〇頁。愛媛県史編さん委員会編『愛媛県史　資料編　近代3』愛媛県、一九八四年、四三三〜四四一頁。同委員会編『愛媛県史　近代上』一九八六年、八八四〜八九四、八九九〜九〇九頁。同委員会編『愛媛県史　県政』一九八八年、二〇五、二一八〜二一九頁。『伊予鉄道七十年の歩み』伊予鉄道株式会社、一九五七年、六〜九頁。沢本勝『愛媛県政史』同史刊行部、一九二六年、一八三〜一九五頁。島津豊幸「愛媛近代人物考」『えひめ雑誌』第一〇号、一九九一年一二月。
(36)前掲『愛媛県議会史』第二巻、一一二四、一一二八〜一一三二、一二二四〜一二三〇頁。前掲『愛媛県史　近代上』九一二〜九一七頁。前掲『愛媛県史　県政』二二〇〜二二一頁。ちなみに伊沢は一九四〇年の「府県制発布五十周年記念座談会（第二日、其の二）」で、安藤知事の大土木計画は伊沢が原案執行で更正したと誤伝されているが、県会は全会一致で伊沢の更生案を通したと主張している。しかしこれは〇八年と〇九年の県会を混同したための記憶違いである（前掲『斯民』第三五編第八号、三六〜三七頁）。
(37)一九四一年七月二日の「伊沢多喜男氏談話速記」（『伊沢多喜男関係文書』五〇四〜五〇六頁）。ちなみに伊沢はここでも、註(36)と同様の記憶違いをしている。
(38)前掲『愛媛県議会史』第二巻、一一二三頁。『愛媛新報』一九〇九年八月二六日。『海南新聞』同年八月二六日。
(39)前掲『愛媛県議会史』第二巻、一一二三、一一三一〜一一三三、一二一〇〜一二二六頁。前掲『愛媛県史　資料編　近代

3』五五一頁。前掲『愛媛県史　近代上』九一一〜九一二頁。
(40) 前掲『愛媛県議会史』第二巻、一二三八〜一二三九頁。前掲『斯民』第三五編第八号、五六頁。前掲『伊沢多喜男関係文書』四八三〜四八四頁。
(41) 前掲『愛媛県議会史』第二巻、一二二七〜一二二八頁。前掲『愛媛県史　近代上』九一九〜九二〇頁。前掲『伊沢多喜男』八一〜八四頁。
(42) 前掲『愛媛県議会史』第二巻、一二二四〜一二二七頁。前掲『愛媛県史　資料編　近代3』五八七〜五九〇頁。前掲『愛媛県史　近代上』八九五〜八九六、九一七〜九一九頁。前掲『伊沢多喜男』八五〜九三頁。前掲『伊沢多喜男関係文書』五〇六〜五〇八頁。
(43) 前掲『伊沢多喜男関係文書』五〇七〜五〇八頁。
(44) 前掲『伊沢多喜男関係文書』一一八〜一一九頁。
(45) 前掲『原敬日記』一九一〇年五月一二日。
(46) 前掲『原敬日記』一九一一年九月二日。
(47) 『愛媛新報』一九一二年一二月三一日。前掲『愛媛県議会史』第三巻、一九八一年、一八〜二一頁。
(48) 『海南新聞』一九一三年一月一、三、五、六日。
(49) 『愛媛新報』一九一二年一二月一九日。『海南新聞』一九一三年一月一日。
(50) 『新潟新聞』一九一二年一二月二一日。『愛媛新報』同年一二月二三日。両紙とも、同年一二月一九日付の『万朝報』の報道を紹介したものである。ちなみに『新潟新聞』は国民党系の新聞で、政友系の新聞としては『新潟毎日新聞』があるが、この頃の号は未発見である。
(51) 『時事新報』一九一二年一二月二三日。『新潟新聞』同年一二月二四日。『愛媛新報』同年一二月二四日。『海南新聞』同年一二月二五日。
(52) 原敬文書研究会編『原敬関係文書』第一巻、書翰篇一、日本放送出版協会、一九八四年、九四頁。
(53) 『新潟県史　通史編7　近代二』新潟県、一九八八年、四二九〜四三一、四三四〜四四五頁。新潟県議会史編纂委員会編『新潟県議会史　大正篇』新潟県議会、一九五七年、四一、四七〜五九、七九〜一一六頁。
(54) 『時事新報』一九一二年一二月三一日。『万朝報』同年一二月三一日。『新潟新聞』一九一三年一月一日。
(55) 前掲『原敬日記』一九一二年一二月三〇日。
(56) 『新潟新聞』一九一三年一月三、四、八、九、二〇日。

(57) 前掲『新潟県議会史　大正篇』一一六〜一一七頁。
(58)『愛媛新報』一九一三年三月三日。
(59)『新潟新聞』一九一三年二月二五日。
(60)『新潟新聞』一九一三年二月二六日、三月五日。前掲『新潟県議会史　大正篇』一一七頁。
(61)『新潟新聞』一九一三年三月二、四、五、六、八日。
(62) 前掲『伊沢多喜男関係文書』四八五〜四八六頁。
(63) 前掲『伊沢多喜男』九六〜九七頁。晩年愛婿黒河内透に語った談片である。
(64) 馬場恒吾『政界人物風景』中央公論社、一九三一年、六二〜六三頁。ちなみに島谷旅館とは、伊沢の定宿の島屋のことであろう（前掲『伊沢多喜男』九一頁）。
(65) 前掲『原敬日記』一九一三年三月一日。
(66) 前掲『新潟県史　通史編7　近代二』四二九頁。
(67)『万朝報』一九一三年一月二一日、二月八日。
(68)『海南新聞』一九一三年三月九日。
(69) 前掲『原敬日記』一九一三年三月三日。
(70)『原敬関係文書』第七巻　書類篇四、日本放送出版協会、一九八七年、七三一、七三六頁。
(71) 前掲『原敬関係文書』七三六頁。テツオ・ナジタ『原敬』読売新聞社、一九七四年、七六、七九頁。
(72) 前掲『政界人物風景』六三頁。前掲『伊沢多喜男関係文書』四九三頁。
(73) 前掲『伊沢多喜男』六一頁。
(74) 前掲『伊沢多喜男関係文書』四七九頁。
(75) 前掲『伊沢多喜男関係文書』四八五、四九九頁。
(76) 前掲『伊沢多喜男関係文書』五〇一〜五〇二頁。
(77) 鷺城学人「人物評論―東京市長と其背景」『日本及日本人』第一〇三号、一九二六年七月一五日号、二一頁。
(78) 橋本五雄『金竹余影―大浦兼武の追想』冨山房、一九四二年、八六〜八九頁。

大浦兼武と伊沢多喜男
―内務官僚として―

季武　嘉也

はじめに

伊沢多喜男のイメージには、「官僚の権化」という国家官僚がある一方で、昭和天皇の勘気を蒙むるほどの憲政会―民政党系政治家として政党政治の一翼を担った人物としての像がある。「官僚対政党」という一般的図式からすれば、些か扱いづらい対象であるが、彼自身からすれば何の矛盾も無かったように思われる。そして、それは伊沢が持っていた官僚・政党というものへの認識がそうさせたのであろうと推測される。そこで本稿では、このような彼の認識をなるべく内在的に理解しようと試みたい。

ところで、このような観点から伊沢をみようとする場合、大浦兼武との関係が重要のように思われる。後述するように我々が編纂した伊沢多喜男関係文書研究会編『伊沢多喜男関係文書』（芙蓉書房出版、二〇〇〇年）中には、「大浦兼武復権の意見書」なる伊沢自身の筆と思われる史料がある。これは一九一五（大正四）年七月三〇日に政友会議員を買収したとして刑事告発された大浦が自主的に政界から引退した、いわゆる大浦事件に対し、その大浦を政治的に復権させようとする試みであった。もっとも工作の途中で当の大浦が死去したため、結局陽の目を見ることは無かったが、この復権に賭ける伊沢の熱意には並々ならぬものがあった。その理由は、おそらく伊沢が大浦を理想的な官僚・政治家と見なしていたからであろう。

そこで本稿では、伊沢自身が自らの目指す官僚像を積極的に提示していないこともあり、彼と大浦の関係を手掛かりに、前述のような課題を考えていきたい。

一　伊沢警視総監就任と新人事

伊沢が大浦と知り合ったのは決して古いことではなく、一九一四年四月に第二次大隈重信内閣が成立する際、大浦が伊沢を警視総監に擬した時であった。(1) それまで伊沢は平田東助に近い存在で、平田は就任に反対であった。そして伊沢も、「暗黒警察政治家」大浦を快く思っておらず、「警察の大本は治安の維持にあつて、警察政治は自分の排撃するところである。あなたは警察政治をやられるだらう。そんなあなたが自分を警視総監にされても、あなたの期待されるやうな総監にはなれない」(2) として辞退した。しかし、下岡忠治・上山満之進等親しい官僚仲間や、兄伊沢修二の勧めもあって、「一、警視総監の特別任用制を廃止し、普通任用とすること。一、警視総監の機密費を内閣に返戻すること。一、警視総監は内閣総理大臣並に内務大臣の監督下にあるが、この制度を改め、単に内務大臣の監督下におくこと」という条件を出し、大浦が自分も同意見であるとして賛成したので伊沢は就任を受諾したという。(3)

ところで、この伊沢の警視総監就任は、二つの意味から画期的なことであった。第一は、文官高等試験合格者として初めて警視総監となったことである。一八八一（明治一四）年一月一四日初代樺山資紀が就任して以来、警視総監は自由任用制度の勅任官であったが、隈板内閣下で政党員が大量に勅任官に任命されたことを憂えた第二次山県内閣によって一八九九年三月二八日文官任用令改正が行われ、内閣書記官長・大臣秘書官・各省官房長など一部を除く勅任官にも資格任用制度が適用され、警視総監にもこれが適用された。この場合の資格とは、一八八七年七月二五日に公布された文官試験試補及見習規則（但し帝国大学法科大学・文科大学卒業者は試験免除）、一八九三年一〇月三一日公布の文官任用令・文官試験規則（免除規定無し）に定められた試験に合格した者を指す。しかし、文官任用令改正が行われて日が浅い時期では、試験に合格した者は未だ奏任官（高等官三等から九等）であり、勅任官（高等官一等・二等）に達した者は殆どいなかった。そのために例外規定が置かれ、「満一年以上勅任文官の職にあつた者」はその後も勅任官となることができた。これによって、伊沢以前の警視総監は亀井英三郎（但し帝国大学法科大学卒業者で試験は免除されていたようである）を除き、資格任用は無かった。この後、一九一三（大正二）年六月一三日第一次山本内閣下で原内相の強い意向で勅任官の自由任用枠が拡大され、各省次官・内務省警保局長と並んで警視総監にも適用されるようになり、必ずしも資格は必要ではなかったが、敢えて資格者の伊沢を据えることになったのである。しかし前述のように、大隈内閣下で警視総監はまた資格任用となり、一九二〇年五月一五日原内閣で再度自由任用、昭和九年に資格任用復活と制度自体は目まぐるしく変わったが、結局伊沢以降の総監は時期に拘らずすべて文官高等試験合格者であった。つまり、任用制度とは無関係に、伊沢を境にして試験合格者が台頭してきたのであり、官僚制度が大きく変質していったのである。伊沢はその先陣を切っていたことになる。

第二の画期性は、伊沢が鹿児島県出身ではなかったことである。一八七四（明治七）年一月二四日に川路利良大警視が就任して以来、伊沢まで二一名の警視総監を数えるが、そのうち一七名は鹿児島出身であり、それ以外では田中光顕(第一次山県内閣・高知)、西山志澄(隈板内閣・高知)、関清英(第一次桂内閣・佐賀)、亀井英三郎(第二次桂内閣・熊本)の四名だけであった。この理由は、首都の治安維持や政治的探索など高度の特殊性に依るものであろう。大日方純夫氏によれば、自由民権運動や初期議会の民党に対し、警視庁および管下の各警察署には正規の定員以外に数名の探偵が配置され、各警察署にも高等警察機密費が支給されていた(4)。そして、彼らは変名を使って潜入し情報を収集していたという。一般に明治末年でも道府県のうち重要地域には法理に明るい若手の資格任用者ではなく、実務経験に富んだ特別任用者が大勢を占めていた(5)と言われる。伊沢警視総監の特徴は、警視庁創設以来培われてきた特殊技能と藩閥的人脈を一旦断ち切った所にあった。

以上の経緯を考えた時、特別任用であり鹿児島県出身の大浦と、資格者任用であり長野県出身の伊沢では全く対称的であり、この時期まで両者の間で接点がなかったことも首肯できる。周知のように、大隈内閣の前の第一次山本内閣では、第一次護憲運動の影響もあって、藩閥的色彩の強い官僚機構に対する政党・民間勢力の攻勢が激しく、勅任官(各省局長クラス)まですべて自由任用にすべしとの議論も盛んであった(6)。つまり一般的には、藩閥政治から政党政治への転換点になるべき分水嶺として意識されていた問題であった。しかし、実際に起こったことは、少なくとも警視総監というポストから見れば、藩閥からも政党からも独立しようとした資格者任用による純粋官僚制の確立であり、その先頭に立っていたのが一八九五(明治二八)年に免除規定無しの文官高等試験に第一期で合格した伊沢等であった。

この点と関連して、警視総監としての伊沢の人事をみてみよう。伊沢が特に力を入れた人事は官房主事石原磊三と警務部長の川崎卓吉であり、この二人を両翼として万事に処したという。官房主事は警視庁内では総監に次ぐポストであり、人事・企画・会計等の事務と共に高等警察をも管掌した。石原は伊沢とは「かなり古くから」関係のある人物で、広島県出身、一九〇三（明治三六）年東京帝国大学法科大学卒業（以下、帝国大学・東京帝国大学法科大学卒業の場合は略す）、内務省に入省して官界に歩を進め、愛知県内務部長から警視庁官房主事に就任、一九一六（大正五）年在職中に死亡した。他方、警務・刑事を司る警察の中心的存在である警務部長に就任した川崎も、やはり広島県出身、一九〇三（明治三六）年大学卒業、翌年内務省に入省し、直ちに初の学士郡長として静岡県小笠郡長になったが、伊沢によれば「当時、私は地方官〔滋賀県内務部長〕であったのでありますが、上京中、偶々川崎君が静岡県小笠郡長として赴任するにつき、兄貴格であった床次〔竹二郎〕君などの肝煎で、上野の桜雲台に盛大な別宴が張られると聞き、喜んで其の席に列したのであります。之が私の同君を知った最初であったのでありまして、当時何故に渺たる一郡長の赴任に対してかくも盛大なる別宴が張られたかと申しますと、それ以前から、官吏たるものは市町村の如き最下級の団体から仕上げて行かねばならぬとの理想が一部にあって、未だ何人も之を実現したものはなかったのであります。然るに我が川崎君は大学を卒へるとすぐ東京市に入り、ついで学士からは初めて郡長に出ました。即ち官吏としての出方に頗る異色があったのでありますから、自然内外の注目をひいた次第であります」という。このような縁から伊沢と交遊を結び、以後も同じ民政党系政治家として活躍することになる。なお因みに、史料中に登場した「兄貴格」の床次竹二郎（鹿児島県出身・一八九〇年大蔵省入省、のち内務省）とは、伊沢が憲政会—民政党系、床次が政友会系と全く立場を逆にしていくのであったが、例えば一九二九（昭和四）年の浜口雄幸内閣成立の際と思われる伊沢の意見書には、「床次氏は感服すべき政治家にあらざるも政友会中の田中、鈴木、久原、小川の徒に比すれば多少正義を愛するの観念あるが如し。是を推挽し政友会の中心となし同会を浄化するは国家将来の為め必要ならん」とあるように、以後もずっと関係が続いていた。おそらく両者は、内務省で同じ釜の飯を喰い、そこで育んだ

「正義」感を共有する切っても切れない兄弟的な関係にあったということであろう。

石原・川崎の他には、特高課長に他の予定されていた候補者に敢えて替えて丸山鶴吉（広島県出身・一九〇九年内務省入省）を選任した。[10] このように、広島県出身者が揃ったことは偶然であろうが、彼らの前任者たちと比較すれば、伊沢人事の特徴が明らかになろう。即ち、前官房主事は湯地幸平（宮崎県出身・一九〇二年明治大学卒業・文部省入省）、前警務部長は小浜松二郎（鹿児島県出身・一八九七年内務省入省）、前特高課長は大塚惟精（熊本県出身・一九〇九年内務省入省）という陣容で彼らも文官高等試験合格者であったが、鹿児島県出身の小浜は勿論のこと、湯地は宮崎県出身ではあるが隣県鹿児島との関係が深かったし、大塚は陸軍の上原勇作の女婿であったように、薩派と関係があったという共通点を持っていた。したがって伊沢に、鹿児島関係者を一掃しようという意図があったことは明白であろう。

実は、このあとの伊沢の人事を見ても共通する点が多い。台湾総督（一九二四年九月一日～一九二六年七月一六日）の際には、それまで田健治郎・内田嘉吉総督時代に築かれてきた人脈、中でも賀来佐賀太郎（一九〇〇年入省）総務長官を中心に相賀照郷（一九〇三年入省）内務部長・尾崎勇次郎（一八九九年入省）警務局長等の後藤新平系官僚を一掃し、後藤文夫（一九〇八年入省）総務長官心得・木下信（一九一一年入省）内務部長・坂本森一（一九一〇年入省）警務局長・宇賀四郎（一九〇八年入省）専売局長・白勢黎吉（一九〇九年入省）鉄道局長心得・深川繁治（一九一二年入省）逓信局長心得を抜擢した。また、東京市長（一九二六年七月一六日～同年一〇月二三日）の時は丸山鶴吉・山口安憲（一九一二年入省）・松本忠雄（代議士・加藤高明秘書）を助役とし、後藤新平・永田秀次郎（一九〇〇年文官高等試験合格）・中村是公（一八九三年入省）市長時代に培われた「後藤閥」の一掃に取り組んだという。[11]後藤新平はテクノクラートを重視し、各省から引き抜く形で抜擢して自由に手腕を発揮させ、且つその後も彼らをその機関に据え置いて自らの影響力を維持することを得意としていたが、伊沢の場合は、強引な刷新人事を好み、閥を形成してその後も影響力を保持しようという点では後藤と共通していたが、他方で後藤系を排除しつつ、それまで面識も特に無い新進の優秀な内務省官僚を登用しようとしたところに特徴があった。ハーバート・ノーマンは、「伊沢の閥の大部分が内務省の高級官僚」であった(12)と指摘しているが、確かに伊沢は内務省から前述のように薩派・後藤新平系や、政党その他の政治勢力の影響を極力排除して純粋内務官僚によるポストを確保しようとし、且つ内務省以外の植民地統治機構・貴族院・宮中・市長を中心に積極的にポストを斡旋していき、強固な人脈を形成したといえよう。

但し、その「伊沢閥」(13)と称される集団をみた時、当然のことながら彼らは伊沢に絶対服従していた訳ではなく、個人個人は自らの資産を活用して多彩な活動していたのであるが、確かに伊沢を中心とした一定の人的結合も存在していた。時期的に区分してみれば、桂園時代から昭和初期の第一次若槻内閣までは、内務官僚内部では確かに政友会系と非政友会系という形で二分化される傾向にあり、伊沢に近いとされる者は非政友会系に属していたことは事実である。しかし伊沢個人は、敵対勢力の中心である原敬に関しては「尊敬の念を抱いてゐた」(14)という。つまり、原は新進抜擢、公正な人事を行おうとしていた人物であったが、背後に存在する政友会がその公正な人事を邪魔していると認識していた。また、原を内務行政面で補佐した床次に至っては、前述のように内務省同志であり、常に連絡を取り合っていたとも言われ、内務省人事でも両者の間でそれなりの共通理解があったものと思われる。ところが田中義一政友会内閣が成立し、鈴木喜三郎内相・山岡万之助内務次官が就任するに及んで状況は一変し、内務省内に排他的な党派性が持ち込まれたと、少なくとも伊沢は認識し、その反動として伊沢・江木翼等を中心にして民政党系という党派性を帯びた結合が生まれた。しかし政党内閣期の終焉後は、黒澤良氏の優れた一連の研究(15)が示す通り、内務省全体が他省庁や軍部からの脅威に対し国内統治機構としての内務省の自律性を強く意識するようになったが、それはまさしく伊沢が求めていた方向であり、伊沢はその代弁者であって、また伊沢・後藤文夫に近い人物が省内主流派を形成した。

このように、伊沢は「官僚の権化」ではなく、「内務官僚の権化」という方が正しいであろう。そして、時代風潮に左右されることない伊沢の一定で単純な姿勢は逆に外からは理解しがたい存在となり、それゆえに陰謀家集団的な「伊沢閥」イメージの形成につながったのであろう。

二　警視総監としての伊沢多喜男

以上のように、人事面では画期的な刷新を図った伊沢であるが、ではそれによって職務内容をどのように改革しようとしたのであろうか。以下、ここではその中から目立った動きをみていこう。

伊沢警視総監時代に実施された警視庁官制改正の中で、興味深いのは一九一四（大正三）年一一月九日公布の勅令第二四八号であった。それは、第四条の二として警視総監職務に「警視総監ハ非常急変ノ場合ニ臨ミ兵力ヲ要シ、又ハ警護ノ為兵備ヲ要スルトキハ東京衛戍総督又ハ師団長ニ移牒シ出兵ヲ乞フコトヲ得」という一文を追加したことであった。周知のように日露戦後の警視庁の仕事には、日比谷焼打事件や第一次護憲運動に象徴的に示されるような都市騒擾に対する治安維持対策が緊急の課題として浮上した。大日方純夫氏によれば、内務省・警察では「民衆の中に広く存在している警察忌避・恐怖の現象にどう対処すべきか」という方向と、「体制的秩序を脅かすものとして登場してきた民衆の新たな動き、すなわち、騒擾そのものにどう対処すべきか」という二方向での対応が認められ、特に後者に関しては第一次西園寺内閣の原敬内相以来、「如何ナル人ヲシテ局ニ当ラシメテモ、今日ノ治安ヲ維持スルニハ先以テ警察ノ力ヲ用ヰ警察ノ力ガ足ラザレバ、兵ヲ出ス外ニ方法ハナイ」との認識の下、厳然たる態度をとって臨んでいたという。(16)この原内相の下で警視庁第一部長に抜擢されたのが伊沢であった。したがって、この官制改正は伊沢も同じ認識に立ち、既に実行されていた軍隊の利用をここに明文化したものと思われる。(17)

この他、伊沢警視総監時代の目立った事件として二つ挙げておく。一つは高橋義信検挙事件であった。『川崎卓吉』には次のようにある。

伊沢警視総監はいよいよ暗黒な帝都の政治に対してメスをふるうことになった。総監の方針としては刑事政策上、小ものを検挙するよりも、一、二の大ものを検挙すれば小ものは自然に屏息するだろうというものであった。総監は川崎警務部長に対してこの方針を指示した。川崎部長は市会の大御所であり、当時の政府与党の中正会の大ものたる高橋義信氏について一カ月かかって調査した。その結果、高橋氏の詐欺恐喝沢山浮かび出て来た。警視庁の方針は、断然、高橋氏関係の書類を送局することに決し、直ちにこれを東京地方裁判所検事局に送ったのである。(18)

この事件の詳細は不明であるが、新聞記事によれば「高橋義信氏は〔一九一四年一一月〕二十九日午後十時三十分頃東京地方裁判所検事の令状により、突然下谷区西町の自宅より警視庁に引致され、目下吉田警部の係にて取調中なり。引致の理由は未だ知るを得ざるも、一説によれば氏が以前某新聞社長たりし時代に、或大商店に関する恐喝嫌疑なり」(19)というもので、ジャーナリスト時代の恐喝が理由であった。高橋は岐阜県選出の代議士で当時は、史料中にあるように尾崎行雄を中心とする大隈内閣与党中正会に所属していた。彼は同時に下谷区議もつとめ、一九一四年六月の東京市会議員選挙にも当選し、政友会系と言われる東京市の会派常磐会に所属していた。このような高橋に対し、伊沢等警視庁幹部は執拗に調査して検挙したが、彼が中正会所属ということから尾崎行雄法相が直接伊沢に面会し直談判したが伊沢は拒否し、結局起訴に持ち込まれて高橋は収監されることになった。この結果「高橋義信氏を検挙したことは、この方面の人々を驚駭せしめた。そして高橋氏が検挙されるくらいならばと、他の小ものはいずれも屏息してしまった。なぜならば高橋氏の如き勢力家で、しかも強力なバックを持っているものは、何をやっても検挙されるようなことはないと、この方面の連中に信ぜられていたからである」[20]という効果を生んだという。

もう一つは野依秀市の事件であった。やはり『川崎卓吉』には次のような記述がある。

当時は言論による暴力行為もあった。悪徳新聞記者、雑誌記者がかなり横行していた。これがために迷惑を蒙る市民が多数いたのである。これも退治しなければ完全な治安の維持ができない。しかしこれについても、小ものを相手にしても仕様がないので、大もの主義で行くことになった。野依秀市氏もその一人であった。しかし事実このような人々を検挙してみると連累者が右から左と現われ、結局五十余名を検挙した。[21]

これは、野依の経営する雑誌『実業之世界』[22]が誌面で愛国生命を攻撃し、同社から購読料という形で収賄したので、一九一四年八月に野依等を拘引した事件を指す。

ところで、この二つの事件には共通性があるように思われる。それは共にジャーナリズムによる恐喝事件であったことである。このように、ジャーナリズムに対して厳しい態度をとった背景には、伊沢等が彼らを市政紊乱、都市暴動の元凶と考えていたことにあると思われる。日比谷焼打事件や第一次護憲運動など都市騒擾事件にはしばしば新聞社への襲撃が含まれていたように、日清・日露戦争を経て急激に発行部数を増加した新聞は、同時に社会的影響力も増大し、且つ発行部数を競って新聞社同士の激しい争いも見られるようになった。彼らの一言で大きな暴動や銀行取り付け騒動が起きていたように、記事も競って扇動的となり、相互に傷つけ合うような状態であった。さらに彼らはその影響力を背景に、資金獲得のため政治に介入していこうとした。例えば、前述の高橋義信は一九二〇年にも東京市疑獄事件に関与していた。『警視庁史　大正編』によれば「当時市会には公和会と市友会の二つの議員団体があつたが、公和会の実力幹部である高橋義信は、市役所の内部にも強い影響力を持つていた。彼は市当局のあらゆる工事の責任者と、自分の息のかかつた業者の間に介在して、請負を斡旋しては相当の謝礼を受けていた。市の当事者もまたその圧迫に屈し、ほとんどその意のままに懐柔されて、業者ともなれ合い、不正な工事も無条件で通し、その謝礼として金品を受けることを当然のように考えていたのであつた」[23]とあるように、市会議員幹部と市役所の癒着はかなりのものであったことはよく知られている。

このような新聞社の姿勢は、未だ新聞売り上げや広告料に依る近代的経営ではなく、政治方面からの援助に強く依存せざるを得なかったという背景があったためで致し方無い部分もあったが、新聞の影響力の増大にしたがって政治への介入がより露骨となったことも確かであった。このような状況に対し、例えば一九一四年九月頃、『やまと新聞』社長松下軍治が自ら主導して東京市電灯統一問題を解決すべく、阪谷芳郎市長に接近を図ったが、それに対し阪谷は「松下の考は権道に失す。且つ先以て新聞記者の説を聞くと云ふは此際一時は可ならんも、権力常に記者に属するの後患あるへし。斯る不自然のことは市長として誠意を欠くを以て、仮令今後困難に陥ゆるとも取るへき手段にあらす」[24]と憤慨していたように強い反発をも生んでおり、実際に新聞界の内部からも改革の声が起きていた。おそらく伊沢等も同じような認識を持っており、市政紊乱や恐喝事件に対し、「大もの」を検挙して一罰百戒を与えると共に、同時に都市騒擾の先導役＝「大もの」であるジャーナリストにメスを入れることで、治安の維持を図ろうとしたのではないであろうか。

「警察の大本は治安の維持」と述べた伊沢は、暴力団に対しても峻烈な態度で当たったという。『伊沢多喜男』には、次のようにある。

翁は、暴力団、ゴロツキ退治を行つた。明朗な警察行政を行ひ、治安の維持をはかるため、暴力団狩りが必要であつた。主義も主張も持たず、やたらに暴力を使用するものを帝都の外に放逐した。これらの輩は満洲や、他府県に逃げ去つた。ところが他府県の方で困つて了つた。警視庁に苦情を申し込んでくるものもあつたが、翁は「君の方でも放逐したらどうか」と言つた。(25)

以上のような伊沢の治安に対する厳格な態度は、例えば一九四一（昭和一六）年の伊沢の意見書中にも「内務大臣は一党一派に偏せず右翼左翼の繋累より脱却して真に身を以て国内治安の責任を積極的に果し得る正義感、意志力の強大なる人物を要す。国内治安の強行は庶政断行の根本要件なり」(26)とあり、このような意味の表現は『伊沢多喜男関係文書』中の他の箇所にも垣間見られ、彼がこの点に一貫して熱心であったことは間違いないであろう。

また、このような伊沢の姿勢は、政治方面にも発揮された。伊沢の在任期間には二つの選挙が実施されたが、その一つは一九一四（大正三）年六月四〜六日に行われた東京市会議員選挙であった。この選挙に対する伊沢の方針は、従来の東京市会議員選挙を牛耳っていた政友会・常磐会系のリーダー森久保作蔵を徹底的に抑え込み、その配下の「三多摩壮士」の活動を封じることであった。自由民権運動期は急進行動派として名を広めた「三多摩壮士」であるが、明治三〇年代以降は暗殺された星亨に替わった村野常右衛門・森久保の下で、政友会院外団として活動していた。しかし、国—府—郡—町村という序列で階層的に組織されたその力は「まことに整然とした末端組織網であり、その潜在力はおそるべきものであった」(27)と言われる。特に選挙においては、戸別訪問も禁止されていない時期でもあったので、自陣営への有権者の取り込み、相手陣営への威嚇はもちろん暴力沙汰も辞さない彼らの存在は、大きな脅威になっていた。これに対し伊沢は、一方で森久保を呼びつけ「あなたは話がわかる人だからお招びしたのだが、今度の選挙には、三多摩の壮士を東京市内によんで貰ひたくない。もし暴力を用ふるときは、自分は警視総監としてあくまで戦はなければならない」と森久保に釘を刺し、他方で今まで暴力を恐れて立候補しなかった加藤正義を初めとする大物実業家に立候補を促した。(28) この選挙で、従来全七五議席中四八議席と過半数を占めていた常磐会は二二議席と惨敗した。この背景には、既に都市の地盤構造が変化しつつあったこと、(29) そもそも森久保が素直に説得に応じなければならないほど市民の間でも彼らへの批判が強まっていたこと(30)もあったが、伊沢の態度が影響を与えた部分も多かった。ただし、選挙活動取締そのものに関して不公平な行為を伊沢が指示したという意味ではない。寧ろ森久保自身も警視庁の態度を「公平」(31)と評していた。

伊沢が扱った二番目の選挙である一九一五年三月二五日実施の第一二回総選挙でも、その「公平」さは貫かれたようである。この時の選挙について、伊沢は次のように回想している。

私は絶対公平無私な態度を取りましたが、自分の両翼であつた川崎卓吉が警務部長で、石原磊三が官房主事であつたが、是等の二人に能く云ふて絶対公平でやれ、それから勝つ負けると云ふことを云ふならば、此の大隈内閣の今の輿望と云ふものは実に素晴しいものであつたので、此の大勢で押して行けば勝つなんと云ふことは無論のこと、勝つ負けると云ふことは眼中に置かないけれども、勝つと云ふことは何等疑はない、兎に角絶対公平な態度でやれと云ふことを非常に私は喧しく訓辞して川崎も石原も其の通りやつたです(32)

特に、選挙においては慣例となっていた、選挙情報を収集し政府に通牒するということも伊沢は拒否した。このため、与党側から不満の声が挙がり、与党を代表して大津淳一郎が伊沢に抗議に来たが、「君無論物の筋を考へて見給へ、政党の首領が警視総監に言つて来て聴いたつてそんなことは出来るものか、そんな阿呆らしいことは聴くものぢやない」(33)と言って追い返したという。

以上の二つの選挙に対する伊沢の態度を見た時、彼が同志会など与党側の勝利を望んでいたことは確実であるが、選挙取締に関しては「公平」さで終始臨んでいたといえよう。但し、ここで言う「公平」さとは、単に与党・野党に対し同等に取り扱うという「中立」の意味ではなく、治安を乱すような暴力、高等（政治）警察としての与党への便宜という本来の選挙を損なうような障害を厳格に排除し、彼にとって本来あるべき正しい選挙の姿を与党・野党同等に要求するという意味であった。

ところで、警視総監の監督者である大浦兼武内相のこの時の選挙に対する態度は、およそ正反対であったようである。与党の同志会の安達謙蔵、中正会の田川大吉郎、大隈伯後援会の市島謙吉等は綿密な打ち合わせを行い、さらに下岡忠治内務次官は全国の警察を使って、情報を収集分析し「全国的指令の采配を揮」(34)っていたが、勿論その背後否陣頭に立って指揮していたのは大浦であった。まさしく伊沢が嫌う高等警察を展開していたのである。そして、相互には全く干渉しなかったようである。(35)

三　伊沢の大浦復権運動

一九一五年七月三〇日に政友会議員買収容疑で大浦は政界から引退した。とりあえず、この事件とその後の大浦の復権運動を振り返ってみよう。

一九一五年三月二五日の第一二回総選挙の際、大浦は、香川県丸亀市の候補者白川友一から、同じ選挙区の与党系候補加治寿衛吉の候補撤回を斡旋し、衆議院書記官長林田亀太郎を通して一万円を収賄したとして、当時の政友会幹事長村野常右衛門等が五月二四日に検事局に告発した。さらにその後の調査で事件は、一九一四年一二月の第三五通常議会で、大浦が二個師団増設に反対する政友会の切り崩しのためその白川（当時は政友会代議士）等を買収しようとした問題にも発展した。そして、七月二八日には林田等が収監され、大浦への波及も決定的となった。そのため七月二九日大浦は辞表を提出し、同時に官位受爵を辞して政界から引退することを条件に、尾崎行雄法相・平沼騏一郎検事総長・鈴木喜三郎司法次官等は協議して起訴猶予処分とすることを決定した（ただし、林田亀太郎・白川友一・板倉中等は高松地方裁判所に起訴された）。政府内からはこの処置に不満を持つ者も多く、加藤高明外相・若槻礼次郎蔵相・八代六郎海相・下岡忠治内務次官・浜口雄幸大蔵次官と共に伊沢も連帯責任論を主張して連袂辞職した。(36)

結局、辞表は七月三〇日に聴許されたが、その際大隈首相は「大浦は赤誠国を憂ふる熱情より一回にして過に陥りたるも、彼の忠節は嘉みせらるべく、既に制裁に服したる後は適当の機会に於て相当の恩遇を賜り度(37)」と内奏していた。さらに一九一六年一〇月九日に大隈内閣は総辞職し、寺内正毅内閣が成立したのであるが、その時にも「第二審〔第一審で罰金刑となった林田亀太郎は上告しなかったが、白川・板倉等は大阪控訴院に上告していた〕判決決定に到らば、犯罪事実の審理に於て終結せりと認めらるゝを以て、例へは立太子式を挙けさせらるゝか如き嘉例の機会の如きに於て一に前官の礼遇を復せられ、又其機会に於て日独開戦以来の功績を賞せられむこと是れ実に切望に堪へさる所なり(38)」との覚書を大隈から寺内に渡した。しかし、寺内の反応は「刑事事件も未だ終結せざるに到底出来得べきにあら(39)」ず、と決して芳しいものではなかった。ただし、この直後の一九一六年一〇月三〇日に第二審の判決があり、且つ判決内容も「第一審に於て執行猶予とならざりし者も亦第二審に於ては所犯情状原諒せられ総て執行猶予の恩典を与へられたり(40)」というものだったので、伊沢はこれを好機として直ちに筆を執り「大浦兼武復権の意見書」を執筆したようである。

では、伊沢は何故このように大浦復権に拘ったのであろうか。前節までに見たように、人事や警察職務に対するおよそ対称的な大浦と伊沢であり、相互に不干渉的関係であった。特に、大浦は伊沢の嫌う高等警察による失敗で辞職したのであるから、自業自得と思ったはずである。しかしこの事件後、伊沢によれば「私は故人〔大浦〕の順境である場合よりも逆境に居られた場合に於て最も多く接触を致す機会を得た」、あるいは「故人〔大浦兼武〕の日記を拝借して拝見いたしたのでありますが、一々来訪者が誰が何時来たといふやうな事が詳しく書いてあります。用件は多く書いてありませぬ。其中で最も御訪問申上げて居るのは安達謙蔵君と私です、不思議に殆ど同じ位の度数御訪問いたして居るのであります」という状態であり、月に二、三回の割で訪問していた[41]と、急速に緊密な関係になっている。残念ながら頻繁な接近の中で彼らが何を話題にしていたのか知る由は無いが、『伊沢多喜男関係文書』中にはこの時期の大浦兼武書簡が多数残されている。但し、この書簡の内容も意味不明な点ばかりであるが、その内容が非常に高度で機密の政治的情報であることは確実で、両者の間で一般政治上には出てこない密議が話し合われていたことを推測させる。実際に大浦は神奈川県鎌倉に蟄居していたとは言え、様々な政治家が出入りして接触を図っており、『原敬日記』・『松本剛吉政治日誌』をみれば、大隈首相後継問題、第三党問題、寺内首相後継問題と死去（一九一八年一〇月一日）直前まで政局に深く関わっていた[42]。つまり、伊沢もこの時期に純粋官僚から、高等警察のような政治家に転身したのではないであろうか。このことは伊沢の経歴からすればある意味では当然で、彼は警視総監辞任と共に官僚的キャリアを一応終了し、一九一六年一〇月より貴族院議員という政治家になっていたからである。換言すれば、失脚した大浦の下で、彼は第二の大浦を目指して勉強しているように思われる。

では、伊沢は大浦から政治家として何を学ぼうとしていたのか、あるいは内務省と政党との関係をどのように考えていたのであろうか。伊沢「大浦兼武復権の意見書」には、「我国現下の政情に於て各種政治的勢力の調和調節十分に維持せらるゝにあらされば、政機は徒らに矯激に奔逸するの憾なしとせす。而して此の如き調節に任するは調和的人物の斡旋に待つもの多し」とした上で、大浦の大隈内閣での功績として、

一、蓋し内閣の中堅を以て自から居り、首相を佐け他の閣僚との調節を維持せり。

二、元老、貴族院、枢密院に対し常に中間に立ちて意見の疎通を図れり。

を挙げ、「近時子（大浦）の退隠に依り氏に代はるの人物を見さるか如きは真に遺憾とする所なり。国家有用の人物たる功臣として其恩遇を復され、尚国家社会の為に貢献せしめられむこと緊要なり」と復権理由を述べている。そして、「氏に代はるの人物」として自らを想定していたのであった。自らの基盤である貴族院や内務省・民政党、さらに元老・重臣や枢密院へも影響力を強めつつ、「自分は危機（原注・おそらく満州事変）以来各内閣を支持してきたし、東条を全面的に支持するつもりである」(43)として複雑な動きを見せた一九三〇年代以降の政治家伊沢の原点もここにあろう。周知のように、分権システムと言われる大日本帝国憲法は、確かに各機関に調和が無い限り運営不能であり、それを回避する方法として、元老政治・政党政治・挙国一致内閣などが行われていたが、伊沢の場合は形式に拘らず、国家のためなら自己を犠牲にし何事にも立ち向かう(44)大浦の如き個人の力量に依存しようとしたところに特徴がある。

以上のように、スタンスを変えた伊沢であるが、では政党や内務省に対してはどのように位置づけていたのであろうか。前述のように、伊沢のように分権システム的発想をとっているのであれば「私（伊沢）は昔から立憲政治をやる限りは政党は絶対に必要なものなりと斯う云ふ考を私は持つて居りました」(45)と考えたことは当然であったろう。しかし同時に、政党には二つの注文を課していた。一つは「良い政党でなくちやならぬ、そんな選挙干渉をして見たり、買収をして見たり、そんなことで出来た政党と云ふものは何もならない、そんなもので国政は支配は出来ぬ」(46)というもので、これは政党＝「私党」（私利私欲の集団）イメージに基づくものであろう。つまり、「私党」が買収行為をすることは許されないが、大浦や原敬など有用な人物が行うことは「国家の大体の大局から見て、そんな内務大臣を司法処分に附するとか何とか云ふことは決して良い司法権の発動とは言へない」(47)ということになる。そして伊沢にとって政党は、「良い政党」＝「公党」でなければならなかった。そのため、彼は政党に対して「中立」的立場に立つのではなく、寧ろ積極的に関わっていった。このように、大浦事件以降大浦に代わって積極的に「良い政党」の育成、指導、監督を自らの課題の一つとした伊沢であるが、たまたまその対象が同志が多く関与していた憲政会・民政党であったということであろう。

もう一つの注文は、「〔学生時代に〕穂積八束さんの憲法の講釈を聞いたので、あれが誠に我々には分り易かつたのです。それで御承知の通り穂積さんの憲法と云ふものは何と云ふか独乙のラバンドなどを引張り出して来て。イギリス流の憲法論とは違ひます。あれに私の頭は相当支配された居つたのです。それで政党と云ふものはなければならぬと思ひますが、どうも「イギリス」流の政党内閣と云ふものは良いものぢやないのだ、斯う云ふ考は私は最初から持つて居りました」(48)というように、政党も分権システム的憲法の枠内で活動するべきであり、政党が他政治機関を制御する形で政治の中心に位置することは許されなかった。彼が昭和初期に民政党内閣を支援したのは、前述のように個人としての彼の同志たちが党幹部を占め党を統御できる内閣であったからであり、逆に加藤高明・下岡忠治・浜口雄幸・江木翼等同志が相次いで他界した後の民政党は、彼には興味の薄い存在であった。

最後に内務省に位置づけについて。既に述べたように、第二次大隈内閣期での警視総監伊沢と内相大浦は人事や高等警察に対する考え方の点において対称的であった。「警察の大本は治安の維持」と認識し、「悪」の元凶に対し「公平」・厳格で「一罰百戒」的に「正義」を行おうとした内務官僚伊沢と、諸政治勢力間を調整し党派性を露骨に出した政治家大浦であるから当然でもあった。「一党一派に偏せず右翼左翼の繁累より脱却して真に身を以て国内治安の責任を積極的に果し得る正義感、意志力の強大なる人物〔中略〕専門的なる事務大臣」(49)が内相として好ましいと述べていた点を考えれば、政党にも憲法枠内での行動を要求したように、内務省にもその枠内で本来の職務、即ち治安の維持に忠実であることを期待していたと思われる。が一方で、国家本位に立った強い「正義感、意志力」で強引な実行力を発揮し、且つ職務に忠実な伊沢等若手官僚を庇護し、十分にその手腕を揮わせてくれた政治家大浦を高く評価し、自らをその後継者に擬したのであった。このような姿と、伊沢以降の警視総監が藩閥とも無縁な資格任用者によって独占されていく事実を重ね合わせてみれば、警視庁さらには内務行政が大浦世代から伊沢世代にスムーズに交代し、従来の大浦的な発想、実行力に、伊沢的な法学・政治学の学識もプラスされてより確立したという見方もでき、とすれば両者は補完関係でもあったと言えるのではないであろうか。

この点と関連して連想されるのが、昭和初期における伊沢と後藤文夫・丸山鶴吉等「新官僚」との関係である。党派的で「介在型挙国一致」[50]指向の伊沢と、党派性排除をスローガンとし「直結型挙国一致」指向の「新官僚」[51]では異なる面も持っていたが、伊沢の庇護の下に「新官僚」が選挙粛正運動を行い、高等警察を否定していく姿は、恰も大浦内相と伊沢警視総監のようであった。

おわりに

戦前期の内務行政という観点から見た場合、伊沢の姿はその節目節目に見られる。専門知識を身にまとった本格的な文官高等試験制度の第一期生としてスタートを切り、第二次大隈内閣の警視総監の時のように、後進者への道筋を切り開いて専門官僚制の確立に務めた。彼の目指す内務官僚は、治安維持に重点を置き、政党に対しは「公平」さを保ちつつ厳格に監督する、正義感に溢れ実行力を伴った人物というようなものであった。さらに昭和初期には、「新官僚」の登場を促す役目を果たした。これ以降内務行政は大きく変貌し、国民末端にまで影響力を強めていくのであるが、あくまで治安維持を重点に置き専門的、事務的に物事を進めようとする基本方針には変わりはなかった。即ち、明治以降時期によって内務省の課題は当然変化していったのであるが、内務行政の基本方針の堅持、組織としての内務省の確立、充実を一貫して模索した伊沢は、まさしく「内務官僚の権化」といえよう。

これが内務官僚としての伊沢の顔であるとすれば、第二次大隈内閣以降の伊沢には政治家としての顔も加わった。内務省に限らず、各政治・行政機関が自らの使命を果たそうとすればするほど、それらを公正な立場から「意見の疎通」を図り、調和する人物が必要となる。伊沢は大浦の後を継いで、そんな「黒幕」的政治家たらんとしたのであった。

確かに、これ以降の伊沢は複雑で理解されづらい面もあったが、基本的には以上のような二つの顔を両立させようとしていたのであり、この意味ではオーソドックスであり単純であったのではないであろうか。

註

(1) 大隈内閣成立に際し、当初大隈首相は大浦兼武を内相に据える予定であったが、尾崎行雄もそのポストを希望し、結局大浦は農商務相、尾崎は法相、内相は大隈が兼任という形で決着した。ただし、内務次官には大浦系の下岡忠治が就任したように、事実上大浦が内相格であり、警視総監も大浦が行った人事であった。そして、総選挙を控えた一九一五年一月七日には正式に大浦が内相に就任した。

(2) 伊沢多喜男伝記編纂委員会編『伊沢多喜男』(羽田書店、一九五一年)、一〇三頁。

(3) 同右、一〇四頁。ただし第三項に関しては、一九〇六年四月一七日の警視庁官制改正によって、それまで「高等警察」は首相および内相の指揮下にあると定められていたのを内相のみとしており、既にすべて内相指揮下に入っていた。伊沢はちょうどこの官制改正の際に警視庁第一部長に就任しているので、この時と混同しているのではないであろうか。

(4) 大日方純夫『近代日本の警察と地域社会』(筑摩書房、二〇〇〇年)、三五頁。

（5）高橋雄豺『明治年代の警察部長』（良書普及会、一九七六年）、五三頁。
（6）清水唯一朗「第一次山本内閣の文官任用令改正と枢密院」（『法学政治学論究』〈慶応大学〉第五一号）参照。
（7）前掲『伊沢多喜男』、一〇六頁。
（8）川崎卓吉伝記編纂会編『川崎卓吉』（川崎卓吉伝記編纂会、一九六一年）、一二一〜一二三頁。
（9）伊沢多喜男「衆議院解散意見書」（『伊沢多喜男関係文書』所収）、五二一頁。
（10）丸山鶴吉『七十年ところどころ』（七十年ところどころ刊行会、一九五五年）、一〜三頁。
（11）鷺城学人「東京市長と其背景」（『日本及日本人』一九二六年七月一五日号、所載）。
（12）ハーバート・ノーマン「伊沢多喜男―日本の黒幕」（『ハーバート・ノーマン著作集　増補版　第二巻』〈岩波書店、一九八九年〉所収）、三五八頁。
（13）前掲、ノーマン「伊沢多喜男―日本の黒幕」は、元大蔵官僚で近衛文麿側近の殖田俊吉の情報として、次のような「伊沢閥」の具体的人名を挙げている。
湯浅倉平・後藤文夫・唐沢俊樹・堀切善次郎・次田大三郎・広瀬久忠・丸山鶴吉・斎藤樹・木下信・湯沢三千男・早川三郎・小栗一雄・小林光政・平山泰・相川勝六・太田政弘
この他に、伊沢よりも若い内務省系の官僚で伊沢に近いと思われる者を、前掲『伊沢多喜男関係文書』、前掲『伊沢多喜男』、栗林貞一『地方官界の変遷』（世界社、一九三〇年）、伊藤隆『昭和初期政治史研究』（東京大学出版会、一九六九年）中の「七日会メンバー」（七四〜七五頁）等よりピックアップすれば、以下の通りである。誤りや遺漏もあろうが、目安として掲げておく。
香坂昌康・長岡隆一郎・橋本清之助・黒河内透・近藤壌太郎・鈴木信太郎・半井清・館林三喜男・田中武雄・有吉忠一・有吉実・川崎卓吉・池田秀雄・池田宏・柴田善三郎・生駒高常・田沢義鋪・石原健三・稲畑勝太郎・大坪保雄・大場鑑次郎・岡田文秀・河井弥八・赤池濃・小柳牧衛・増田甲子七・高橋守雄・塚本清治・中川健蔵・山口安憲・白根竹介・三沢寛一・本山文平・得能佳吉・中谷政一・黒崎信也・下条康麿・清水重夫・高橋雄豺・横山助成
（14）前掲『伊沢多喜男』、五九頁。
（15）黒澤良「政党内閣期における内務省」（『東京都立大学法学会雑誌』三九―二）、同「政党政治転換過程における内務省」（『東京都立大学法学会雑誌』三五―一）、同「内務官僚と二・二六事件後の政官関係」（『年報政治学』二〇〇〇年号）。
（16）前掲大日方純夫『近代日本の警察と地域社会』、一一四〜一一九頁。
（17）伊沢警視総監時代には結局、都市騒擾は起こらなかったが、可能性が無い訳ではなかった。社団法人尚友倶楽部・櫻井良樹編『阪谷芳郎　東京市長日記』（芙蓉書房出版、二〇〇〇年）には、一九一四年九月頃東京市会や新聞が電灯料金の軽減を主張して阪谷市長に迫っていたが、阪谷が消極的であったため、九月六日に電車賃問題をきっかけに名古屋市で起こった暴動が東京市に飛び火するのではないかと、伊沢が阪谷に忠告している（一九一四年九月一一日条）。

(18) 前掲『川崎卓吉』、一五一頁。
(19)『東京朝日新聞』、一九二四年一二月一日号。
(20) 前掲『川崎卓吉』、一五二頁。
(21) 同右、一五五頁。
(22) 梅原正紀「野依秀市」（『ドキュメント日本人九　虚人列伝』〈学芸書林、一九六九年〉所収）、『野依秀市』（実業の世界、一九六八年）。彼はこの事件で一九一六年五月二六日より四年間入獄することになる。彼はこれ以前にも東京電灯会社を恐喝して入獄しており、恐喝ジャーナリストとして名を馳せていた。他方、大隈重信や売文社とも関係が深かった。
(23) 警視庁史編さん委員会編『警視庁史　大正編』（警視庁史編さん委員会、一九六〇年）、六一九頁。
(24) 前掲『阪谷芳郎　東京市長日記』、一九一四年九月一一日条。
(25) 前掲『伊沢多喜男』、一一三頁。
(26) 伊沢多喜男「新内閣基本要綱」（前掲『伊沢多喜男関係文書』）、五一九頁。
(27) 府中市（東京都）編『多摩史拾遺記』（府中市役所、一九七二年）、二一二頁。
(28) 前掲『伊沢多喜男』、一一一～一一二頁。
(29) 櫻井良樹「大正初期の東京市政と阪谷芳郎」（前掲『阪谷芳郎　東京市長日記』所収）、六四七～六四八頁。
(30) 前掲『多摩史拾遺記』によれば、森久保がこの市会議員選挙で落選した翌年の一九一五年には、市内中心部に持っていた彼らの事務所である「武蔵倶楽部」・「壮士事務所」を廃止して都落ちしたが、その際の彼らへの非難には相当に激しいものがあった（二二一～二二三頁）という。
(31) 前掲『阪谷芳郎　東京市長日記』、一九一四年五月二九日条には、「森久保来り警視庁の公平を語る。中野武営氏の方針如何を懸念す。」とある。この点に関して櫻井良樹氏は逆に、森久保が警視庁の取締の公平さに不満を持っていたと解釈している（同書、六四九頁）。
(32)「伊沢多喜男氏談話速記」（前掲『伊沢多喜男関係文書』所収）、四八四頁。
(33) 同右、四八四頁、および前掲『伊沢多喜男』、一〇九頁。
(34) 三峰会編『三峰下岡忠治伝』（三峰会、一九三〇年）、一〇二頁。

(35) もっとも、監督者である内相大浦が警視総監に干渉しなかったということは、前途有望な伊沢等に手を汚させないようにし、且つ警視庁への与党側からの非難を内相が守ったということでもあり、大浦が伊沢を庇護していたということにもなろう。
(36) 大浦事件に関しては田宮裕「大浦事件」(『日本政治裁判史録　第三巻　大正』〈第一法規、一九六九年〉所収)、色川大吉『村野常右衛門伝―流転の民権家』(大和書房、一九八〇年)等参照。但し、田宮論文は一九一六年六月五日の高松地方裁判所の判決(林田亀太郎は罰金刑、白川友一・板倉中等は懲役刑など)に対し被告らは上告しなかったと述べているが、そうでなかったことは本論文の通りである。
(37) 伊沢多喜男「大浦兼武復権の意見書」(前掲『伊沢多喜男関係文書』)、五一三～五一四頁。作成の日付であるが、文中に「事件以来此に一年三月鎌倉に謹慎し全く禁錮同様の態に在り」とあり、且つ一九一六年一〇月三〇日の第二審判決以降であることから、一九一六年一一月頃と推定しておく。
(38) 同右。
(39) 『原敬日記』(復刻版、第四巻、福村出版、一九八一年)、一九一六年十一月五日条。ところで、大浦の復権運動を行っていたのは伊沢だけではなく、松本剛吉も熱心に動いていた。その様子は、岡義武・林茂校訂『大正デモクラシー期の政治松本剛吉政治日誌』(岩波書店、一九五九年)に詳しい。松本は大浦を政治上の指南と仰ぎ、しばしば大浦邸を訪問すると同時に、一九一七年二月二七日には山県・大浦会談の橋渡しをしていた。ただし、松本と伊沢は全く関係はなく、松本は復権に関し横田千之助・村野常右衛門等政友会方面の諒解を得ようと試みていた。
(40) 前掲、伊沢多喜男「大浦兼武復権の意見書」、『法律新聞』第一一八二号(一九一六年一一月五日)、一四頁。
(41) 橋本五雄編『金竹余影』(富山房、一九四二年)、八五～九九頁。
(42) この時期の大浦邸に頻繁に出入りしていたのが、前述までのように、伊沢・安達謙蔵・松本剛吉であったというのは、彼らの政治家として共通性、即ち華々しい政策問題よりも裏面での工作を得意とし、特に選挙・人事に強い関心を持っていたという点での共通性につながっているように思われる。
(43) 前掲、ハーバート・ノーマン「伊沢多喜男―日本の黒幕」、三六四頁。
(44) 伊沢の大浦イメージについては、前掲『金竹余影』、八五～九九頁、前掲「伊沢多喜男氏談話速記」等参照。
(45) 前掲「伊沢多喜男氏談話速記」、四七九頁。
(46) 同右、四八五頁。
(47) 同右、四九三頁。

(48) 同右、四七九頁。
(49) 前掲、伊沢「新内閣基本要綱」。
(50)「介在型挙国一致」論と「直結型挙国一致」論については、拙著『大正期の政治構造』(吉川弘文館、一九九八年)参照。また大島美津子「第一次大戦期の地方総合政策」(『専修史学』第二九号)はこの時期の内務官僚の動向を明らかにしているが、そこには従来のような地方名望家依存から、農村中堅層を中心として広く民衆を取り込む方向へと転換したと述べられている。筆者は、そのような二つの流れは同時並行的なものであったと考えている。
(51) 前掲、黒澤良「政党政治転換過程における内務省」参照。

伊沢多喜男と東京市政

櫻井　良樹

はじめに

伊沢多喜男は、一九二六（大正一五）年に、約一年一〇カ月間つとめた台湾総督を辞職し、七月一六日に東京市長に就任した。しかし彼はその地位にとどまることわずか三カ月で辞職し、その後責任ある公的地位に就くことはなかった。すなわち東京市長が、彼の政治的活動の、表舞台では最後の場となった。

『伊沢多喜男』(1)によれば、その就任から辞任までの経緯は、次のように説明されている。彼は前年より健康が優れず、その年はじめに亡くなった加藤高明首相の葬儀参列のために上京した後、台湾に帰任せず熱海で静養していた。その時に持ち上がってきたのが、東京市長の話であった。病気を心配していた浜口雄幸内相らが、帰台をやめさせるために、当時東京市会に大きな影響力を有していた三木武吉に内々に打診し、その結果、市会で市長の第一候補として推薦された。それも本人の意思も確かめずに選挙され引き受けざるを得なかったというのである。その結果、伊沢は就任の挨拶をした後、市会に一回出席しただけで、すべての職務を丸山鶴吉助役に一任して軽井沢で静養しながら、必要のあるときだけ助役を呼んで指示するという執務状態を続けた。しかし病気は回復せず、わずか三カ月で西久保弘道に市長職を譲ることになった。

東京市長職は、病気で静養が必要な者がつとめられるほど閑職ではないことは、はじめからわかっていたはずである。それなのに、なぜ無理を承知に伊沢が市長を引き受けざるを得なくなったのかについては、一九二四（大正一三）年六月の第一次加藤高明内閣にはじまる憲政会内閣（第一次若槻内閣まで）の成立と、一九二六年六月の東京市会議員選挙に憲政系が勝利を収めたという、政治的変化の影響によるものだと言われている。すなわち憲政系に都合のよい市長として指名されたというのである(2)。

本稿では、それを引き継ぎながら、伊沢の東京市長就任を中心に、東京市政の置かれていた状況を、さまざまな観点から確認してみようとするものである。まず第一節では『伊沢多喜男関係文書』(3)の中の一九一七（大正六）年東京市長銓衡関係書簡（大浦兼武書簡）を通じて、大都市市長人事への伊沢の関与を述べ、第二節では伊沢自身の東京市長就任から辞任までの経緯を確認し、第三節では前後の時期における市政執行部の人事変化の中に伊沢時代を位置づけてみたい。

一 『伊沢文書』の中の市長関係書簡

『伊沢文書』には、各地の市政に関して伊沢に報告・相談した内容のものが少なからずある。その中でもっとも目につくものは、横浜市関係者のものと、一九一七年から翌年にかけての東京市長銓衡に関する大浦兼武書簡である。横浜については、市長銓衡だけでなく、助役人事をも含む市政全般にわたるものが多い(4)。これは横浜有力者と伊沢との個人的に密接な関係によるものであるが、他市についても、伊沢に相談したり報告をした書簡が残されている。たとえば次のような書簡である（横浜市関係および一九一七～一九一八年東京市長関係、自身の東京市長就職辞任関係は除く）。

尼崎市長退職挨拶（一九四三年四月二一日付有吉実書簡）、旭川市長就任関係（一九三六年九月六日付井上英書簡）、千葉市長選挙関係（一九三三年一一月二九日付岡田文秀書簡）[5]、川崎市長選挙関係（年不明五月一日付小倉正恒書簡）、東京市廃止都知事選定関係（一九四三年六月二五日付唐沢俊樹書簡）、東京市長辞職関係（一九四二年七月二〇日付木下信書簡）、新潟市長選挙関係（一九三七年八月二六日・三一日付小柳牧衛書簡）、伊東市長選挙関係（一九四七年八月一九日付山田省三書簡）、東京市長関係（一九二九年四月一三日付湯浅倉平書簡）

これらの書簡は、市長職が伊沢人脈を構成し培養するものの一つであったことを推測させる。しかし、これだけではその地域的・年代的な特徴を知ることはできない。

近代日本の市長就任者の多くが、内務省出身者によって占められることを数量的に明示したのが、進藤兵氏の市長就任者の経歴分析である[6]。それによると、市制施行以後一九二二（大正一一）年にかけて、県や国の官吏出身者（上位行政ルート）の占める割合が大幅に増え、これに対して民間出身者や市の行政・政治ルートよりの出身者が減少していることが指摘されている。「市の地方自治システム」に対しては「上位政府システム」が、「政治ルート」に対しては「行政ルート」が優位にあり、近代日本の市長職が、中央政府の専門官僚層と人的に融合することを中核にして確立・定着したこと、それが特に一九一二年段階以後にはっきりとしていることを明らかにしている。また内務省を中心とする専門官僚→（知事→）市長という市長就任者の供給ルートが、政友会の地方政治支配と相互依存しながら定着していったという。なお人口一〇万人以上の都市においては、早い段階から上位政府出身者（官吏・国政経験者）

が多く、その割合がしだいに増加していることや、市助役から市長に就任する者の割合が普通の市より高いところに、大都市における都市専門官僚制の一定の役割を見ることができるとしている。

この研究は経歴研究のため、市長が具体的にどのようにして選ばれるかについては、ほとんど明らかにしてない。しかし、内務省出身者の多いところからは、市長選任に関する内務省の影響力が強かったことが推測できる。ではそれは、具体的にはどういうようにして行われていたのであろうか。組織的あるいは暗黙の制度的なもの（各省が指定席として有する天下り先のポストのようなもの）であったのか、それとも別な政治力学によるものであったのか。それを『伊沢文書』から見てみよう。

一九一七（大正六年）年八月に東京市長の奥田義人が在職中に死去し、翌年四月はじめに田尻稲次郎が新市長に就任するまで、七カ月以上にわたって東京市長は空席のまま、その選出をめぐって大混乱になった（歴代東京市長一覧は表1）。これに関する大浦兼武の伊沢宛書簡が数多く残されている。

大浦は、一九一五年の議員買収事件の責任をとる形で政界から引退していたが、山県有朋系あるいは立憲同志会（→憲政会）系の内務官僚の中心的人物であった。伊沢も、大浦の引きで警視総監に抜擢された人物である（一九一四年四月）[7]。そしてこれをきっかけにして、伊沢は東京市の問題に関わりを持つようになる。

たとえば一九一四年六月に行われた市会議員選挙で、「三多摩の壮士を引張つて来て、暴力に訴へて」やるような選挙を取り締まって、それまでの常盤会（常磐会）全盛の東京市会を改善し、「過去の市政に比べて最も立派な市政が行はれた」と回想している（本稿末に付録として全文引用した）[8]。壮士の暴力を恐れて立候補を躊躇していた候補者の例として加藤正義（日本郵船相談役）の名が挙げられている。この選挙では加藤のほかに、中野武営（東京商業会議所会頭）・星野錫（同副会頭・東京実業組合連合会会長）・豊川良平（三菱管事）・大橋新太郎（博文館主）らの

表1　東京市長一覧

氏名	在職期間	前職
松田秀雄	1898. 10. 6 ～1903. 6. 15	代議士
尾崎行雄	1903. 6. 29 ～1908. 9. 12	文部大臣・代議士
尾崎行雄	1908. 9. 30 ～1912. 6. 26	文部大臣・代議士
阪谷芳郎	1912. 7. 12 ～1915. 2. 25	大蔵大臣
奥田義人	1915. 6. 15 ～1917. 8. 21	司法大臣
田尻稲次郎	1918. 4. 5 ～1920. 11. 27	会計検査院長
後藤新平	1920. 12. 17～1923. 4. 27	内務大臣・外務大臣
永田秀次郎	1923. 5. 29 ～1924. 9. 8	警保局長・東京市助役
中村是公	1924. 10. 8 ～1926. 6. 8	鉄道院総裁
伊沢多喜男	1926. 7. 16 ～10. 23	台湾総督
西久保弘道	1926. 10. 29～1927. 12. 12	警視総監
市来乙彦	1928. 1. 7 ～1929. 2. 14	日銀総裁
堀切善次郎	1929. 4. 24 ～1930. 5. 12	復興局長官
永田秀次郎	1930. 5. 30 ～1933. 1. 25	東京市長
牛塚虎太郎	1933. 5. 10 ～1937. 5. 9	東京府知事
小橋一太	1937. 6. 28 ～1939. 4. 14	文部大臣・代議士
頼母木桂吉	1939. 4. 24 ～1940. 2. 19	逓信大臣・代議士
大久保留次郎	1940. 5. 12 ～1942. 7. 22	東京市助役
岸本綾夫	1942. 8. 3 ～1943. 6. 30	陸軍大将・技術本部長

大実業家が当選した。

常盤会を率いていたのが、政友会代議士の森久保作蔵であったから、伊沢は反政友的行動を取ったのだと理解されることになる。当時の東京市長であった阪谷芳郎の日記に、「森久保来り警視庁の公平を語る」(9)とあるのは、森久保からすれば、警視庁の態度は不公平だと感じたことを表わしている。しかし「談話筆記」で伊沢は、翌年の衆議院議員総選挙の際にも「絶対公平無私な態度」で臨み、当時の与党に対しても便宜を図らなかったことを強調しているから(10)、伊沢の主観としては中立であった。しかしその「中立的」態度は、政友会側からは反政友的態度に見え、伊沢を憲政会(→民政党)系官僚として、世間に理解させることになったのであろう。

もとに戻って、一九一七年の東京市長選任問題に関する最初の書簡は九月二七日付と推定されるもので(11)、その書簡中にある「例ノ一件」という語句の指すものが東京市長選任問題である。この書簡からは、伊沢と下岡忠治(当時は憲政会代議士)が相談した結果が大浦に伝えられていること、この問題について一木喜徳郎(前内務大臣)も相談にあずかっていること、また山本(達雄と思われる)を市長に担ぐ働きかけがどこかで行われていたことがわかる。

この件が東京市長問題だということがはっきりするのは、その三日後の書簡である。その書簡には、「万々一加藤仙石等ノ発言などと云ふ事ガ洩レテハ面白く無之早稲田ノ方ハ万々一洩レテも当時ノ首相内務次官ト云フ関係」から影響は薄いだろうというようなことが記されている。

早稲田の意味するものは大隈重信であり、その内閣（第二次）で内務次官をつとめた人物は、下岡忠治と久保田政周の二人である。このうち久保田は、寺内正毅内閣が成立後の一九一六年一二月に、新内相である後藤新平によって休職を命ぜられていた。この休職について大浦は、「実ニ奇々妙々」（一九一六年一二月三一日付伊沢宛大浦書簡）と述べており、その時から大浦は久保田の後職を心配していたのである。

久保田は、内務次官になる直前まで東京府知事をつとめており、東京市長候補として適任と考えられる経歴を有していた。府知事に就任したのは、一九一四年四月の第二次大隈内閣成立時であり、久保田の東京府知事時代と伊沢の警視総監時代とが重なるように、この人事にも大浦の影響力が見える。すなわち、この書簡からは、久保田を東京市長の候補とするという提案が、加藤（高明と思われる）や仙石貢などから出された、そしてその推薦が憲政会の背景を有しているということが世間に漏れてはまずいと記されているのである。

このとき行われていた市長の選出方法は、市会が市長候補者を三人選び（三回の独立した選挙を行う）、その中から内務大臣が一人を選んで認可するというものであった（ただし第一候補が認可されるのが普通であった）。東京市ではそれまで、市会の各会派から選ばれた代表者によって市長銓衡委員会が組織され、そこで下打ち合わせが行われ、本命候補者について合意がなされた後に選挙が行われるという方法がとられていた(12)。

このときにも、この方法が採用され、第二回目の銓衡委員会（一一月一日・二日）では、山口憲（同交会――中立）・辰沢延次郎（七日会――政友系）・伊藤定七（清和会――憲政系）から、候補者として若槻礼次郎・山本達雄・床次竹二郎の名前があがり、会議では、さらに候補者に三名を加えることが決定された[13]（東朝11・3）。このとき憲政系の清和会は、久保田清周・井上友一・阿部浩・岡野敬次郎・一木喜徳郎を候補者として挙げていた（東朝11・9）。一一月七日付大浦書簡の中で、「例ノ市長問題若槻床次山本久保田等チラ〳〵新聞ニ相見エ」というのがそれに関するものである。そこで大浦は、「若シ若槻へ交渉参リ候ハヽ、同氏より久保田ヲ持出ス手順ハ如何」と伊沢に尋ねているのである。憲政会と伊沢・大浦の親密さを示すものである[14]。

一一月八日に開催された銓衡会議では、候補者を若槻・床次・山本・浜口雄幸・宗像政・阿部の六名に絞りこんだ。阿部は清和会の、宗像は七日会の、浜口は同交会の推薦であったという（東朝11・9）。しかし次々に候補者に断られることになり、市長銓衡は難航し越年する[15]。三月末になると、七日会（政友系）が阿部を、同交会（中立系）が久保田清周を推薦し、清和会（憲政系）がほぼ半々で両者を推すという姿となり、候補者一本化への調整が不調になり、選挙に突入しそうな情況になった。

この段階で久保田は東京市長になる意志のないことを表明し、候補者を失った同交会は新たに前会計検査院長の田尻稲次郎を擁立した。三月三一日に行われた市長候補推薦選挙では、田尻三八票・阿部三一票となり、田尻が第一候補に当選した。これは東京市会における市長候補選出が、はじめて実質的な投票となったという意味で画期をなす事件であったと中邨章氏は述べている[16]。この市長銓衡をめぐる対立と混乱は、そもそも一九一四年前後から顕在化しつつあった市会における会派対立の激化と、市長・市会関係の不安定化を反映したものであった[17]。

ところで、東京市長への推薦を拒否した久保田には、まもなく横浜市長就任の話が持ちあがってくる。これにも大浦と伊沢が深く関与していたことが『伊沢文書』から判明する。その年（一九一八年）八月二一日付の書簡で大浦は、

「唯此ノ上ハ多数党ニ何ニカ故障ノ起ラヌ様ニ進行致サセ度」と述べて関与を示した上で、「利己主義ノ野心家カ細工ヲスル事」に懸念を示している。しかし何事もなく順調に進んだようで、九日の市会で市長候補として選出された後の同月一一日付書簡では、「稀有ノ全会一致ノ決議」と「優遇策」で通過したと記されている。なお久保田は承諾の意志を横浜市側の代表者に与えたことを伊沢に伝えている。[18]

ここに記されている「優遇策」というのは、「大臣級の待遇」[19]で、報酬や交際費、自動車・官舎を用意することなどを指していた。そしてこの時の横浜市長銓衡についても、八月一六日付伊沢宛久保田書簡に同封されている別紙から、一木喜徳郎・江木翼・加藤高明・有吉忠一が交渉に深く関与していることがわかる。また「優遇策」の中には、横浜有力者が精神的に全幅の後援を与えることを「奥田ニ対スル中野」という表現で示している。

この表現は、奥田義人が東京市長（一九一五～一九一七年）のときに、市会議員の市政倶楽部（中立系）を代表する中野武営が、議長として全面的に奥田に協力して電灯料金問題を解決したことを表わしている。ここから、久保田が市長を引き受けるにあたって市会の総意を重視していたことがわかる。つまり先に久保田が東京市長への推薦を断ったのは、そのような全会一致が東京市では得られなかったからだということが推測できるのである。

以上の例は、大浦・一木・下岡・伊沢などの内務官僚出身者が一つのグループとして、内務次官を辞職後の久保田の処遇について、同志会の後身である憲政会有力者と結びながら働きかけを行っていたことを示している。そして後輩のポストを探すという行為によって、グループの拡大が図られていったということになろう。伊沢と大浦の親密さについては『金竹余影』[20]や「談話筆記」に記述がある。そしてその結びつきは、おもに第二次大隈内閣時代に築かれた人脈であった。それが大浦の政界引退後も、伊沢を中心に存在し影響を及ぼしていたということになる。

明治末から大正初期にかけて、内務官僚には、いくつかのグループが成立する。その一つが、政友会と結びついた床次や水野錬太郎などのグループであり、これは従来の山県閥を引き継ぐ平田東助・小松原英太郎らのグループに対抗して成立した。またこれから少し遅れて、後藤新平を核とするグループが成立してくるが、これとは別に大浦・伊沢系の官僚グループが、同志会・憲政会と結びつきながら存在しはじめていることを示すものといえよう。この最後のグループが、二大政党期の民政系官僚となる。

たとえば川崎卓吉は、後に民政系官僚となるが、もともとは伊沢の影響下にあったことが、一九一四年の東京市の助役問題からわかる。川崎は、東京市吏員の経験を有するところから、助役候補の一人として挙げられたのだが、伊沢がそれを望まなかったために実現しなかった。[21] 当時川崎は警視庁の警務部長であり、伊沢の部下であった。その後も、一九二九年の浜口内閣成立に際して、伊沢は川崎を内閣書記官長に、塚本清治を法制局長官に、丸山鶴吉を警視総監に推薦し、[22] 実際に川崎は法制局長官、丸山は警視総監に補せられている。また西久保弘道は伊沢とは同期生ではあるが、伊沢が愛媛県知事のときの県内務部長であり、伊沢から引き継いで警視総監や東京市長に就任している。[23] もう一人の内務部長であった柴田善三郎も、伊沢グループの一人であろう。[24]

これに対して、次節以下で扱う一九二〇年代における東京市との関係で述べて置かねばならないのは、後藤系官僚グループである。

一九二〇年一二月に、東京市会におけるガス・砂利疑獄をめぐる混乱の中で辞任した田尻稲次郎市長の後をうけて、後藤新平が東京市長に就任した。東京市にとって後藤の市長就任は、市行政運営体制確立上において一大画期をなすとされている。鍛冶智也氏のまとめによれば、市長が以前に比して市会や参事会に対してははるかに優位な位置に立つようになり、東京市が「市会の政府」から「市長の政府」へと移行する転換期となり、それは人事の面からみれば、市会による「情実人事」を抑制し、官吏の「輸入人事」が進められた時期であったとしている。[25]

表2　東京市助役一覧（1914－1937）

	氏　名	在　職　期　間	前　職	後　職
奥	高橋要治郎	1914.12.4 ～18.12.4	熊本県内務部長	
田	宮川鉄次郎	1914.12.4 ～18.12.6	市議	
田	永井環	1919.2.28 ～20.11.30	宮崎県知事	
	山崎林太郎	1919.2.28 ～20.8.13	浅草区長	市電気局高級理事
尻	戸野周二郎	1919.2.28 ～20.11.30	下谷区長	四日市市長
後	永田秀次郎	1920.12.22～23.5	警保局長	東京市長
	池田宏	1920.12.22～23.5	社会局長	社会局長官
藤	前田多門	1920.12.22～23.6	都市計画課長	国際労働理事会代表
永	馬渡俊雄	1923.6.13 ～24.9.9	福島県知事	東京電灯横浜支店長
	田島勝太郎	1923.6.13 ～24.9.9	商務局商事課長	東京鉱山監督局長
田	吉田茂	1923.6.13 ～24.9.9	神社局第一課長	復興局文書課長
中	岡田忠彦	1924.10.13～26.7.2	警保局長・代議士	代議士・政友会
	田沢義鋪	1924.10.13～26.6.3	神社局書記官・協調会常務理事	貴族院議員
村	田沼義三郎	1924.10.13～26.6.3	満鉄社員・愛国生命取締役	
伊	丸山鶴吉	1926.7.17 ～26.10.20	朝鮮総督府警務局長	警視総監
	山口安憲	1926.7.17 ～26.10.20	復興局東京第一出張所長	鹿児島県知事
沢	松本忠雄	1926.7.17 ～26.10.20	加藤高首相秘書官・代議士	代議士・憲政会
西	勝正憲	1926.11.5 ～27.12.9	東京税務監督局長	代議士・民政党
久	大西一郎	1926.11.5 ～27.12.9	復興局東京第一出張所長	横浜市助役・市長
保	松本忠雄	1926.11.5 ～27.12.9	加藤高首相秘書官・代議士	代議士・憲政会
市	小野義一	1928.1.14 ～29.2.14	大蔵次官・代議士	代議士・政友会
	荒木孟	1928.1.14 ～29.2	東京市理事	東京中央卸売市場長
来	船田中	1928.1.14 ～29.4.26	内閣書記官	代議士・政友会
堀	白上佑吉	1929.4.30 ～30.6.1	実業学務局長	東京市助役
	田中広太郎	1929.4.30 ～30.5.2	復興局整地部長	静岡県知事
切	広瀬久忠	1929.4.30 ～30.4.2	復興局計画課長	東京府内務部長
永	白上佑吉	1930.6.6 ～31.7.22	東京市助役	
	斎藤守圀	1931.7.28 ～33.5.8	福岡県知事・東京市電気局長	原田積善会監事
田	菊池慎三	1930.6.6 ～33.5.8	秋田県知事	横浜市助役
	十時尊	1930.6.6 ～33.1.18	東京市内記課長・本所区長	
	落合慶四郎	1933.6.20 ～36.2.6	徳島県知事	宇都宮市長
牛	大久保留次郎	1936.2.5 ～37.6.28	千葉県知事	東京市長
	沢本与一	1933.6.20 ～34.11.30	外務省参与官	
	中野邦一	1936.2.5 ～37.6.28	新潟県知事・代議士	代議士・民政党
塚	鷲尾弘準	1933.5.13 ～36.1.27	内閣統計局人口課長	京浜地下鉄取締役
	近新三郎	1936.5.13 ～37.6.28	東京市土木局長	

就任日は市会承認日、辞任日は辞表日付

この中で本稿と最も関係するのは、市政の専門家が養成されていく中で、後藤系官僚が、後藤系市長と言える永田秀次郎・中村是公市長の時期も含め、都市専門官僚として東京市に集結することになったという点であろう。まず助役（表2参照）についてであるが、阪谷芳郎市長の任期途中から奥田・田尻の任期途中までは、高級官僚出身者一名（高橋要治郎、元熊本県内務部長）と市政関係者（宮川鉄次郎、前市議）という組み合わせであり、また田尻市長時代には高級官僚出身者一名（永井環、元宮崎県知事）、市政関係者二名（山崎林太郎・戸野周二郎、共に前区長）という組み合わせであった。それが後藤系市長期（一九二〇年一二月〜一九二六年七月）には、ほとんどが高級官僚出身者となったのである。

ちなみに明治時代の助役は、市政関係者（市議・参事会員）と代議士が圧倒的であった。一八九八年に助役が置かれてから、尾崎行雄の任期が終わるまでの助役について数だけ示すと、官僚出身者は、宮城県書記官の吉田弘蔵と貴族院書記官を務めていた河田烋だけであり、他は市議の経歴を持つ者が七人、代議士が二人、市職員一人、民間人一人であった。

後藤系市長の時期に助役に就任したのは、次の人物である（括弧内の前は助役就任前の最終官歴、後は助役辞任後の経歴）。後藤市長時代が、永田秀次郎（警保局長、東京市長）・池田宏（社会局長、社会局長官）・前田多門（内務省大臣官房都市計画局長、ジュネーブ国際労働理事会日本代表）であり、永田秀次郎市長時代が、馬渡俊雄（福島県知事、東京電灯横浜支店長）・田島勝太郎（商務局商事課長、東京鉱山監督局長）・吉田茂（神社局第一課長、復興局文書課長）であり、中村市長時代が、岡田忠彦（警保局長、代議士）・田沢義鋪（神社局第一課長、大日本連合青年団理事）・田沼義三郎である。田沼だけが高級官僚出身者ではなく、学歴も第一高等学校卒であり異色である。田沼は、満鉄総務部社員という経歴を持つから、元満鉄総裁の中村是公に買われたのだろう。

二　伊沢の東京市長就任と辞任

1　東京市長就任まで

では伊沢自身が東京市長に就任したのは、どのような経緯によるものであったのか。伊沢の東京市長就任の経緯および意義は、『伊沢伝』や助役であった丸山鶴吉の『七十年ところどころ』、中邨氏の著書に比較的詳しく述べられており、筆者による確認（おもに『東京朝日新聞』）でも、それらの記述はほぼ正しい。

このときの市長交代の特徴は、市議選における会派勢力の変化が市長の交代を引き起こす直接の原因になったということと、それが中央における政局の変動（具体的には憲政会内閣の出現）と密接に関連していたことである。またこれは手続き上の問題であるが、このときの候補（つまり伊沢）が、歴代市長とは異なり台湾総督という相当に高く責任の重い現職の地位にあったことである。これらが伊沢の体調問題と絡みあって、市会による市長候補選出から承諾までに三週間以上の時間を必要とさせたのであった。いちおう経過を記しておこう。

一九二六年六月に行われた市議選の結果、市会の政治勢力は変化し、革新会（憲政派）が五〇人、正交会（政友系）が一六人、中正会（中立）が一八人と、革新会が圧倒的多数となった（東朝6・12、6・14）。前回の市議選（一九二二年）でも憲政派は比較的勝利を収めたものの、憲政派は市正会（→革正会）・新友会の二派に分かれ、市会の運営は、それ以前から続いていた政友系会派（公友会→新交会・十日会）と中立派（自治会）の提携によってなされていた。市長も一九二〇年一二月の後藤新平就任以後、永田秀次郎・中村是公と後藤系官僚出身者が就任し、両派がこれを引き続き支える形で市政運営がなされた。市会議員選挙直前の勢力は、政友系会派の新交会一二人・十日会一三人、中立派の自治会二五人、憲政派の革正会一八人・新友会一六人であった(26)。

ところが一九二六年市議選では、三木武吉（元市議、当時は憲政会代議士、内務省参与官）を中心に市政刷新連盟が結成され、「後藤閥の打破」を旗印に市政刷新と復興事業推進を訴え、同連盟候補が大勝したのである。そして市政刷新連盟を中心に結成された会派が革新会であり、中央政党の区別で言うと憲政会色が濃いものであった。したがって選挙結果が明らかになると、中村是公市長は市政運営の困難を見越して辞職を表明した。ここからわかることは、中村市政下において政友系・中立系の支持が決定的な重みを持つものになっていたこと、すなわち憲政系との対立が鮮明になっていたということであろう。

従来の市長選出にあたっては、前述したように市会各派の代表者によって銓衡委員会が作られ、そこで相談された上で、市会で市長候補者三名が選挙推薦されるという方法がとられた。しかしこの時には、この方法が無視され革新会は三木武吉に銓衡を一任した（東朝6・18）。

三木は市長候補者推薦について、あらかじめ浜口雄幸内相や伊沢に相談を行い、市長選挙当日（六月二五日）の朝に、はじめて意中の候補者が伊沢であることを明らかにした。そして市会は革新会の過半数に及ぶ賛成をもって伊沢を当選させた。同様に第二候補は川崎卓吉、第三候補は清野長太郎を当選させたが、彼らも親憲政会官僚であった。三木から相談を受けた時点で伊沢は、「僕は推薦者、市長にはならぬ」と語っていた（東朝6・23）が、中邨氏は三木と伊沢の会談を、相談ではなく市長就任の依頼であったと見ている[27]。

台湾総督の後任が決定すれば伊沢は市長就任を承諾するとか、伊沢が選挙されたのは「従来数度の市長選挙において伊沢氏は親友久保田政周氏を推し立て〻競争したが不幸いつも久保田氏の敗れとなり久保田氏は志を得ずして他界した〔中略〕久保田氏のとむらひ合戦として遂に就任を決意したものと思はれる」（伊沢親近者談話）（東朝6・26）とかの報道もされていたが、伊沢はなかなか市長就任を承諾しなかった。

六月二八日には、川崎卓吉内務次官が熱海を訪問して市長就任を勧め、二九日には浜口・川崎・三木の間で会合が持たれ（東朝6・30）、受諾を求めて革新会の幹部が伊沢のもとを訪れた。当時の新聞に掲載された伊沢の談話によると、承諾できない理由は、現職の台湾総督であるということと健康の悪化であった（東朝6・26）。

伊沢は二六日に上京して、まず浜口内相に相談している（東朝6・27）。会談後に浜口は、台湾総督の位置にあることを考慮しなければならないという事情により、伊沢が決意するまでには時間を要するだろうと語っている（東朝6・27）。『東朝』は社説「台湾はどうなるか」（東朝6・27）の中で、「もし気紛れなる一地の市町村会が投票したことに由つて、忽ちその重要なる寄託を放棄するや否やの自由を生ずるものとせば、卑怯にしてかつ無責任なる総督は、今後続々としてこの手段をもつて、身の終りを全うせんことを企てるであらう」と述べて、その進退に疑問を呈していた。

伊沢が就任するまでの歴代東京市長は、就任した時点で現職の責任ある重要な地位にあった者はおらず、特に台湾総督という地位を考えると、そう簡単に辞任して市長に就任するわけには行かなかったのは当然であった。世論の批判を招かないだけの理由、あるいは時間が必要であったのであり、「手続上直ぐ受諾を明示することが出来ないだけだ」という某有力閣僚談（東朝7・3）は、ある程度当たっている。

いっぽう台湾総督府では、市長就任に反対の声が濃厚となり（東朝6・30）、七月二日に熱海を訪れた後藤文夫台湾総督府総務長官は、台湾の事情を告げて伊沢に留任を要請した。四日にも後藤と川崎の二人が、六日には後藤が、七日には川崎・後藤が再び熱海を訪ねて話し合っている（東朝7・5、7・7、7・8）。「伊沢総督東京市長就任説ニ対スル民情（大正十五年六月二十七日）」、「大正十五年六月二十五日（金田嘱託報告）伊沢総督ノ市長説ニ就テ」、「市長就職賛否調」(28)という書類が「伊沢文書」にある。これらが、このとき後藤が伊沢にもたらした台湾の事情を記したものと思われる。

そこではたとえば、伊沢の政策が緒についたばかりであり、それをこれから実行に移す時期であり、辞職は遺憾であるというような意見が紹介されている。また台北州知事の報告として、次のような意見も含まれている。[29]

内台人総テヲ通シテノ輿論ト認ムヘキ点ハ「文官総督以来更迭頻々トシテ行ハレ本島統治上遺憾此ノ上ナシ、此ノ見地ヨリシテ台湾総督ハ政党政派ニ超越シテ中央政変ト関係ナク永年本島統治ニ専念セラルヽ人ヲ得タシ」ト言フニ一致セルカ如シ、甚シキニ至リテハ武官総督ヲ再現スヘシト極言スル内地人モ相当アルカ如シ。

政党の都合で交代が頻繁に行われ、就任一年余りで辞職することは、武官総督専任制廃止の成果、すなわち政党の植民地統治への影響力を増大させるという点からはマイナスに働くことが憂慮されたのである。この点について浜口はどう考えていたのであろうか。

実際に、その後の植民地人事において、一九二九年の浜口内閣成立に際して、政友会系と目された山梨半造朝鮮総督の後任候補として伊沢の名が挙げられ、いったん承知したのだが、軍部（ことに海軍）の反対によって実現しなかったことがあったという。[30]しかし、そのときに天皇あるいは宮中からの「朝鮮総督の後任は政党政派に偏倚せさる者を可とす」[31]という意見が強く働いていたことが確認された。[32]「朝鮮総督は恒久的にして、内閣の更迭と共に更迭せさる者を可とす」

田中から浜口への内閣更迭に際して、台湾総督・関東長官・満鉄総裁、そして樺太庁長官までもが交代している。その中で特に伊沢が問題視されたのは、本人は政党員でなかったものの、台湾総督辞任から東京市長就任の経緯が、政党人事の典型的なものと受けとられていた、そのことが影響していたに違いない。そしてその後、伊沢が政党に入党しなかったのも、このときの昭和天皇の「誤解」を晴らす意味（あるいは意地）があったと思われる。

もとに戻って、伊沢は七月一一日に再び上京して、川崎・後藤・松本忠雄（伊沢のもとで助役の一人となる）と会見し（東朝7・12）、一二日朝には浜口を、午後には若槻首相を訪問して自分の意向を述べた。このあたりでは、伊沢は台湾総督を病気を理由に辞職し、一二カ月静養してから市長に就任するという意向を示していたようだ（東朝7・9）。

これに対して浜口・若槻の両者は、市長就任のために総督を辞任することは何ら差しつかえないから、辞職の理由を病気としないで、市長就任の理由で辞表を出してもらいたいことと、就任した上で一二カ月ゆっくり静養してもよいと、市長就任を迫ったが、伊沢は辞職理由について納得せず、もう少し考えたいと答えた（東朝7・13）。

一三日に伊沢と浜口との間で三度目の会見がなされ、午後には再び若槻との会見が行われ、ようやくその席で伊沢は就任承諾の意志を明らかにし、台湾総督の辞表を提出した（東朝7・14）[33]。一六日に伊沢は東京市長に就任し、一七日に市会の演壇上にはじめて立って「正シク強キ信念」で事務執行にあたることと「円満和平、協調偕和」につとめることを表明し[34]、翌日には事務を丸山鶴吉助役に任せ軽井沢に静養に赴いた（東朝7・20）。

このようにして、伊沢東京市長が誕生したのである。

なお伊沢の東京市長就任に関連して残されている書簡（そのほとんどが就任を祝うもの）の発信人は、一木喜徳郎、幣原喜重郎、添田寿一、俵孫一、西久保弘道、本山彦一、渡辺勝三郎等であり、これらも当然とはいえ、憲政会に近い官僚からのものである。

2　東京市長辞職まで

伊沢は、就任にあたってしばらく静養することを条件としていたから、就任後も軽井沢に籠もりきりであった。八月に一度上京して浜口内相と助役に面会したが、市会には出席せずに帰ってしまった（東朝8・26）。しかし九月に入って震災追悼式に出席した後は滞京し、九月九日と二五日の市会に出席したことが確認できる。だがやはり巣鴨の自宅での静養が中心であり、実務を執っていたというわけではなかったようだ。それでも市政がまったく停頓してしまっていたわけではない。わずか三カ月ではあるが、その間には次のようなことがなされている。多くは前市長からの引き継ぎ事項であったろうが、伊沢の政治力と決断を必要としたことも含まれているだろう。

このころの東京市政上の最大の課題は、復興事業の促進であった。伊沢は職制の改正を行い、市長集中主義を改め、ある程度現場に分権化することによって復興事業の円滑な進行を図ろうとしている（東朝8・3）。それは課の廃合と、局長・課長・各区区長権限の拡張（東朝8・26）であり、それが実現したのは西久保市長時代であった。

この改正によって市に復興事務局が設けられ、道路・下水・河港課が統合されて土木局となった。これなどは伊沢の時にほぼ決定されていたと見てよいだろう。さらに具体的問題として土地区画整理の遅延があり、その難航の原因は、国の復興局と市の整理局の二つの部署が両立して事務その他に連絡統一のなかったことや、地上物件移転補償料や休業補償料が少ないという市民側の不満などに起因していた[35]。

後者については、伊沢の滞京中に復興局と市との妥協が成立している（東朝9・3）。区画整理を国に移管し統一することについては明答を避けているものの[36]、移す意向であったと報じられている（東朝9・9）。額面約一億五八三〇万円の内外債発行を定めた復興事業公債条例を通過させて、一億円（六〇〇〇万ポンド）の外債発行に成功した（東朝10・7）ことは、復興事業推進にとって最も重要なことであった。また財政逼迫状態の改善も問題であり、それに関して自動車税を府より市に委譲させる交渉をしていることが確認できる（東朝8・22）（委譲は実現せず、その代わりとして土木費補助として一〇〇万円の交付を受けることが翌年になって決まる）。

短い伊沢の市長時代に、市会との関係で一番問題となったのは、学務委員や常設委員の任命に関してであった。これまではあらかじめ会派によって内定され議長の指名によって決定されていたが、一九二六年七月一日の新市制施行により、市長が推薦して決定することになった。ところが新市制施行直前の六月三〇日に議長が、旧市制にもとづき新委員を指名し理事者に通知した。その委員および決定方式の有効性について市会で疑問が出されたのである。これは伊沢の回顧談によると、政友色の濃い小坂梅吉を学務委員長にしたことに対する憲政派議員の反発にもとづいていた。(37) これに対して伊沢は、メンバーはそのままとして改めて委員を推薦して決定した。(38) このことについて伊沢は、選挙粛正中央聯盟の座談会で、次のように回顧している。(39)

前任中村是公君の助役岡田忠彦君が市長代理として小坂君を学務委員長の候補者に推薦して居つた。私が市長に就任すると私の助役の丸山鶴吉君が小坂君は中立と云ふが、寧ろ政友会臭いと言つて、持つて来て相談しました。そこで人間はどんな人間かと言つて聴いたら、手腕もあり、相当に良いやうですと言ふ。良いなら結構ぢやないかと云ふ訳であつた。併しそれは今の革新会と言ひますか、民政党の者が六七十パーセント占めて居て、其の方ぢや気に入らぬと言ふ。気に入つても入らぬでもさう云ふ者には容喙させぬことにするからやらせ給へと言つて、〔中略〕人事に就ては絶対に容喙させなかつたのであります。

だいぶ後の回顧談であり、自己弁護を含む可能性もあるが、このように伊沢は、市議には人事に容喙させなかったと述べており、憲政系に擁立された伊沢といえども、市会議員に対して優位に立とうとしていたことが窺われる。

伊沢が辞意を表明したのは一〇月一七・一八日の頃で、浜口内相に対してであった。浜口はさっそく若槻首相を訪ねて善後策を話しあっている（東朝10・19）。一九日に伊沢は直接首相を訪ねて了解を得(40)（東朝10・20）、二〇日に辞表を提出した（東朝10・21）。市会は、いったん留任を勧告したが、二三日に承認した。辞職にあたって伊沢は、「大患後の衰弱は、月余の静養をもつてしてもまだ全く快復を許さゞりしものか、最近に至り再び身神《ママ》に違和を覚え、遂に欠勤加養のやむなきに至つた」(東朝10・20)と声明している。

後任市長銓衡は、前回の批判に鑑み、革新会も各派の協調を希望し、銓衡会に諮ることにした(東朝10・22)。しかし銓衡会は開かれたものの、革新会は今度も三木武吉の意見により西久保弘道(元警視総監)を推薦することを決定し、あらかじめ西久保の内諾を得た上で銓衡会においてそれを示した。しかし、このような一方的な提案では中正会や正交会は納得せず、相談はまとまらず、結局今度も投票に持ち込まれた。新聞記者で市議の中村舜二は、革新会から「円満協調ニ依リ白紙ヲ以テ臨ムベシト提議シ来」たのに、その「誓約乃至公論ヲ一蹴シテ」西久保を推薦することを決定し、自分らに対してその「承認ヲ要求」してきたとして、革新会の態度を難じ投票延期を求めた[41]。

一〇月二九日の投票では、西久保五一票・藤山雷太三三票で西久保が当選し(なお七月一日に市制改正があり、市長は市会の投票で決定することになり、内務大臣の認可は廃止されていた)、西久保は即座に受諾表明をした(東朝10・30)。このときも、西久保の名は政府側(つまり憲政会)から推薦があったようである。

ところが約一年二カ月後の一九二七年一二月の市会で、西久保市長不信任案が通過し、西久保は市会解散を時の田中義一内閣(一九二七年四月成立)に内申したが、政友会が与党である内閣はこれを認めず、西久保は辞職に追い込まれることになる。このときまでには、脱会者が出たり分裂したりして革新会の絶対多数は失われており、中立・無所属勢力が政友系会派の働きかけによって不信任案に同調したからであった[42]。ここにも中央政界における二大政党対立の影響、つまり内閣交代の影響と市会の会派勢力変動が市政に与えた影響を見ることができる。

西久保の後任市長には、日銀総裁をつとめたことのある市来乙彦が就任した(一九二八年一月)が、市来も、約一年で去ることになる(一九二九年二月)。それは一九二八年に起こった東京市政における最大級の混乱、すなわちガスおよび京成電車市内乗り入れ、および日本橋魚市場の築地移転に関する板舟権をめぐる疑獄事件が発覚し、市会は解散を命じられ、市来市長も、責任をとって辞職することになったのである。

三　市政の政党化と官僚化の進展

以上のような伊沢の市長辞任後の経過も見通した上で、伊沢の東京市長就任の経緯を振り返ると、市議選の結果が市長選任に直接関係していたことと、会派が会派本位で市長を選んだことが第一に重要である。中村舜二は、革新会が「何等市会各派ニ諮ル所ナク、多数ノ意思ニ依ツテ」推薦したことを批判している(43)。

第二に、選任にあたって、関係者があくまでも第一候補に執着したところからは、政府と三木武吉との間で、あらかじめ伊沢を市長とさせる方針が決まっていたようであること、すなわちこのときの市長銓衡が極めて政治的な人事であったことがわかる。これは国政上における二大政党対立型の政党政治進展の中で、大都市市長人事についても政党内閣の関与が強まっていたことを示している。

そういうところから、まず注目すべきは、伊沢を補佐した助役人事についてである。第一助役の丸山鶴吉は、警察官僚・植民地官僚の代表的人物であった。伊沢が警視総監時代の特高課長であり、一九二四年に前職である朝鮮総督府警務局長を辞職するときにも、伊沢に相談している。また助役を伊沢に殉じて辞めたあと、浜口内閣下で警視総監に任命された時にも相談していることを見れば、丸山の助役就任も憲政系官僚人事であったことは明らかであろう(44)。ただし後に丸山は市政革新運動の中心人物として、東京市における二大既成政党系会派の支配を切り崩そうという政治的立場に立つことになる（この運動には伊沢も協力している）。この運動は政党市政を批判するものであったから、丸山を憲政系官僚と固定して言うことはできないが、この時点では少なくも政友系よりは憲政系に限りなく近い人物と見られていた。

第二助役の山口安憲は、このころ比較的多く見られる、復興局（東京第一出張所長）から都市行政に関わるというルートを通った人物である。助役を辞したのちに内務省に戻り、鹿児島県知事などをつとめることになる。政党色は、それほど強くはなさそうである。

第三助役の松本忠雄は官僚出身者ではない。東亜同文書院卒業で、やまと新聞記者から加藤高明首相の秘書官をつとめた人物で、長野県選出の現職の憲政会代議士だった。松本は西久保市長の下でも助役となる。

ついでに西久保市長時代以後の助役についても言及すれば、第一助役の勝正憲は、前職が東京税務監督局長の大蔵官僚で、助役を辞職した次の年の選挙に民政党から立候補して当選、のちに逓信大臣（米内内閣）となる。第二助役の大西一郎は内務官僚で、前職は復興局東京第一出張所長であり、助役辞任後は横浜市助役、ついで横浜市長になる。横浜は、民政党の影響力がひじょうに強かったから、大西も憲政（→民政）系官僚ということができよう。すなわち西久保市長時代の執行部は、伊沢時代よりもいっそう憲政（→民政）色が強かったということになる。

これに対して、市来乙彦市長時代の助役のうち、第一助役の小野義一は、前任が大蔵次官であり、また現職の代議士（政友会・無所属）であった。また第三助役の船田中は、前職が内閣書記官、助役辞職後の一九三〇年には政友会から立候補して代議士となる。すなわち政友色がひじょうに強かった。なお第二助役の荒木猛だけが市役所勤務が長く（早稲田卒業で高等文官試験合格者）、後に東京市理事になった。

このように、現職代議士が助役に就任したところに、東京市政に対する政党影響力の増大を見ることができよう。そして、こういう目で後藤系市長時代を見直すと、中村是公市長時代の第一助役岡田忠彦が、内務官僚出身者であるとともに現職の政友会代議士であったことに気づく。すると中村市政下で、市政執行部の専門官僚化の進展と同時に、すでに政党影響力の増大、それも政友系影響力の増大があったと見ることが可能になる。そしてそのような現象が、憲政（→民政）系の三木武吉による「市政刷新連盟」という反発を招き、伊沢市長を出現させたと言うこともできるのである。

また助役辞職後の経歴を見ると、中村市長から市来市長までの時代は、多くの者が代議士や貴族院議員、そして民間会社に転出することになるのである（ただし伊沢市長時代の助役である丸山と山口だけは異なる）。この現象は、それ以前の後藤・永田市長時代や、それ以後の堀切市長時代の助役が、辞職後に中央官庁に戻っていることと対照をなす。そういう点からも、この時期を一つの特徴を持った時期と言うことができよう。

市議の方について一言すれば、東京市内で行われた地方議員選挙（府議選・市議選等）において、政党の影響力が高まりはじめたのは、一九一四（大正三）年の市議選、つまり伊沢が警視総監として選挙取締を行った選挙が一つの画期をなす[45]。しかし市議選において、それは一挙には進展せず、市会の動向を左右したのは、政友系・憲政系の二大政党に属さない中立系議員団であった。

新聞報道上で、すべての候補者に中央政党別の記載が見られるようになるのは、一九二六年選挙（すなわち伊沢が市長に選ばれた直前の選挙）からである。その前の一九二二年選挙の時には、政党別の記載もあったが、まだ各区毎に存在する議員の選出地盤を示す公民団体名も記載されていた。そして一九二二年市議選では、憲政系が勝利したと言われるものの、憲政系の市会内会派は二つに分かれてしまい、中立議員と政友系の一部を含んだ自治会が後藤系市長を支えることになった。ここからも、一九二二年から一九二六年の間に、市会議員の政党化が進んだと言える。

なお府議選の政党化は、市議選よりも先行したが、市議選と同様に一九二四年府議選までは市部選出議員の中に、まだ中立議員が多かった。しかし一九二八年の府議選後には、ほとんどの議員が二大政党に所属するようになる。[46]

そしてこのような政党影響力の増大は、国政における政党内閣の本格化へ向けての動きと平行するものであった。また直接的には一九二一年の市制改正による選挙権の拡大、それに引き続く普選の実現に備えて、政党組織が市議選への関与を深めたことによる。いっぽうでは候補者の方も、当選を確実にするため、それまでの限られた地盤から、より広い地盤を求めて政党組織に接近して行ったことによって、このような流れが加速されたのである。[47]

ただし一九二〇年代における現職代議士の助役就任や、市議に対する政党影響力の増大が、市会会派あるいは市議の市政執行部に対する影響力の増大をただちに意味するものではなかったことは銘記しておかねばなるまい。たしかに現職の代議士が助役をつとめることは、初代松田秀雄市長、二代尾崎行雄市長（共に自身が代議士でもある）の時代以来なかった現象である。そのような助役が選出された時代、特に日露戦後の尾崎行雄市長時代の市政運営は、市長よりも市会・市参事会が市政運営の実権を握って、つまり市会・市参事会中心の市政運営がなされていた時代であり、これは一八八八年施行の市制によって裏支えされていた。[48] しかし一九一一年市制全文改正によって、市政運営は市長の手に委ねられることになり、これが市政専門家として内務官僚や大蔵官僚の大都市進出の誘因になったのである。

東京市においては、阪谷芳郎（元大蔵大臣）の市長就任が、その嚆矢であり、その下で市政執行部の構築が開始された。そして、これを完成させたのが後藤新平市長であり、一九二〇年代から一九三〇年代を通じて、市政執行部は市会と直接結びつくことはなく、ほとんど無関係であった。これは伊沢や西久保、市来時代においても同様であった。

市長は市会によって選出され、そこには市会の党派的利害が絡み、また助役に代議士や政党色の強い者が起用されることはあっても、それは市会内部からの登用ではなく、天下り、あるいは輸入人事であり、市会と市政執行部の緊密な関係は築かれなかったのである。東京市政混乱の原因が、市長が市会に対して弱い立場にあったことは、赤木須留喜氏が一九三〇年代を中心に詳しく分析している。(49)

官僚化した市政執行部と政党影響力の拡大した市会とを結びつけるものがあったとしたら、それは国政レベルにおける政党内閣の成立にともなって生じた国家官僚に対する政党影響力の増大でしかなかった。すなわち中央政党に所属する市会の有力者が、「我が党内閣」を通じて市政執行部人事に影響を及ぼすことであった。つまり間接的な回路をとった結びつきでしかなかった。したがってこれは内閣の変動の影響を受けやすく、またそれほど強い結びつきではなく、ひじょうに不安定なものであったのである。

一九二九（昭和四）年三月に市会解散後の市議選（市議選としてはじめての普選）が行われ、四月には堀切善次郎（前復興局長官）が新市長に就任する。堀切市長の下で起用された助役は、すべて現職官僚であり代議士はいなかった。そしてそれ以後、市役所内から助役が起用されることはあったが、現職の代議士が助役に起用されることは珍しくなった（一九三九年以後の頼母木・大久保市長時代は除く）。これは、代議士からの助役起用が、国政レベルでの対立を市政に及ぼすものとして忌避されたためではなかろうか。また堀切市長時代の助役は、助役辞職後にすぐに政党入りすることもなく、本省に戻り昇進ルートをたどって行くことになる。すなわち東京市における「政党市政」とでも言える現象は、きわめて短期間であったのである。

おわりに

一九二〇年代は既成政党にとって、議員と有権者との結びつきが変化して行く一つの過渡期であった。そのちょうど最中に伊沢多喜男の東京市長就任という現象があった。伊沢本人の思いは別として、伊沢の登場は市政に対する政党影響力増大の象徴であり、政党市政時代の到来と受け止められ、それは中央政党を媒介とする市政執行機関と議事機関との再統合の試みを意味するものであった。東京市が東京都になった時に、東京市の歴史を記した文章は、伊沢市長を政党に所属していなかったにもかかわらず「政党出身市長のはじめ」と位置づけている(50)。

しかしこのような試みも、失敗に終わる。これは次々に暴露される疑獄事件によって市会が安定しなかったことと、その安定しない市会状況の下で執行部の力も発揮できなかったこと――これは頻繁な市長交代――に表われている。そして一九三〇年代に入ると、それを克服する様々な動きが起こってくるのである。

なお数行前に、「伊沢本人の思いは別として、〔中略〕伊沢市長の登場が政党市政時代の到来と受け止められた」と、ただし書きをつけて、伊沢東京市長の歴史的役割を記した。そのただし書きの部分について、最後に付け加えておく。

伊沢が最後まで政党人にならなかったのにもかかわらず憲政系（民政系）官僚の代表と言われたのは、明治後半からしばしば「政友系知事」の後任として赴任し、原敬が主導した内務行政における政友会影響力の拡大を阻止する立場に立ったからであった。これは内務行政を政党影響力から守ろうとする方向性を本来的に有するものであったが、政友会に対抗する立場（特に対立政党）から見ると、伊沢は反政友色が強い官僚ということになる。

しかし伊沢本人としては、あらゆる政党に対して中立、あるいは政党にとらわれない脱政党の立場に立っているという意識を有していたように思われる。したがってその「真意」にかかわらず、昭和天皇から朝鮮総督への就任を「政党政派に偏倚」しているとして反対されたことは、誤解であり、ひじょうに悔しい思いとなったろう。その思いが伊沢をして、民政党への入党を押しとどめた側面があると思われるし、東京市長辞任後、元東京市長の一人として東京市愛市聯盟の設立を提唱し、丸山鶴吉の東京市政革新同盟の運動に協力することになったと思われる。

註

(1) 伊沢多喜男伝記編纂委員会編『伊沢多喜男』(羽田書店、一九五一年)一六一~一六八頁(以下『伊沢伝』と略す)。丸山鶴吉『七十年ところどころ』(同刊行会、一九五五年)一二七~一二四頁も同様に記述している。
(2) 中邨章『東京市政と都市計画』(敬文堂、一九九三年)一〇〇~一一一頁以下。
(3) 伊沢多喜男文書研究会編『伊沢多喜男関係文書』(芙蓉書房出版、二〇〇〇年)(以下『伊沢文書』と略す)。この文書のもととなった史料自体を指す場合は「伊沢文書」と記す。
(4) これについては、大西比呂志「伊沢多喜男と横浜市政――歴代横浜市長など書簡集――」(『市史研究「よこはま」』八号、一九九五年)が細かく紹介している。
(5) これが千葉市長選挙関係だというのは、中里裕司氏の御教示による。
(6) 進藤兵「近代日本の都市化と地方自治の研究・序説――市長の経歴分析を素材として――」(『社会科学研究』四六巻五号、一九九五年)。
(7) 「伊沢多喜男氏談話筆記」『伊沢文書』四八九~四九一頁(以下「談話筆記」と略す)。
(8) 自治制発布五十周年記念会編『自治座談(回顧篇)』(選挙粛正中央聯盟、一九三八年)一一七~一一九頁。
(9) 尚友倶楽部・拙編『阪谷芳郎東京市長日記』(芙蓉書房出版、二〇〇〇年)二七二頁、五月二九日の項(以下『阪谷日記』と略す)。
(10) 「談話筆記」『伊沢文書』四八四頁。伊沢の憲政系官僚としての経歴について着目したものにテツオ・ナジタ『原敬』(読売選書、一九七四年)がある。
(11) 以下で言及する伊沢宛大浦書簡は、『伊沢文書』一四五~一四八頁にある。
(12) 中邨、前掲書、五四頁。
(13) 以下、新聞からの引用にあたっては、本文中に紙名と年月日を(東朝11・3)とのように示した。年は必要のある場合のみ示した。東朝は『東京朝日新聞』の略。
(14) 大浦と伊沢の間では、東京市長のみが話題になっていたわけではない。この年末の一二月一〇日付書簡には、「大阪ノ方ハ好都合一先御安心ナルモ西京ノ方ハ遺感ナリ」と記されている。これは大阪府知事が大久保利武から林市蔵に代わったことを指している。この書簡の末尾にも、「達雄帰京市長一件御注意ヲ乞フ」と記されている。
(15) たとえば原敬は、床次が拒絶したことに賛成している(原奎一郎編『原敬日記』第四巻、福村出版社、一九六五年、三三八頁、一九一七年一二月二日の項)。

(16) 中邨、前掲書、五五〜五七頁。田尻市長の選出経緯については、車田忠継「東京市・市長と市会の政治関係――田尻市政期における政治構造の転形――」(『日本歴史』六四九号、二〇〇二年)が詳しい。
(17) 拙著『大正政治史の出発』(山川出版社、一九九七年)三〇九〜三一三頁、拙稿「日露戦争前後における東京の政治状況――市内における選挙状況の変化を中心に――」(拙編『地域政治と近代日本』日本経済評論社、一九九八年、一一九〜一二一・一二八頁)。
(18) 八月一六日付伊沢宛久保田書簡『伊沢文書』二二四頁。
(19) 『伊沢伝』三三七頁。
(20) 橋本五雄『金竹余影』(富山房、一九四二年)八五〜九九頁。
(21) 『阪谷日記』三二四頁(一九一四年九月一一日の項)。
(22) 七月一日付浜口雄幸宛伊沢書簡『伊沢文書』八七頁。
(23) 『伊沢伝』三三〇〜三三二頁。
(24) 「談話筆記」『伊沢文書』四八三頁参照。
(25) 鍛冶智也「東京の市政改革――後藤市政における行政管理――」(東京市政調査会編『大都市行政の改革と理念』日本評論社、一九九三年、六四頁)。
(26) 小田垣光之丞「東京市会に於ける党派の沿革」(『都市問題』六巻一号、一九二八年一月)一五二頁。
(27) 中邨、前掲書一〇九頁。『七十年ところどころ』では浜口から三木への働きかけがあったとしている(一一八頁)。
(28) 「伊沢総督東京市長就任説ニ対スル民情(大正十五年六月二十七日)」(「伊沢文書」48)、「大正十五年六月二十五日(金田嘱託報告)伊沢総督ノ市長説ニ就テ」(「伊沢文書」49)、「市長就職賛否調」(「伊沢文書」58)。
(29) 「伊沢総督東京市長就任説ニ対スル民情(大正十五年六月二十七日)」(「伊沢文書」48)。
(30) 『伊沢伝』一八九〜一九〇頁。
(31) 「朝鮮総督問題に就て」一九二九年八月推定『伊沢文書』五一六頁。
(32) 大西比呂志「【解説】関係文書にみる伊沢多喜男の政治活動」『伊沢文書』七〇八〜七〇九頁。昭和天皇が政党人事を嫌っていたことは、黒沢良「政党内閣期における内務省」(『東京都立大学法学会雑誌』三九巻二号、一九九九年)参照。
(33) 高橋紘他編『昭和初期の天皇と宮中　侍従次長河井弥八日記』(岩波書店、一九九三年)三頁でも、受諾の意志を表したのは一三日と記されている。
(34) 東京市会事務局編『東京市会史』第六巻(東京市役所、一九三七年)九九七頁。

(35) 九月二五日市会における小島亀蔵の発言（同前、八九二頁）。
(36) 同前、一〇一〇頁。
(37) 前掲『自治座談（回顧篇）』一二四〜一二六頁。
(38) 『東京市会史』第六巻、一〇〇二〜一〇〇五頁。
(39) 註（37）に同じ。
(40) 『東京市会史』第六巻、九九九頁。
(41) 同前、一〇〇〇〜一〇〇一頁。
(42) 市会の会派状況の変化が、伊沢のあとをうけた西久保市長の時代に、いかに影響を及ぼしたかについては、中邨前掲書に詳しい。
(43) 『東京市会史』第六巻、一〇〇〇頁。
(44) 一九二四年六月一一日付・一九二九年七月三日付伊沢宛丸山書簡『伊沢文書』四〇八・四一三頁。
(45) 拙稿「日露戦争前後における東京の政治状況」参照。
(46) 一九二八年府議選直前における府会全体（つまり市部・郡部あわせて）の勢力は、政友系の昭和会が四七人に対して、民政系は公正会と十日会とを合わせて二五人であった（「東京府会議員総選挙」『都市問題』六巻六号、一九二八年六月、一五一頁、および東朝28・5・18）。それが一九二八年府議選における民政系の勝利によって、はじめて逆転する。
(47) 拙稿「一九二〇年代東京市における地域政治構造の変化」（大西比呂志・梅田定宏編『「大東京」空間の政治史』日本経済評論社、二〇〇二年）参照。
(48) 拙稿「戦前期東京市における市政執行部と市会」（『日本史研究』四六九号、二〇〇一年）参照。
(49) 赤木須留喜『東京都政の研究』（未来社、一九七七年）。
(50) 「歴代東京市長を偲ぶ」（『市政週報』二二六号、一九四三年六月二六日）一〇頁。

（付記）本稿は近刊の拙著『帝都東京の近代政治史』（日本経済評論社）と重なる部分が多いが、これは本書の刊行がズレたためである。

（二〇〇一年四月脱稿、二〇〇二年九月補筆）

【付録史料】自治制発布五十周年記念会編『自治座談（回顧篇）』（選挙粛正中央聯盟、一九三八年）一一四～一三〇頁

〔伊沢氏〕今堀切さんから東京市長としての話をと云ふことでありましたが、私は半年足らず東京市長をやつて居りましたので、甚だ東京市長として言ふのは自分では資格がないと思ひますが、まあさう云ふ経験もありますから、一応申上げたいと思ふのであります。

市町村の監督

最初に市町村の監督ですが、私は愛知県の属官として内務部第一課長となり、今、塚本君の言はれた町村監督と云ふものを、相当沢山やりました。数にすると恐らく百以上やつたと思ひます。殊に会計監督は非常に厳重にやりました。之もやはり非常に慣れた属官が居りまして、最初其の人に教はつてやつて見たのでありますが、大して時間は掛らぬ。大体一日に二つ乃至三つの町村役場を廻る。さうして合計監督、行政監督の両面から監督する。それは相当に効果があつたと思ひます。其の時分に愛知県ではどんなことを県庁で考へてやつて居るかと云ふと、一年に全町村の三分の一だけ監察する。郡役所は無論一年間に一回、多い時には二回と云ふ風に、非常に厳重に監督して居りましたが、それ位厳重にやりましても、やはり時々拙いことがある。公金費消とか云ふことが出て来ないとも限りませぬが、決して今日の如く甚しくはなかつたと思ひます。制度が良くなければならぬと云ふことは無論で、制度が良くなれば尚ほ結構でありますけれども、私は現行制度であつても、相当市町村と云ふものは良くなつて行くと思ふ。殊に現行の市町村制は広汎な色々な監督などをする規定もありますし、又やり方に依つては、如何やうにも行けるのだと云ふ考を持つて居ります。

まあ今東京市の場合に就て私が一言したいのは、世の中の人は、東京市と云ふのは非常に腐敗して居る、東京市会議員と云ふのは実に箸にも棒にも掛らぬと云ふ風に、大体思つて居るらしいのです。此の日本倶楽部などに来られる人々は、大体さうの様です。そこで私は始終言ふのですが、一体あなた方は東京市民ですかと訊くのです。何故かと云ふと、其の人達は東京市と云ふものを悪罵して、東京市などは話にならぬと云ふ訳で、丁度ロンドンからパリーを論ずるやうな態度で批評して居る。さう云ふ態度はいかんのぢやないかと思ふ。若し私をして遠慮なく言はしめますならば、倶楽部に来るさう云ふ紳士連中は、東京市民と言ふか何と言ふか、其の資格がない。やはり八百屋、魚屋と云ふやうな人々が寧ろ東京市民であつて、倶楽部に出入して唯悪罵し、冷評すると云ふやうな人々に対しては、私は非常に不満を持つて居るのです。私の経験から行きますと、現行法で相当に良くやつて行けるのだと思つて居ります。と云ふのは、私は理論で言つて居るのではなくして、自分の経験に就てお話をして見たいと思ひます。

警視総監としての経験

大正三年でありました、私が警視総監をして居る時代であります。其の時の東京市会と云ふものは、どう云ふものであつたかと言ふと、森久保作蔵君の率ゐて居る所の常磐会と云ふのが、市会議員の殆ど七八十パーセントを占めて居りまして、所謂常磐会全盛でありました。所が之に反対して世の中では非常な非難があつた。さうして時の新聞などは非常に之を攻撃して、何とか之を革新しなければならぬと云ふので、殆ど東京の日刊新聞は挙つて之を攻撃しました。其の時に丁度市会議員の総選挙がありました。そこで私は一体世間から非常な非難を受けるのは、何処に原因があるのかと云ふことを考へると、要するに三多摩の壮士を引張つて来て、暴力に訴へて市会の選挙をやつた、之が在来のやり方であつた。暴力に依つてやられたから、所謂紳士と言はれるやうな人々は、さう云ふ無頼漢から暴力に訴へられては出られぬと云ふのが大体の傾向であつたと思ひます。そこで自分が苟も帝都の治安を預かる以上、帝都に於てさう云ふ暴力を以て選挙をやると云ふやうな事は、到底見遁すことが出来ない。之は当然のことでありまして、そこで私は之に対して取締りの方針を立て、絶対に暴力を防止しようと云ふことにしました。併しながら唯警察力で行くよりも、話し合ひの方が遥に宜しいと云ふ風に考へましたから、一日森久保君に来て貰ひまして、懇々と話をしました。どう云ふ事を話したかと言へば、要するに従来選挙の場合に暴力団が出入りをして、選挙の公正を欠く憾がある、私は警察権を預つて居る以上それを許す訳に行かないから、あなたも兎に角立派な紳士であるから、従来のやうなさう云ふことをしないやうにして呉れんかと云ふことを懇々と話をしました。所が森久保君は洵に話のよく分る人でありますから、それは洵に御尤です、さういふことはさせぬやうにしませうと云ふことでありました。併し森久保君はさう言つたけれども、私は私としての職務がありますから、見て居つたのでありますが、やはり其の時に相当やつて来た。まあ森久保君が言つたやうに、余計は来ませぬが、ぼつ〳〵入つて来た。それでまあそれ等は取締をする。同時に市会議員の候補者になる人に向つては、今までは暴力に訴へると云ふ様なことがあつたかも知れないけれども、今度の選挙は絶対にさう云ふことは防止すると云ふことを言ひましたので、大分安心したやうです。安心してどう云ふ議員が出て来たかと云ふと、過去の東京市会に比較して、私は最も理想的の市会議員が出て来たと思つて居ります。名前を言へば、例へば豊川良平であるとか、中野武営であるとか、加藤正義であるとか、今日の大橋新太郎であるとか、星野錫であるとか、其の外相当に紳士と言はれるやうな人が揃つて出て来た。さうして中野武営君が市会議長になつた。それでまあ其の市会の出来た結果として奥田義人君を迎へて市長にし、さうして過去の市政に比べて最も立派な市政が行はれた。斯様に今日言はれて居るのであります。であるから、東京市と云ふものは迚も話にならぬ、現行制度ではどうもならんと云ふ風に言ふのは、私はいかゞかと思ふ。考へ方、遣りやうに依つては相当に良いものになり得るのだと云ふことを、過去の体験に依つて私は確信して居るのであります。併しこれはもう相当古いことであります。

私が東京市長就任の経緯

それから次には、自分自身のことで甚だ自画自讃のやうなことになつて、おこがましい訳ですけれども、御参考になるかと思ひますから申上げます。詰り東京の市会議員と云ふものが、唯我利一点張りで、さうして色々な運動とか、汚い所に潜り込むものであると云ふ風に一概に言ふのは、私は非常な間違ひであると思ふ。と云ふのは、私は台湾総督をして居りましたが、其の時に全く私には無関係で寝耳に水に私を東京市長に推薦したのです。之は余程変態的の例でありまして、其の前に曽てお前東京市長にならんかと云ふやうなことを聴かされたことはないのです。当選した後にさあやつて呉れ、斯う言つて来た。普通の場合には「市長になつて呉れんか」「宜しい」と云ふことで承諾して、それで初めて推挙するのですが、私の場合にはそれが逆に来た。兎に角お前を選挙したからやつて呉れ、斯う云ふことを言つて来た。所が世の中ではさうは考へない。一体そんなことが東京市なんかにあり得べきことぢやない、ナニ、あんなことを言つて居るけれども、恐らく伊沢は何か東京市会の中心人物である三木武吉と談合でもして、なつたんであらうと云ふやうに考へて居るやうです。のみならず之は名前を挙げても宜いでせう、後藤新平君の如きは新聞に二度まで出しました。伊沢は台湾で金を拵へて、三十万円を三木武吉に呉れてやつた、さうして革新会と云ふやうなものを作つて、其の結果伊沢を市長にした。斯う云ふことを新聞に話された。後藤新平君は要するに事情を御承知ないので、誰かが宜い加減なことを言つたのであらうが余りに酷い、己れの心を以て人を律してはいけないと云ふので、私はやかましく抗議を申込んだ。さうしたら後藤新平君は、非常に淡泊な人ですから、いや大き《〔ママ〕》にさうだ、それは悪かつたと云ふので、取消の記事を新聞に書かせました。さう云ふことで、変態的の例ではあらうけれども、東京市会はさう云ふことをしたことがあるのであります。それと同じやうな例は最近にも亦あります。どう云ふことかと云ふと、宇垣一成君に東京市長を是非一つやらせようと云ふ運動をしたことがあります。是等は皆同じことであつて、立派な例を示して居るものであらうと私は思ふのであります。それで東京市会と云ふものは迚もいけない、不良ばかりであると云ふ風に考へるのは、東京市会の為に私は実に気の毒であると思つて居ります。

それからもう少し話をしますれば、私の在職期間は甚だ短かつたのですけれども、私は病気中に市長に当選しまして、愈々承諾する迄に一箇月ばかり掛つたのであります。何故かと云ふと、自分は台湾総督の現職に居るのだから、此の儘棄てゝ行くと云ふ訳には行かぬ。後始末も付けなければならぬし、第一自分は今病気であると云ふので、実は幾度か断つたのであります。所がお前は台湾総督をやつて居りたい為に、東京市長を断るのかと云ふ風に世の中に誤解されて心外でありましたから、私は東京市の事情を余り知らぬし、自分の健康も許さんからと言つて、東京市長を断ると同時に台湾総督も罷めたのであります。ところが総理大臣の若槻君や浜口君などから非常に熱心に、兎に角之は内閣の運命に関することであるからと云ふ話もありまして、到頭心ならずも引受けることになつたのです。さう云ふ風で、自分がえらい自慢をするやうで、をかしいのでありますけれども、兎に角東京市会と云ふものは、今の宇垣氏の例にしても、私の例にしても、同じことをやつて居るのだ、斯う云ふやうに私は思ひます。

人事には容喙させず

私は現に在職中何とかして、市会と云ふものが世の中から非常に非難を受けて居るから、廓清したいと云ふ相当な熱を持つて居りました。それで私は就任の日に、市の職員全部を集めまして、私が何と言つたか、私は此の大家族の家長だ、諸君は自分の家族である、どうぞ一つ一緒に、しつかりやつて呉れ、お互ひに親子と云ふやうな考でやつて呉れと云ふので、懇々と言ひました。其の後で何を附加へたかと申しますと諸君の一身上のことは先づ親に相談して呉れ、余所の小父さんの所に持つて行つて相談することは止めて呉れ、斯う云ふことを言ひました。即ち市会議員の所に行つて自分の身の上のことを言ふと云ふことは、一切相成らぬと云ふことを相当ひち〔ママ〕くどく言ひました。さうしてそれを実行致しました。どう云ふことをやつたかと云ふと、市会議員中から選ばれる各種の特別委員があります。其の中に市会で市制に依つて選挙するものと、市長が命ずるものとがありますが。市長の命ずる者は市会議員中から採る者であつても、市会に容喙させないと云ふ方針を執つたのです。そこで第一番に打突つたのが学務委員長の選任です。これも名前を言つて差支へないと思ひますが、小坂梅吉君です。前任中村是公君の助役岡田忠彦君が市長代理として小坂君を学務委員長の候補者に推薦して居つた。私が市長に就任すると私の助役の丸山鶴吉君が小坂君は中立と云ふが、寧ろ政友会臭いと言つて、持つて来て相談しました。そこで人間はどんな人間かと言つて聴いたら、手腕もあり、相当に良いやうですと言ふ。良いなら結構ぢやないかと云ふ訳であつた。併しそれは今の革新会と言ひますか、民政党の者が六七十パーセント占めて居て、其の方ぢや気に入らぬと言ふ。気に入つても入らぬでもさう云ふ者には容喙させぬことにするからやらせ給へと言つて、私は病気でありましたから、軽井沢の方へ避暑して居ました所が、市会の猛者連中の一番偉い人が私の所に押掛けて来て、実に丸山助役は怪しからぬ奴である、吾々が推薦して居る者を排斥した、そして勝手に決めようとして居る、無論あなたの意志ぢやあるまい、実に怪しからぬと言つて捩ぢ込んで来た。そこで私は、あゝさうか、それは君等知らぬけれども、丸山から相談があつたから、私がさうして呉れと言つて丸山に頼んだんだ、全く私の責任でやつたんだ、さう云ふことは予て言つて居るぢやないか、さう云ふことは容喙すべきものぢやないと云ふので、例の通り少々言葉は荒い方ですから、市勢〔ママ〕を見ろと云ふやうなことで力んだ訳です。さうすると非常に怒つて、床なんかを踏鳴らしてぷん〳〵言つて帰りましたが、それはそれで済みました。それは一例でありますけれども、お話する通り、人事に就ては絶対に容喙させなかつたのであります。

もう一つは先刻からお話の出た市会議員の監督を励行すると云ふので、私は短い期間であつたからでもありますけれども、市会議員と云ふ人に酒を一杯飲ましたこともありませぬ。参事会の人に紅茶を飲ましたことがあるけれども、市会議員には酒を一杯飲ましたこともなし、紅茶一杯飲ましたこともない。これは併し伊沢は野暮な奴ぢやと云ふ風にお考へになるかも知れぬが、さう野暮ぢやないのです。これは非常に非難して居るから、薬に瞑眩せずんば効果がないと云ふのでやつたのです。これは恐らく私の考へが市会議員諸君に分つて来たならば、もう少し白い歯を見せたかも知れないけれども、不幸にして白い歯を見せずして……病気の為に辞職したので、さう云ふことにならなかつたのですが。それで少くとも私の在職中は何等差支なく、さうして私の理想は行はれた積りです。

理事者の力で疑獄も防げる

尚ほ申上げて置きたいことは、短い期間であるけれども、私が市長をして居る間は、絶対に所謂疑獄事件とか、私の時代に原因して引張られたとか云ふやうなことはありませぬ。後になつても勿論ありませぬ。一寸私は奇妙な所に知己を得たと思つて、実は喜んで居るのでありますが、其の後になつて瓦斯事件か何かで、市会議員の諸君が数十人引張られた。其の時に検事が之を調べた所が、其の市会議員の一人は、どうも酷い目に遭ひました、伊沢さんが市長をして居れば、こんな瀆職事件やなんかには引掛らなかつた。斯う言つたさうです。ところがもう一人の被告も偶然にも同じことを言うたさうです。詰り伊沢と云ふ奴はやかましい奴で、そんな瀆職なんか迚もやり切れない、外の人が来たからやつたんだと言うんださうです。

そこで私が今何を言つて居るかと言ふと、要するに市会議員も、それは収賄したり、瀆職したりするのは宜くない。宜くないけれども、之は私は理事者の考へ方に依つて殆ど大部分は防げる、斯う云ふことを私は考へるのです。兎角疑獄などがあつても、理事者は自分の時代に出来た疑獄に対して、市会議員はどうもしようがないと言つて簡単に片付けて居る人があるが、それではしようがないのであつて、自分の在職中に瀆職事件が起つたら、市長の大責任であると云ふ風に深く考へなければならぬと思ふのですが、世の中では大して問題にはせぬ。普通市会議員が悪いことをしたと云ふので、理事者を強ひて責めぬから、そこになると理事者は大変結構かも知れないけれども、それは理事者の責任だと思ふ。それを防ぐにはどうすれば宜いか、私はそれをどんな風にしたかと云ふことを一言お話し致しますと、其の当時地下鉄道を市が経営すると云ふことになつて、一種の権利を市が持つて居つた。所が私が在任中軽井沢に避暑して居つた間に耳にしたのは、或る財閥の一人が、其の地下鉄の権利をこつちに譲つて呉れと云ふことを市に申出たと云ふことであつたから、軽井沢から帰つて来た時分に、電気局長を呼んで聴いて見ましたら、出て居ります、つい一週間程前に出て居りますと云ふことである。所で或る一社が願ひ出たから郊外電車が多勢願ひ出て来た。そこで私は之に対してどうしたかと云ふと、儂は兎に角地下鉄をやらぬと云ふことを考へて居るのではない。少くともやらうと思つて居る。今出来なくても、まだやらぬと云ふことを考へたことはないからして、直ちに却下したら宜いだらうと云ふことを申しました。直ちにと云ふことを何故に言ふかと云ふと、ものをペンヂング――懸案にして置くから、其の間に各種の運動が起つて来る。之を防ぐには右から左にてきぱきと、ものを片付けて行かなければならぬと云ふので、翌日皆下げてしまひました。さう云ふ種類のことは、在職は短いのですが、其の後に起つて来た魚市場の事件とか、瓦斯事件とか、沢山ありましたけれども、兎に角理事者の考へ方で以て、如何やうにも防ぎ得るのだと思ひます。百分の百までは行かぬにしても、大部分は理事者の考で防げるのだ、まあ私はそんな気持を持つて居ります。

もう東京市会と云ふものを話にもならぬ、考にも何にも掛らぬと云ふ風に考へるならば、それは東京市会と云ふものに対して実に気の毒であると思ひます。殊に今塚本君がお話しになつたやうに、まるで内務省が市などに対して監督などしやしない。しないで置いて瀆職関係とか疑獄だとか言つても、箸にも棒にも掛らぬ。だから之は何か制度に欠陥があるから、其の方からやらなくてはならぬ。斯う云ふやうに考へるのは、それは制度が良くなることは結構です。反対ぢやありませぬが、さう云ふ風に総べて制度の罪にしてやられることは、私はどうかと思ふ。さうぢやなく、もつと深く考へて、理事者なり政府の考へ方に依つて余程救はれる。かう云ふ風に私は考へて居るのであります。

植民地統治における官僚人事
―伊沢多喜男と植民地―

加藤　聖文

はじめに

日本の植民地統治における人材供給は、ノンキャリア官僚に関しては各植民地で人材の採用から育成までが行われていた。しかし、キャリア官僚に関しては、植民地統治の専門官僚が養成されることなく、内地からの転任によって賄われてきた。ただ、昭和期に入ると拓務省の新設と文官高等試験合格者が直接植民地官庁へ任官する事例の増加により、植民地官僚群形成の下地が出来つつあったが、敗戦による植民地喪失によって本格的な植民地統治を専門とするエリート官僚群は最後まで形成されなかった[1]。

一般的には、内地から転任してきたキャリア官僚はそこに止まることなく、再び内地へ戻る事例が多いが、日露戦争後に新たな植民地として関東州と樺太が加わり、さらには韓国併合によって朝鮮が植民地になると、植民地から植民地へ転々とするキャリア官僚も生まれていった。彼等をいわゆる植民地官僚と呼ぶことも可能かもしれないが、基本的には彼等も最終的には内地へ戻るのであって、植民地のみで官僚としてのキャリアを終えるものは定年前に何らかの理由によって退官する者以外は少数派である(2)。

このように、最終的には内地へ戻ってゆく理由としては、日本の官僚制度が植民地統治を別格として捉えず、あくまでも内地官庁の出先機関として捉えていたことが大きい。特に内務官僚の場合、植民地行政は内地地方行政の延長であり、制度も人材も分離されていなかったため、内務官僚の移動は内地にとどまらず植民地を含めた広範囲なものとなった。したがって、政権交代が地方官庁を中心とした内地での内務官僚の人事異動に波及すれば、当然植民地もそれに巻き込まれていった。

さらに、植民地間を転々とする官僚が発生した要因、さらには内地と植民地との間の人事交換は、極めて個人的な繋がりのなかで決定されていった側面が強かったことも大きな特徴であった(3)。

すなわち、日本の官僚制度における植民地官僚の人事は、それぞれの官僚が関係の深い集団の影響によって左右されるのであり、法律もしくは政策などによる確立された制度によってなされるのではなく、人間関係というおよそ制度とはかけ離れた次元によって決定される側面が強いのである。

これまで植民地官僚の人事システムを扱った代表的研究としては、山室信一の研究が挙げられる。山室は「統治様式の遷移」と「統治人材の周流」という二つの概念で「植民帝国・日本」の実相を満洲国を例として明らかにしようと試み、満洲国内での人材登用と内地および植民地から満洲国への人材流入の実態分析に取り組んだ点で先駆的なものであり、対象と視野の広さには学ぶべき点が多い。ただし、誰がどこから来てどのようなポストに就いたのかは明らかになっても、なぜ彼が選ばれ誰が何のために彼を選んだのかといった人的ネットワークについては今後の課題とされている。このように、植民地官僚の人事システムについては肝心の箇所についての研究がなされていないのが現状である。(4)

政治における人事の重要性は戦前も戦後も変わらないものであり、権力欲をはじめとするあらゆる政治的欲望の具現化でもある人事への影響力は政治家の政治的力量を計るバロメーターでもある。そして、それは人間の欲望・感情と深く結びつき、常識では考えられない結果をもたらすこともあるため、科学的にあきらかにできる範囲は限界がある。ゆえに、人事はジャーナリズム的内幕話が主流となり、仮に学問的なアプローチを試みたとしても、ややもすれば単純な数量データによって人事の変化を表現するだけに止まってしまう。しかし、政治を学問的に扱う場合、人事の視点を抜きにして考えることは説得力を欠くことになる。よって、本稿では、このような政治の世界における人事とはいかなるものであるかについて、伊沢多喜男と植民地の関係を軸に、従来の研究では解明できなかった課題に取り組む。

伊沢は内務官僚系政治家として、戦前の政界のなかで大きな影響力を持ち、「政界の黒幕」・「キャビネットメーカー」などと称されていた。こうした伊沢の力の源泉は偏に政変ごとに行われる官僚人事への介入であり、いくつかの官僚群のなかでも伊沢系官僚群が政治集団として纏まりを持ち、またその反面、集団としての幅広さに欠けていたのは、伊沢による人事周旋の力が大きかったことが主な要因であった。

伊沢系官僚群は内務官僚が中心であり、その人事目標は地方長官が主体であったが、もうひとつ大きな特徴として、植民地への伊沢系官僚の扶植という側面が挙げられる。本稿では、伊沢の特徴の一つである植民地への人事介入を取り上げ、その動きを追うなかで日本の植民地統治体制における官僚人事システムと人的ネットワークの一端を明らかにすることを目的とする。

一　伊沢多喜男と植民地人事

伊沢と植民地との関係は、加藤高明内閣が成立した時に自らの希望で台湾総督になったことから始まる。[5]台湾の統治体制の基礎が作られたのは、児玉源太郎総督時代であり、特に民政長官であった後藤新平の功績が大きかった。そのため、台湾総督府内部は伝統的に後藤系官僚が強固な影響力を保持し、それに田健治郎系官僚も残っていた。

こうしたなかで、伊沢は任官（一九二四年九月一日）するや直ちに大幅な人事異動を断行した。また施政方針のなかでも特に行財政整理を重視していた伊沢は、同年一二月二五日に台湾総督府官制を改正（勅令第四二七号）したのを皮切りに、地方の末端に至る大規模な行政整理を始め、大量の人員削減と人事異動を行った。[6]台湾総督府内部での行財政整理は前任の内田嘉吉総督時代から進められてはいたが、伊沢が行った大規模かつ広範囲な局課の統廃合、および人事異動と人員削減は児玉源太郎総督時代以来の規模となり、台湾総督府内部に大きな衝撃を与えるものであったため、[7]以後の伊沢のイメージを規定する重要な出来事となった。なお、伊沢の台湾総督時代の総督府主要幹部は左表の通りである。

伊沢の台湾総督就任によって、局長・知事クラスにいた旧来の官僚勢力がほとんど一掃され、新しい官僚群が形成された。そこには、伊沢が台湾総督府に引き入れた官僚の他、着任前から総督府にいた官僚のなかにも以後、伊沢系官僚群に加わったものもいる（例えば生駒高常）。これら伊沢時代の総督府官僚は伊沢の突然の辞任後も引き続き台湾に止まり、後任の上山満之進総督を支えることになる。伊沢が台湾総督を辞任した後も台湾総督府に大きな影響力を与えたのは、伊沢の後任が盟友の上山であったことと、その上山が就任して九ヶ月後に起きた内閣更迭の影響を受

表　伊沢総督時代の台湾総督府幹部

役職	氏名	転任前役職	備考
総務長官	後藤文夫	元内務省警保局長	
秘書課長	平山泰	愛知県理事官	長野県出身
文書課長	下村充郎	留任	賀来総務長官時代に来台、後藤長官と旧知
審議室事務官	鼓包美	参事官	下村宏総務長官時代に来台
法務課長	和田一次	法務部長	
会計課長	大沢清高	財務局会計課長	
調査課長心得	下村充郎	文書課長	兼任
内務局長	木下信	鳥取県知事	長野県出身
地方課長	水越幸一	州庁課長	
文教課長	生駒高常	学務課長	田健治郎総督時代に来台
土木課長	高橋親吉	土木局庶務課長	後藤長官と同郷
財務局長	阿部滂	留任	唯一の局長留任。長野県出身
主計課長	富田松彦	留任	
税務課長	辰野亀男	事務官	後藤長官と同期
金融課長	中田栄次郎	留任	
殖産局長	片山三郎	農商務省漁政課長	営林所長兼任
特産課長	中瀬拙夫	殖産局商工課長兼糖務課長	伊沢警視総監時代の部下
農務課長	今川淵	留任	
商工課長	横光吉規	鉄道部庶務課長	
山林課長	浅野安吉	事務官（殖産局勤務）	元殖産局営林所営業課長
警務局長	坂本森一	愛知県内務部長	
警務課長	佐藤続	保安課長	
保安課長	小林光政	元内務省	
理蕃課長	中田秀造	留任	
衛生課長	佐藤続	保安課長	
交通局長	庄野団六	名古屋市電気局長	
道路港湾課長	池田季苗	土木局港湾課長	技師
鉄道部長	白勢黎吉	鉄道部運輸課長	後藤長官と同期。総務課長兼任
逓信部長	深川繁治	逓信部庶務課長	
専売局長	宇賀四郎	大蔵省専売局煙草課長	
庶務課長	酒井雪介	煙草課長	
製造課長	酒井雪介	煙草課長	
塩脳課長	松下芳三郎	塩務課長	
煙草課長	川村直岡	大蔵省専売局参事	
酒課長	杉本良	留任	
台北州知事	吉岡荒造	専売局長	
新竹州知事	古木章光	財務局税務課長	
台中州知事	本山文平	台中州内務部長	
台南州知事	喜多孝治	殖産局長	
高雄州知事	三浦碌郎	新竹州内務部長	後藤長官と同期

＊伊沢時代に逓信局・土木局・法務部・鉄道部は廃止され、逓信局＋鉄道部で交通局新設。さらに、課は、官房４課→５課、内務６課→３課、財務４課→３課、殖産７課→４課、警務４課→４課、専売７課→５課に削減。

『台湾大年表』（台湾経世新報社編、1938年）・『台湾時報』（台湾時報発行所、1924～1925年）・『台湾・南支・南洋パンフレット２　拓殖会社計画問題 伊澤総督を廻ぐる惑星』（拓殖通信社、1926年）より作成。

けずに総督として留まったこと、さらには腹心の後藤文夫も同じく留任したことが大きな要因であった。[8]

上山総督以後もその後任の川村竹治は田中内閣の崩壊によって一年で台湾を去り、その後、石塚英蔵・太田政弘は民政党系として着任し、伊沢の影響力は維持されたのである。

一方、伊沢自身は、突然の東京市長就任によって台湾を去ったが、病によりわずか三ヶ月で東京市長を辞めた。そして、浜口雄幸内閣成立によって、今度は朝鮮総督として伊沢の名が挙がることになる。

政党内閣を確固たるものとするためには、軍部と同じく独立性の強かった植民地機関をいかに政党がコントロールできるかが一つの条件であった。原敬内閣で行われた一連の植民地機関の官制改正によって植民地長官の文官就任が可能となり、台湾総督と関東長官への文官就任が実現した。しかしながら朝鮮総督においては依然として武官が就任しており、文官が朝鮮総督になれるか否かが政党が植民地を完全にコントロール下に置けるかの試金石であった。

原内閣では、斎藤実が現役復帰してから朝鮮総督に就任したのに対し、次の山梨半造は予備役のまま総督となっていた。このように徐々にではあるが、文官が朝鮮総督に就任できる環境が整ってきており、そうした背景のなかで浜口雄幸内閣が発足し、文官総督実現の切り札として伊沢が浮上することになる。

浜口は伊沢によって朝鮮総督の文官就任を実現したいと考えており、伊沢自身も朝鮮行を承知し、政務総監として近衛文麿を起用することを考えていた。しかし、軍部特に海軍の反対により挫折したとされている。[9] また、伊沢自身も次のように回想している。

浜口内閣が出来た時、私に朝鮮総督になれといつて来た。そこで引受けたが、その理由は、当時近衛公は芸者買やゴルフばかりやつてゐたので、これはいかんから私が総督になつて近衛公を朝鮮につれて行き、後藤文夫を総務局長にして公を指導しようとした。近衛公に大きな政治と行政を体験させやうとしたのである。それで、私はあまり長くやる気はなく、その後、公を総督にし、後藤文夫を政務長官《ママ》にしようと考へた。ところが私の総督が陸海軍の反対で駄目になつた。[10]

伊沢を朝鮮総督の有力候補として浜口が考えていたことは事実であろう。また、伊沢総督実現に対する反発はかなり強いものがあり、陸軍（宇垣一成）は浜口が推す「彼の意中の人」ではなく某氏（福田雅太郎？）を推し[11]、海軍（斎藤実）は竹下勇を推していた。[12]ゆえに伊沢が「陸海軍の反対で駄目になつた」と述べたのは不思議ではなかったが、実際の経緯から見ると陸海軍の反対で伊沢朝鮮総督が実現しなかったのではなく、別の理由から実現されなかったのである。

植民地長官の更迭を進めていた浜口は、一九二九年八月一〇日に天皇に拝謁したが、その際、鈴木貫太郎侍従長から「重大問題ニ付内話」があった。[13]これを憂慮した浜口は、一三日に幣原喜重郎外相と「仙石氏ノ件及伊沢氏ノ件」について会談を行った。[14]

鈴木が伝えた「内話」とは、伊沢自身が幣原喜重郎から聴取したことを記した「朝鮮総督問題」によると、「朝鮮総督は恒久的にして内閣の更迭と共に更迭せさる者を可とす、此趣旨を首相に伝達せよとの陛下の御沙汰」のことであり、これに対して浜口が「恒久的との中には文官にては不可なり武官にせよとの意味ありや」と反問したが、鈴木は「決して然らず文官にても可なり」と明確に答え、さらに浜口が「種々朝鮮総督後任選択の困難を述べ[15]其談話中に伊沢多喜男君の如きは如何」と問うたところ、鈴木は「一箇人として同君の如きは適任にあらず」と答えた、というものであった。

朝鮮はそれ自体が持つ重要性と日韓併合の経緯、総督は天皇に直隷するとした官制上の地位などから他の植民地とは趣を異にしており、事実拓務省との監督権をめぐる関係も法的に曖昧なままであった。しかし、このような朝鮮の別格扱いを容認することは、政党内閣機能強化の障害となり、当然朝鮮も他の植民地並としなければならず、そのためにも文官総督の実現は急務であった。しかし、台湾で見られたように文官総督が実現したものの、内閣の更迭と総督の更迭が連動するといった弊害が顕著になり、逆に植民地統治の障害となる恐れも出ていた。

一方、昭和天皇は浜口内閣以降の大々的な地方官を始めとする官吏の更迭に対して批判的で、文官の身分保障問題に強い関心を示していた（実際、その後の斎藤実内閣が行った文官分限令改正を積極的に支持することになる）[16]。そして、植民地高官の人事異動についても文官総督には賛成であるが、それが持つ危険性を憂慮していた。特に台湾総督時代に総督府内部の政友会系官僚を一掃した伊沢が朝鮮総督になった場合、朝鮮総督府内を民政党系で固める恐れがあり、逆に政友会内閣となった場合には更迭されるのは必至で、朝鮮も台湾と同じ様に総督が頻繁と更迭される事態に繋がりかねなかった。天皇はこのような事態を憂慮していたのであろう。

結局、浜口もこのような天皇の憂慮を無視してまで伊沢を朝鮮総督にすることは政治的に得策ではないと判断し、伊沢の擁立を断念した（浜口は当初、朝鮮総督に伊沢、台湾総督に樺山資英、満鉄総裁に片岡直温を考えていたが、いずれも失敗に終わった）。

なお、朝鮮総督擁立劇の顛末を幣原から聞かされた伊沢本人としては天皇の不信任などということは官僚伊沢多喜男の全否定であり、絶対に認めたくない事実であった。ゆえに、伊沢としては様々な手を尽くして天皇の真意を探ろうとし、その結果、天皇が個人的に伊沢を嫌っているのではないと確信することで安堵するのであるが[17]、天皇が問題としたことは伊沢個人の内面の問題ではなく、伊沢をめぐる外面（イメージ）の問題であったことを伊沢自身が果して理解していたのかは疑問である。伊沢に対する評価は本人の意思がどうあれ、かなり民政党色の強い人物と見られており、また、何を求めているのか彼自身の真意がわかりにくいことが彼自身のイメージをより黒幕的なものへとさせていたのであった。

ちなみに、政党による植民地長官人事への介入について、伊沢が台湾総督であった時、幣原喜重郎は次のように述べていた。

御内談の件其後更に熟考相加へ候処植民地長官の進退と内閣の更迭とを直に関連せしめさることハ理想として御同感に存候へ共貴案の通決行せらるゝことハ果して実際上右理想の貫徹を期するに足るへきや後任者の選定如何に依りてハ其後任者の内閣の更迭と同時に進退に決すへき場合に立至るへく植民地行政に付全然現内閣の信頼を得なから一般政治上の立場に於て現内閣と毫も関係なき植民地長官を求むることハ目下の処至難にして強て之を求めむにハ結局床の間の置物を据付くるより外無之と存候。且老兄の御進退ハ流言百出の因たるを免れさるへく之か為め現内閣に塁を及ほすこともあるへしと憂慮致候。(18)

植民地長官の更迭とそれに伴う植民地官僚の入れ替えは、政党内閣の宿唖ともなっていた。伊沢自身は昭和天皇と同じく植民地長官の地位を安定させるべきであるとの考えであったが、それは理想論であり、またそれを実現させる場合は「床の間の置物」とならざるを得ないのが現実であった。また、伊沢自身も憲政会（民政党）内閣でなければ自身の構想も実現できず、また自身に近い官僚を植民地官庁へ送り込むことも不可能であった。したがって、伊沢と植民地との関係には大きな制約があったのであり、そこに伊沢の本意と外的イメージのギャップが生じていったのである。

二　斎藤内閣期における台湾総督府人事問題と伊沢多喜男

伊沢は台湾総督辞任後、直接植民地経営に関与することはなかったが、植民地人事に深く関与することで、特に台湾総督府内に一定の影響力を揮った。しかし、伊沢が影響力を揮えたのは政党内閣期であり、政党内閣の終焉とともに人事介入による影響力の行使は次第に困難になっていった。

斎藤内閣は「挙国一致内閣」として政友会と民政党のバランスの上に成立し、満洲事変後の軍部等の急速な台頭を緩やかに押さえつけながら国内政治の安定を図ろうとした。しかしながら、そもそもが対立する存在である政友会と民政党が「挙国一致」の名の下に単純に妥協できるものではなく、対立の火種は依然としてくすぶっていた。

政党内閣による党利党略が露骨なものとなっていた植民地（それは植民地長官を始めとする人事において顕在化した）においては満洲事変後も相変わらず内閣の更迭と植民地人事が連動しており、斎藤内閣において政友会と民政党が同じ閣内に参加したことでこうした弊害は解消したかに見えたが、むしろ逆に最も激しい対立が起こることになった。

その具体的事例は、台湾総督府内部において民政党系の中川健蔵総督が政友会系の殖田俊吉殖産局長の更迭を図ろうとした事件であったが、伊沢もこの更迭劇に深く関与していたのである。

一九三二年夏頃、武藤信義関東長官（関東長官は同年八月より関東軍司令官が事実上兼任）が就任早々、拓務省に対して関東庁警務局を中心とする関東庁首脳部の更迭を要求してきた(19)。

関東軍の出兵請求権や満鉄の業務監督権などを持つ関東庁は、元来関東軍以上の権限を満洲に持っていた。しかし、満洲事変以後事実上の満洲支配権を軍事的に握った関東軍は、旧来の関東庁が持っていた権限を掌握することで満洲支配権を制度的にも確立することを目指していた。そうした流れのなかで武藤司令官の関東長官兼任が実現し、関東庁権限の関東軍への吸収が図られることになったのである。

軍事作戦を展開中の関東軍にとって当面の課題の一つは、満洲国内の治安維持であったが、関東軍の兵力量からしても後方の治安維持にまで手が回らない状態であった。元々関東州及び満鉄附属地沿線の治安維持は関東庁警務局が行っていたのであり、関東軍にとって関東庁の警察力は絶対に不可欠なものであった。ゆえに関東軍にとって関東庁の持つ警察力を掌握することが最重要視されたのであり、そのために関東長官を兼任するに至った武藤司令官は関東庁首脳の更迭を行い、旧来の関東庁幹部を一新させる行動に出たのであった。

これに対し、関東庁の監督機関である拓務省は、武藤長官の要請を受け入れる方針を取ったが、これには新しい転任先を調整する必要があった。ここで興味深いのは転任先は主に他の植民地であり、そこにいた前任者も他の植民地へ異動するといった各植民地間であたかもビリヤードのような人事異動が図られたことである。

拓務省の人事異動案は閣内外の反対が強く、一度は見送りとなったが、武藤長官の度重なる強硬な要請によって年内にはようやく原案が出来上がった。[20]

一方、こうした関東庁内部の動きとは別に台湾総督府内部でも人事問題が浮上していた。

五月の斎藤内閣発足により当時台湾総督であった南弘（政友会系）が逓相に就任したため、民政党系の中川健蔵が台湾総督に就任していた。政権交代と総督交代とが連動していた従来の慣行では、政権与党系の総督の下、総務長官以下の高官もまた総督（政権与党）に近い人物が新たに任命されていた。即ち中川総督が民政党系である以上、政友会系と見られていた平塚広義総務長官以下南前総督時代からの幹部（政友会系）は更迭されるのが通例であった。しかし、斎藤内閣は「挙国一致」の名の下に民政党も政友会も与党として参加しており、従来とは異なって台湾総督府首脳部は頭が民政党系、首から下は政友会系とねじれた構造となっていたのである。

中川としては、自分の統治方針を実行するためには総督府幹部を手足として動かすことができる体制を必要としていた。たまたま総務長官の平塚は中川とは大学の同期生であり、決して対立する間柄ではなかったため、当初から平塚を更迭する気はなかった。むしろ、中川にとっては総督府内で根強い力を持ち中川とは対立する立場にあった政友会系の殖田俊吉殖産局長の更迭を最も望んでいた。しかし、以前から政友会と密接な関係にあった殖田を鳩山一郎文相が強く後押ししていたため、殖田の更迭は政友会の猛反発を招く結果をもたらすことになる。(21)

拓務省内部では当初、殖田の更迭は民政党と政友会との対立を表面化させるものとして消極的であった。(22)他方、台湾総督が民政党系であるので総務長官以下も民政党系であるべきだとする旧来型の主張が閣外から挙がり、なかでもその先鋒となっていたのが伊沢であった。

伊沢は斎藤内閣成立に大きく関与し、すでに新内閣成立早々内務省内の人事に影響力を揮っていたが、(23)台湾に関しても元来台湾関係者との関わりが深く、中川を台湾総督に推薦したのは伊沢であった。(24)そして、伊沢のもとには台湾関係の様々な情報が集まっており、中川上京の折にも中川と会談を重ねて台湾総督府内の人事に関与し始めていた。(25)

しかし、伊沢は殖田の更迭よりも平塚総務長官の更迭を最優先と考えていた。伊沢は石垣倉治に対し、「賢台台湾へ御赴任之際将来総務長官更迭之場合には可成賢台を其後任たらしむべく尽力せんと御話致し、賢台は其厚意は謝するも自分には其希望なし云々と答えられたり。シカシ拙生としてハ爾来此申を記憶機会ある毎ニ中川総督には此意味の提言をなし来れり」(26)と伝えており、殖田局長更迭時の人事異動で台湾総督府警務局長に就任（一九三二年八月四日）した石垣を平塚の後任に考えていたのである。

だが、この平塚長官更迭は永井柳太郎拓相らの反対により実現しなかった。(27)理由としては前述したように中川が平塚の更迭を全く考えていなかったこと、また平塚辞任の噂は中川総督就任直後から台湾内で広まっており、それに対し台湾島内で平塚長官留任運動が起きていたこと、さらに永井拓相らが総務長官更迭は台湾政務の混乱さらには中央政界への波及の恐れがあり、政治的リスクが余りにも大きいと判断したことなどが挙げられる。

このように、伊沢が求めていた平塚の更迭は実現しなかった。これは、総督以下重要なポストに就いている幹部全てを政権交代と共に一新し、特に統治政策上最重要とされる総務長官のポストに自派の人材を送り込むことで、台湾統治への影響力を確保するといった伊沢的手法が通らなかったことを意味し、伊沢の台湾総督府への影響力が低下する一因ともなっていった。(28)

平塚の留任が決まった一方、中川は伊沢との間で殖田局長更迭についての連絡を取り続け、(29)一九三三年になって再び中川は永井に対して、「例の殖産局長転出の件此際迅雷的に御決行相成度く繰返し申上候（中略）現内閣今後の進退如何可有之乎存不申候得共其の何れたるを問はす必要の措置」(30)であるとして殖田の更迭を速やかに実現することを強く求めてきた。また、中川は同時に次のような要請を行っていた。

兼ねて御話申上候如く警務局長を内地の知事と交換すること此際御配慮を得は事務上は至極好都合ニ付御考慮御願申上候。此交迭ニ付若し内相と話纏まり人選相叶い候暁は其転任か行政上到底避くへからさるものたることは如何に南遁相と雖も一言の文句なく御承服すへき事実を提供致し可申候。右小生絶対必要の場合の外何人にも口外させる積りに致し居り候次第ニ付御含置相成度候。右様の次第ニ付已を得すんは必すしも一等県ならすとも可ならんかと存候又殖田氏の方は都合に依りては関東庁の局長と直接交換にても宜しきかと存候。只出来得る限り本府殖産局長には台北知事を据へ其後へ関東庁の局長を据へ度ものと存候（中略）尚ホ本件は愈御決行の即時迄一切閣下御一人の御含に御願申上度平塚長官にも意見を徴する等の事無く様相成度候。(31)

殖田の更迭に際して、中川は他の植民地官庁（関東庁）との人事交換を行うといった具体的な提案を行い、また同時に警務局長の更迭と内地から知事（可能ならば一等県）の転任を求めていた。さらに、この人事案は平塚にも伝えていない中川個人による発案であったのである。

結局、拓務省は中川の度重なる要請に対して遂に殖田の更迭を決定する。閣内では民政党の永井拓相と政友会の南遥相、鳩山文相が鋭く対立し、内閣崩壊の危機に直面したが、一九三三年八月四日、最終的には拓務省案が閣議決定され殖田の更迭は中川の要求通りに実現した。(32)

中川が殖田の更迭を強硬に主張したのは、表面的には殖田が政友会系で中川に反抗的であったとされているが、それだけの理由で内閣崩壊の政治的リスクをあえて冒したとは考えづらい。むしろ、殖田が殖産局長というポストにいたことが重要であり、中川総督以後の台湾統治における殖産局の重要性が高まっていたことが今回の事件の背景にあったと考えるべきであろう。

殖産局は台湾の農林水産業や商業、鉱工業を管轄としていた。そのなかでも今回の事件に影響を与えたと思われるのが「米」である。

殖田の更迭問題の時期、国内では米価下落の食い止めによる国内の農村救済が急務となっていた。当初は市場操作による米価釣り上げを中心とする米穀政策であったが、これは上手くいかず、減反と代作奨励による米穀政策への転換によって一九二〇年代末期から増加してきた植民地米の内地移出を制限しようとする動きが出てきた時期でもあった。一方、台湾では台湾米の改良増産が進められており、国内の米穀政策方針とは対立する政策を行っていた。しかし、国内で一九三三年三月二九日に米穀統制法が公布されたことで、台湾総督府は従来の政策を転換し、米穀統制の必要に迫られていたのである。(33)

中川が一度は収まったかに見えた殖田の更迭を再び持ち出したのは、まさに米穀統制法の公布とほぼ同時であった。中川としては、拓務省と農林省との協調によって、一一月からの米穀統制法実施に備える必要があったが、台湾においては台湾米が「主力商品」であるため、台湾米生産のコントロールは困難が予想され、失敗した場合の台湾統治に与える影響が心配されていた。中川は、こうした難問題を乗り切るためにも米穀統制法実施前に殖産局を自己のコントロール下に置こうとして殖田の更迭を急いだのである。そして、殖田の問題が片付いた後、中川は土地改良事業の停止や台湾米の華南及び南方への輸出などによって台湾米がダブつく事態を回避するべく様々な政策を試みることになる(34)。

ちなみに中川は総督辞任後、日中開戦による戦時体制強化を目的として台湾総督府と農林省の間で構想された台湾米穀移出管理制度（中川時代の米穀政策の転換）に対して反対の立場を採るが、これは中川にとって米穀問題が大きな関心事であり続けたことを示していよう(35)。

一方、台湾総督府側の方針に呼応して拓務省は一九三三年度より米穀統制法の植民地への一部施行などによって米価維持を行っていったが、殖田の更迭問題の頃から始まる台湾総督府と拓務省の連携は以後、益々緊密さを増してゆくことになり、後述する満洲における権限喪失以後、拓務省が台湾総督府との関係のなかで南方への関与（具体的には台湾拓殖株式会社などの国策会社の設立）を強めてゆく基盤となっていった。

以上の経緯から伺える重要なことは、従来の政権交代と同時に大規模に行われた国内での地方長官人事と併せて行われた植民地幹部の大規模な異動、いわゆる国内政治の植民地への波及が、伊沢の一件からも解るように不可能となったことに対して、政権交代とは時間的にずれる形で、武藤による関東庁幹部更迭、さらには中川の殖田更迭要求という植民地から国内政治への波及といった逆転現象が起きたことであり、なかでも従来政党の影響力が強かった台湾においても国内政治からの自立化が起きたことが注目される。

さらに、斎藤内閣末期において、従来の懸案であった文官身分保障令が制定されたことによって、従来の文官分限令第一一条第一項に基づく政党による政務官への人事介入が事実上不可能となったことも大きな出来事であった。これによって台湾総督府内の幹部の地位が安定したものとなり、人事面で内地政治から独立したものとなるのである。

なお、殖田局長更迭事件から一年経った後、木下信が伊沢に宛てた書簡のなかで、台湾官界の綱紀弛緩と人事異動について触れつつ、「今日の中川氏ハ我等の力にては阻止も及ばず拓務省にても種々の噂ハ聞くも警務局長より何等の報告もなく手も足も出でずとの趣台湾官場の為め痛嘆至極ニ御座候」(36)と台湾の官紀弛緩と中川総督の独走が触れられており、殖田局長更迭を機に中川総督の権限が強化され、伊沢が台湾総督府へ及ぼしていた影響力が低下していったことが推察できる。

三　満洲警察権をめぐる政治変動と伊沢多喜男

殖田殖産局長進退問題のそもそもの切っ掛けは、前述したように武藤信義関東軍司令官兼関東長官が関東庁幹部の更迭を要求してきたことが発端となっていた。武藤の要求は植民地間の人事交換に発展し、その中で年末に殖田局長の進退問題が表面化した。

一方、拓務省は一九三三年になって、財務局設置や満鉄監察事務整備並新京出張員事務所拡充などを計画して満洲における権限強化を図ろうとしていた。(37)

また、関東庁においても「在満機関ノ統一問題ニ関シ庁下警察官吏ノ態度甚敷尖鋭化シ諸種ノ範囲ニ運動ヲ起サントスルノ傾向ニ有ル」[38]と伝られたように関東軍に対する抵抗の機運が高まっていた。

殖田の更迭を中心とする植民地人事問題には、こうした満洲における各機関の確執が背景にあった。そして、この人事問題は一九三三年の夏に解決するが、その過程で林寿夫関東庁警務局長が更迭され、植民地人事をめぐる混乱のなかで関東軍は漁夫の利を得ることに成功したのである。

これ以後、「三位一体」により関東軍司令官・関東長官・駐満大使を掌握した関東軍は、まず拓務省排除を狙った満鉄改組問題を引き起こし、これは拓務省の反対により一時的に関東軍の要求は後退したものの、再び翌三四年七月の岡田内閣成立後に関東庁の格下げを狙った「二位一体」を要求するに至った。

満洲における関東庁及びその監督官庁である拓務省の影響力を排除することは関東軍にとって絶対条件であり、伝統的に関東庁の権限縮小を求めていた外務省も軍と歩調を合わせる動きに出た。そして、岡田内閣は組閣当初、拓相を首相の兼任として在満機構問題に対する拓務省側の抵抗を封じる姿勢を採り（在満機構問題がほぼ落着した一九三四年一〇月二五日に児玉秀雄が拓相就任）、九月一四日には関東庁廃止による「二位一体」と対満事務局設置が閣議決定された[39]。

関東庁廃止という事態に直面した拓務省と関東庁は、当然これに猛反発し、関東庁全職員約一〇〇〇名と関東憲兵隊司令官の指揮を受けることになる関東庁警察官全員が総辞職をする動きを見せるに至ったが、結局、一〇月三一日にこの辞表提出騒ぎは関東庁側の全面撤回で終わり、一二月二六日に対満事務局官制の公布及び新組織人事が正式発令され、ここに関東軍による満洲支配権が確立されたのである[40]。

実は、この一連の騒動のなかで、伊沢がなんらかの関わり持っていたことが残された史料のなかから読みとれる。

伊沢と満洲との関係は、民政党内閣時に満鉄総裁候補となったことから始まる。塚本清治関東長官と中谷政一関東庁警務局長などは、伊沢満鉄総裁実現を求めていたが[41]、この背景には、満洲事変前夜まで在満機構改革問題で外務省と鋭く対立していた関東庁は、満洲問題のイニシアチブを握るために、満鉄と連携しようとしていた。そして、伊沢満鉄総裁実現を関東庁側（塚本長官ら）が求めていたことは、満鉄との連携を具体的には伊沢を軸に行おうとしていたものと考えられる。しかし、満洲事変が勃発し、若槻内閣が倒れたことによって民政党内閣が終わり、塚本長官と中谷警務局長も相次いで辞任したため以後、伊沢が満鉄総裁候補に挙げられることは国内でも関東庁側でも皆無となった。

伊沢と満洲との関係は、このように関東庁（特に警務局）を主体とした満洲問題解決の一環として満鉄総裁候補に挙げられたことから始まるが、満洲事変以後、前述したように関東軍と関東庁の対立が先鋭化する中で、関東庁・拓務省と伊沢とは密接な連携を取っていた。伊沢文書において在満機構改革問題関係の史料が数点存在し、またそれらの史料がいずれも関東庁および拓務省側の作成史料であることは、在満機構改革問題で伊沢が関東庁・拓務省側として深く関与していたことを裏付けるものであろう。

伊沢の具体的関与については、在満機構改革問題に対して直接影響力を揮える存在ではなかったが、伊沢は関東庁警務局長就任が決まった大場鑑次郎に対して、生駒高常拓務省管理局長ら伊沢系官僚と連携しつつ、軍人の政治関与は憲法違反であるといった憲法論から軍部の動きを牽制しようと試みていた[42]。

伊沢のこのような試みは、結果的には不発に終わり、関東庁は消滅してしまったが、満洲と伊沢の関係がこれで終わったわけではなかった。

伊沢はこの後、木下信を満鉄理事に送り込もうと働き掛け[43]、大場、次田大三郎らの伊沢系官僚も満洲国内の官僚人事への介入を試みようとしていた[44]。しかし、軍および満洲国政策立案の主軸となった革新官僚との関係が皆無の伊沢にとって、関東庁との関係を除けば、満洲への影響力は台湾に比べるとほとんど無いに等しかった。

なお、伊沢が満洲に対して具体的にどの様な考えを持っていたのかは、明らかではないが、台湾人の林献堂に対して「今後の満洲経営策を建てる参考資料として過去に於ける台湾統治の治績に関し管見を具申」[45]するよう依頼しており、この時期の伊沢が台湾統治を参考にしつつ満洲の統治方策を考えていたことは明らかである。

斎藤内閣における植民地人事問題は、関東軍が関東庁の警察権を掌握しようとしたことに端を発しており、すでに政治的に自立化していた「満洲」が拓務省の権限を排除し、関東州を呑み込む形で国内政治さらには他の植民地に影響を与えてゆく一つの切っ掛けでもあった。具体的には、政党の影響力が失われてゆくなかで、満洲での権限拡大を狙った拓務省が関東軍と対立し、最終的に満洲における権限を喪失してゆく過程でもあった。このような植民地と国内政治とを巻き込んだ政治的大変動のなかで、伊沢が持っていた植民地への影響力も次第に失われていったのである。

おわりに

斎藤内閣成立後、政党は植民地に対する影響力も失ってゆき、殖田殖産局長をめぐる騒動が最後の目立った行動となった。殖田は友部泉蔵警務局長と共に関東庁へ異動となったが、両者は間もなく辞職した。両者の後任について拓務省は、「植木氏ハ内地地方官在職中政党関係アルモノト見ラレタルコトアリ（中略）中村氏ハ最近関東庁ニ転官シタルバカリノミナラズ実兄松本代議士トノ関係上民政党系ト見ルモノアリ」[46]として政党色の少しでもあると見られる人物は選定しない方針を決めていた。

関東軍は満洲へ政党の影響力が浸透することを極度に警戒しており、拓務省がその手先となっているとして拓務省の満洲からの排除を狙っていた[47]。拓務省も関東軍の警戒を意識し、この頃から政党の影響力から離れ、官僚機構としての自立化を始めようとしていたのである。

拓務省は、①各植民地を総合的に管轄して政党内閣の機能を強化する、②満蒙行政機関を統轄して満蒙政策を統一的に遂行する、といった二つの役割を担って設置された[48]。しかし、満洲事変後の政党内閣崩壊により①の役割が消滅した。一方、②の役割については、むしろ満洲事変により一層その重要性が増してきたと拓務省内では認識され、満洲での権限拡大が図られた。しかし、政党の後ろ盾のないこうした行動は関東軍との対立を招き、移民政策を除いて、満洲における主要な権限を喪失するはめとなり、結局、満洲の喪失で②の役割も消滅しその存在理由を失っていた拓務省は、満洲から台湾へとその存在理由を求め、官僚機構としての生き残りを賭けていった。

戦前期、政党の影響を最も多く受けていたのは満鉄と台湾総督府であった。満鉄に対しては満洲事変後から直接の人事介入は不可能となり、拓務省を通じての間接的な介入しかできなくなり、それも対満事務局設置と関東庁廃止によって不可能となった。こうしたなかで台湾が政党にとって残された影響力を発揮できる唯一の場所となっていった。しかし、殖田局長更迭問題の過程を通じて、内地から台湾への露骨な干渉は困難になってきており、むしろ台湾側からの要求に振り回された結果、台湾の国内政治からの自立化が始まったのである。

こうして官僚機構として生き残りを賭けた拓務省と政党の影響力からの脱却を図った台湾総督府は、まず米穀政策のなかで関係を強め、後には南進政策のなかで強固な連携を築くことになる。

一方、このような植民地の変化に対して、伊沢の対応は従来と基本的には同じであった。政党内閣が崩壊し、中川総督期に自立化を始めた台湾がやがては武官総督制へと移行してゆく変動期に際して、従来通りの手法で有吉忠一を台湾総督に送り込もうとしたが[49]、このことは伊沢の限界を示すものであり、この一件からも戦時体制下で急速に影響力を失っていった一因を窺うことができよう。

中川総督辞任によって台湾は文官総督制が終焉し、武官総督の時代となった。以後、伊沢の台湾に対する直接の影響力は消滅していったが、台湾統治政策に関する伊沢の関心は衰えることはなく、台湾の台湾移出米穀管理制度に対する反対運動を繰り広げた。(50)

このように最後まで伊沢が植民地統治に関心を持ち続けていたのは、伊沢独特の植民地統治思想が影響していたことが一因であった。

植民地統治に対しては、欧米流の植民地政策と異なり「台湾はどこ迄も内地の延長であり、島民は斉しく陛下の赤子であるから、いつの時代かには内地人と全く同じに陛下の宏大無辺の恩沢に浴して忠良な日本臣民となる」(51)政策を採るべきであるとする伊沢の思想の核となったのは、「内地延長主義」であった。しかし、伊沢の植民地に対する基本的姿勢は内地延長主義に基づきながらも、伊沢の特徴は「伊沢さんから『善意の強制』ということを聞かされた。わが国の植民地統治においては、善意であるが、それを強制することが多い。それが間違っていることを説かれた」(52)との回想があるように、被支配層との関係を重視するものであった。これは、伊沢文書のなかに台湾人の書簡が多く、かつ政治的な内容が豊富なものとなっていることからも、伊沢と台湾人との関係の一端を物語っているといえよう。実際、伊沢が台湾米穀管理法案に反対の立場を採っていた時、台湾人と連携し、(53)台湾総督府から睨まれた呉三連を援助し華北への逃避を手助けしたことは、彼の思想を反映したものであり、敗戦後も日華関係の軸として、台湾人問題に大きな関心を持ち続けていたのである。(54)

なお、伊沢の没後、夫人宛に療養費として一〇万円が蔡培火ら伊沢と戦前関わりがあった台湾人から送られたが、(55)このことは、伊沢と台湾人との関係が通り一遍のものではなかったことを象徴したものといえよう。

伊沢には伊沢的な内地延長主義、即ち「双方の合意による同化主義」といった植民地統治思想があり、台湾人との関わりもこうした考えに基づいていたのである。こうした思想に基づいて、[56]大東亜省設置の際にも枢密院での審査委員会において唯一人「不可解」と思われるほどの設置賛成論を唱え、植民地参政権問題についても大きな関心を持ち続けたのであった。

一九二八年の近衛内閣時に設置された議会制度審議会において委員であった伊沢は、植民地への参政権を付与すべきと発言したが、この伊沢の考えは以後も変わらなかった。この植民地参政権は戦争末期に具体化し、敗戦直前になって実現する。しかし、伊沢は枢密院への諮詢以前に内務省側から説明はあったものの、決定過程には無関係であった。[57]

伊沢は、植民地人事に影響力を揮ったが、それが可能となる背景には政党内閣制が機能していることが条件であった。ゆえに政党内閣制が崩壊した後は、影響力を急速に失わざるを得なかった。また、たとえ政党内閣期でも、政権交代と植民地人事が連動している政党内閣の下では、憲政会・民政党内閣の時にしか伊沢の出番はなく、極めて限定された影響力でしかなかった。そして、実際の政策決定に関しては、必ずしも伊沢の意図したことが実現されたわけではなかった。例えば、米穀管理法案への強い反対にもかかわらず法案は成立し、参政権に関しても決定過程には関与していなかったのである。

これは、政策決定の中枢に位置していなかった伊沢の限界でもあり、それゆえに伊沢が植民地に対して何を考え何をしようとしていたのかを分かりにくくしている原因でもある。また、伊沢がなぜ、あれほどまでに台湾に拘ったのかについても、兄伊沢修二の影響が大きく受け、[58]兄の遺志を継ぐかたちで台北帝国大学設立に大きな貢献をしたことはその具体的な顕れであったことはわかるが、伊沢の発言は抽象的なものが多く、それ以上の実証できるほどの具体

的な史料は僅かしかない。(59)

このように、日本の植民地統治政策史上における伊沢の果した役割はかなり特異なものであったといえる反面、このような特異な存在が日本の植民地統治に一定の影響力を発揮していたことも事実であり、そのような意味において日本の植民地統治体制が抱えていた複雑性を顕す端的な例であったともいえよう。

註

(1) 植民地統治を専門とする高級官僚の育成と教育のシステムに関しては、大英帝国が最も整備されていた。英国では、CAS (Colonial Administrative Service) やICS (Indian Civil Service) と呼ばれるエリート官僚集団が植民地統治の中核となっていた。これは、内地と植民地との境界が曖昧であった日本の官僚制と決定的に異なる点である。また、日本の植民地官僚群形成を考える際、拓務省の存在は重要である。実際に拓務省と植民地官庁との間で人材交流が行われることになるが、新設当初の拓務官僚は前身の内閣拓殖局からの官僚は少数であり、多くは内務官僚を中心とした他省庁出身の官僚が占めていた。また、拓務省生え抜きの官僚は一九四二年一一月に拓務省が廃止されたことで、拓務官僚群と呼ばれるほどの勢力にまで発展することはなかった。

なお、植民地と拓務省との間を往復した官僚の典型的な例としては、森重干夫が挙げられる。森重は、一九二五年三月に東京帝国大学法学部法律学科を卒業（前年に文官高等試験合格済）し、関東庁属となった。一九二八年六月には金州民政支署長となるが、一九二九年七月の拓務省新設に伴って拓務省へ移り、一九三五年四月には拓務省東亜課長となる。その翌年四月に満洲国民政部拓政司長として満洲国へ渡るが、一九三八年一二月に拓務省大臣官房会計課長として再び拓務省へ復帰した。しかし、一九四〇年一一月に関東局司政部長として関東庁の後身である関東局へ異動するも、一九四二年一月に再々度拓務省へ戻り、拓務省拓南局長となった。その後、拓務省の廃止によって大東亜省所属となり、大東亜省参事官として敗戦を迎える。さらに、敗戦による大東亜省廃止によって、今度は外務省へ移り、外務省管理局長として一九四六年六月に官僚生活を終えた。

(2) 植民地統治を主なキャリアとした官僚の一例としては、関屋貞三郎が挙げられる。関屋は一八九九年七月に東京帝国大学法科大学法律学科を卒業し、内務属となる。同年一一月に文官高等試験に合格し、翌年五月に台湾総督府参事官として台湾に渡った。当時の台湾総督は児玉源太郎であり、日露戦争によって児玉が満洲軍総参謀長となると、関屋も一九〇五年五月に関東州民政署事務官（兼任）として満洲へ渡った。そして、七月には正式に関東都督府の所属となり、翌年九月には民政部庶務課長兼大連民政署長となった。その後、一九〇七年一〇月に佐賀県の内務部長として内地に戻り、翌年六月には鹿児島県内務部長へ転任したが、一九一〇年一〇月、朝鮮総督府の設置と同時に初代の朝鮮総督府内務部学務局長として朝鮮へ渡った。その後、朝鮮総督に斎藤実が就任した一九一九年八月に静岡県知事となるまで朝鮮で官僚生活を送り、静岡県知事を務めた後、一九二一年三月に宮内次官となり、一九三三年二月に依願免本官となって官僚生活を終えた。関屋の官僚としてのキャリアは半分が植民地であり、宮内次官時代を除けばその大半が植民地であった。しかも台湾→関東州→朝鮮と主要な植民地を渡り歩き、特に関東州と朝鮮においては統治体制の草創から関わるという重要な役割を担っていた。しかし、このような重要な役割を担ってきた関屋にしても、植民地統治の専門家として官僚生活を全うしたのではなく、最後は内地に戻ってきており、また関屋のイメージも前半生の植民地官僚ではなく後半生の宮内次官のイメージが強く残っている。

この他、官僚生活のほとんどを植民地で過ごし、最後は台湾総督にまで登り詰めた官僚としては、石塚英蔵が挙げられる。石塚は一八九〇年七月に帝国大学法科大学政治学科を卒業と同時に法制局に入り、法制官僚としてスタートした。そして、一八九八年三月に台湾総督府参事官となり、六月には参事官長となる。石塚も児玉台湾総督時代に台湾総督府にやって来て、さらに一九〇五年五月に関東州民政署民政長官（兼任、八月に専任、翌年九月に関東都督府民政長官）として関東州へ渡った点で関屋と同じ軌跡を辿った。その後、一九〇七年四月に依願免本官となって関東都督府を去るが、九月には韓国統監府参与官として朝鮮へ移った。朝鮮では統監府から朝鮮総督府になってもそのまま在任し、農商工部長官にまで昇任した。さらに、朝鮮総督であった寺内正毅が内閣を組織した一九二〇年一〇月に朝鮮総督府を去り、二〇余年の植民地官僚時代を終えると同時に東洋拓殖株式会社総裁に就任した。東拓総裁時代は一九二三年一二月まで続いたが、この在任七年という記録は歴代東拓総裁最長となった。その後、浜口雄幸内閣成立の一九二九年七月に台湾総督となったが、霧社事件の責任を取って一九三一年一月に辞任した。石塚の場合は、関屋と同じような軌跡を辿りつつも一度も内地へ戻ることなく官僚生活を終えている点で大きく異なる。

その理由としては、関屋が内務官僚であったことに対して、石塚が法制官僚であったことが大きな要因として挙げられる。石塚はその専門性が植民地統治上、必要とされていたため長く植民地に関わることになったとも考えられるが、朝鮮総督府では必ずしも法務関係専門であったわけではない。また、日本の官僚制においては、官僚は役職が上がるにつれて、スペシャリストからゼネラリストになっていくことを考えれば、官僚が本来持っている専門性は、役職が上がるにつれてそれほど重視されなくなることに注意する必要がある。したがって、関屋が内地へ戻れたのに対して、石塚が戻れなかった一因は、組織が巨大かつ内地も含めてポストが豊富な内務官僚と元々ポストの少ない法制官僚との違いにあり、法制官僚以外の省庁についても組織の大きさとポストの多さによって異動の幅が異なることを考慮に入れなければならない。

（3）前述した関屋も石塚も児玉─寺内との人的繋がりが大きな影響を与えていた。これは彼らの異動が児玉─寺内の動きと連動していることからも理解できよう。

（4）山室信一「植民帝国・日本の構成と満洲国─統治様式の遷移と統治人材の周流─」（ピーター・ドウス／小林英夫編『帝国という幻想─「大東亜共栄圏」の思想と現実』青木書店、一九九八年所収）。この他、木村健二「朝鮮総督府経済官僚の人事と政策」および波形昭一「植民地台湾の官僚人事と経済官僚」（共に波形昭一・堀越芳昭編著『近代日本の経済官僚』日本経済評論社、二〇〇〇年所収）においても同様の課題が克服されていない。

（5）伊澤多喜男伝記編纂会編『伊澤多喜男』（羽田書店、一九五一年）一四七頁。

（6）井出季和太『台湾治績志』（青史社復刻版、一九八八年・原本一九三七年）七二三～七二四頁。この時の行政整理は、六局一部制を四局制として通信局・土木局・法務部を廃止、秘書官二人を一人、参事官三人削減、事務官二二人を一九人、財務局事務官および逓信局事務官各一人を廃止、技師四三人を三八人、翻訳官二人を一人、海事官二人を廃止、統計官一人を新設、属二九九人を一九〇人、警部九人を六人、視学二人を廃止、編修書記五人を四人、技手一〇六人を一〇三人、といった内容であった。また、官制改正と同じく台湾総督府交通局官制（勅令第四二九号）を制定し、鉄道部と逓信局の事務を統一した。さらに、地方官官制も改正（勅令第四三二号）し、台北・台中・高雄の三市を台北・台中・台南・基隆・高雄の五市とし、理事官二九人を二六人、地方警視一七人を一五人、地方技師一九人を一六人、属四六九人を四〇一人、警部二四〇人を二二〇人、通訳二〇人を一六人、警部補二九八人を二七八人、税務吏一一二を一〇二人、森林主事一一四人を一〇三人、群守四七人・市尹三人・理事官三人を地方理事官五六人として、群守・市尹・助役は地方理事官を以てこれに充てることとし、地方技師一人を新設、視学五〇人を五一人、属四〇〇人を三五六人、技手五〇人を五一人、とした。

（7）前掲『伊澤多喜男』一四九～一五二頁。この時の幹部更迭は、局課の統廃合によるポストの削減といった手法の他、若手官僚の後藤文夫の総務長官抜擢によって、後藤より古株であった多くの局長・知事が後藤の部下となるため、彼らが自発的に辞表を提出せざるを得ない方向へ持っていく手法が採られた。これは確固とした年功序列制に基づいていた日本官僚制の盲点を突いたものであった。

（8）伊沢と上山との関係は、伊沢多喜男「上山満之進君の追憶」（上山君記念事業会編・発行『上山満之進　上巻』一九四一年、五二六～五三五頁）参照。また、田中義一政友会内閣の成立によって、憲政会系と見られていた上山が一九二八年六月に台中で起きた久邇宮不敬事件まで更迭されなかったことは、上山と田中との個人的な関係に負うところが大きい（上山総督更迭の動きと田中首相の対応については、前掲『上山満之進』、三五九～三七七頁参照）。なお、後藤文夫は本来政友会系と見られており、伊沢が総督になるまで伊沢との関係は無かった。伊沢は当初、総務長官に腹心の丸山鶴吉朝鮮総督府警務局長を充てる考えであったが、丸山が後藤を推したため後藤が総務長官となった（前掲『伊澤多喜男』一四八～一四九頁、および丸山鶴吉『七十年ところどころ』七十年ところどころ刊行会、一九五五年、九七～一〇〇頁、ならびに森有義『青年と歩む　後藤文夫』日本青年館、一九七九年、一四六～一五〇頁）。
(9) 前掲『伊澤多喜男』一八九～一九一頁。
(10)「伊沢多喜男氏訪問手記」（「近衛文麿文書」陽明文庫所蔵）。
(11) 角田順校訂『宇垣一成日記1』（みすず書房、一九六八年）一九二九年七月三一日・八月四日・八月一六日条。
(12)「財部彪日記」（国立国会図書館憲政資料室所蔵）、一九二九年八月一三日条。
(13) 池井優・波多野勝・黒沢文貴編『浜口雄幸日記・随感録』（みすず書房、一九九一年）一九二九年八月一〇日条。
(14) 同右、一九二九年八月一三日条。
(15) 伊沢多喜男「朝鮮総督問題」（『伊沢多喜男関係文書』）。
(16)「倉富勇三郎日記」（国立国会図書館憲政資料室所蔵）、一九三二年七月二八日条。
(17) 河井弥八『昭和初期の天皇と宮中―侍従次長河合弥八日記　第三巻』（岩波書店、一九九三年）一九二九年八月一三・一五・一七日条。
(18) 大正一四年六月一〇日付伊沢宛幣原喜重郎書簡。
(19)「河田烈自叙伝」刊行会編・発行『河田烈自叙伝』（一九六五年）七二頁。
(20) 同右、七二～七三頁。
(21) 殖田は田中義一の義理の甥として首相秘書官となり、拓務省設置によって拓務省殖産局長となり、その後台湾へ渡った。また、殖田と鳩山との関係はいつ頃からか明確ではないが、二人の関係はこの更迭劇以後も続き、殖田は太平洋戦争中、鳩山と吉田茂の提携や近衛上奏文作成に深く関わることになる。
(22) 前掲『河田烈自叙伝』、七二～七三頁。
(23) 斎藤内閣成立に向けた伊沢の活動については、『伊澤多喜男』二〇九～二一三頁、山浦貫一編『森恪』（原書房復刻版、一九八二年）七八八～七九二頁、山本達雄先生伝記編纂会編・発行『山本達雄』（一九五一年）四七一～四八二頁参照。また、斎藤内閣組閣への伊沢の関与と影響力については、原田熊雄述『西園寺公と政局 第二巻』（岩波書店、一九五〇年）二九五頁、前掲『昭和初期の天皇と宮中―侍従次長河井弥八日記　第八巻』九八頁、「倉富勇三郎日記」一九三二年五月三〇日条参照。
(24)『台湾日日新報』一九三二年五月二九日。

(25) 伊沢が残した手帳には、上京した中川と一九三二年一〇月一二日から一一月二八日の間に二回、翌年五月二〇日から六月二六日の間に一回会談を行っていることが記されている。
(26) 六月六日付石垣〔倉治〕宛伊沢書簡。
(27) 堤康次郎『太平洋のかけ橋』（三康文化研究所、一九六三年）三二九〜三三一頁。
(28) 平塚の更迭に拘った伊沢は、殖田の更迭にどこまで関与していたかは不明である。しかし、殖田は戦後になって伊沢を官僚閥の黒幕として軍部と官僚勢力の橋渡しに努めた戦争協力者であるとハーバート・ノーマンに吹き込み、国際検察局へも伊沢を告発しており、伊沢の黒幕的イメージを広めることに一役買っているが、このような殖田の行動は、自身の更迭問題に伊沢が大きく関与していたと信じていたことが背景にあろう（「伊沢多喜男―日本の黒幕　一九四五年十二月十九日」『ハーバート・ノーマン全集　増補版』第二巻、岩波書店、一九八九年、三五三〜三六六頁。および飯沢匡「官僚政治の幕間話」『資料日本現代史月報　第九巻附録』大月書店、一九八四年、一一〜一二頁）。
(29) 昭和七年一二月九日付および同年同月一八日付伊沢宛中川健蔵書簡。
(30) 昭和八年三月二七日付永井柳太郎宛中川健蔵書簡（「堤康次郎文書」早稲田大学大学史資料センター所蔵）。
(31) 同右書簡。
(32) この時の異動は、台湾総督府殖産局長殖田俊吉→関東庁財務局長、台湾総督府警務局長友部泉蔵→関東庁警務局長、台湾総督府台北州知事中瀬拙夫→台湾総督府殖産局長、長野県知事石垣倉治→台湾総督府警務局長、関東庁警務局長林寿夫→南洋庁長官、南洋庁長官松田正之→朝鮮総督府専売局長、朝鮮総督府専売局長菊山嘉男→山口県知事、山口県知事岡田周造→長野県知事、朝鮮総督府慶尚南道知事渡辺豊日子→朝鮮総督府学務局長、朝鮮総督府咸鏡南道知事関水武→朝鮮総督府慶尚南道知事、朝鮮総督府事務官荻原彦三→朝鮮総督府咸鏡南道知事、朝鮮総督府学務局長林茂樹および関東庁財務局長西山左内は依願免本官、といったように台湾・関東州・朝鮮・南洋群島・内地にわたる広範囲なものとなり、これらはあたかもビリヤードのような人事であったことが明らかである。
(33) 前掲『台湾治績志』一〇八一〜一〇八三頁。および大蔵省管理局『日本人の海外活動に関する歴史的調査　第六巻　台湾篇1』（ゆまに書房復刻版、二〇〇〇年）九七〜九八頁。なお、一九二〇年代の米穀政策については、大豆生田稔『近代日本の食糧政策』（ミネルヴァ書房、一九九三年）参照。
(34) 中川総督期の南進政策と台湾米輸出計画については、近藤正巳『総力戦と台湾』（刀水書房、一九九六年）参照。
(35) 昭和一四年二月一八日付伊沢宛中川健蔵書簡。
(36) 昭和九年八月三一日付伊沢宛木下信書簡。

(37)「拓務省ノ組織整備充実ニ関スル件」前掲堤康次郎文書。
(38)「昭和八年四月二〇日付関東庁警務局文書課長発堤政務次官宛電信」同右文書。
(39)「二位一体」と対満事務局設置決定に至る過程は、馬場明『日中関係と外政機構の研究』(原書房、一九八三年)参照。
(40)関東庁内部の辞職騒動については、成田政次『アカシヤと赤い夕陽と』(一二三～一二八頁)参照。また、在満機構問題についての一連の経緯は、「伊沢多喜男関係文書」のなかの「在満機関調整問題(昭和九.一一.四.稿)」によって伺うことが出来る。さらに、九月決定の閣議案に対する拓務省の批判は、「在満機構改革ノ要綱ト其ノ批判 鵜沢憲」、関東庁側の反対運動は、「昭和九年十月 対満機構問題ニ関スル声明其ノ他 管理局」及び「昭和九年十月 八田、森重両課長現地ヨリノ電報及復命書 管理局」に詳しい。
(41)昭和六年六月二一日付伊沢宛塚本清治書簡。および昭和六年六月一五日付伊沢宛中谷政一書簡。
(42)(昭和九年)九月八日付伊沢宛大場鑑次郎書簡。また、伊沢は警察を憲兵隊の指揮下に置くことにも批判的であったと考えられる。憲兵隊による警察権掌握への批判に関しては、作成者不明の「朝鮮ニ於ケル憲兵制度ノ考察」が伊沢文書に存在するが、これは朝鮮における憲兵の警察権掌握が失敗した事例を挙げ、満洲での同様の事態を批判したものとなっている。なお、大場は太田政弘台湾総督時代の文教局長であった。
(43)昭和一〇年五月二三日付伊沢宛長岡隆一郎書簡。および同年六月二三日付伊沢宛長岡書簡。なお、満洲国総務庁長の長岡は本来、政友会系内務官僚であったが、長岡の満洲行きの際に唯一積極的に支持したのは伊沢であった(長岡隆一郎『官僚二十五年』中央公論社、一九三九年、三七〇頁)。
(44)同右書簡。
(45)昭和九年七月一〇日付伊沢宛林献堂書簡。
(46)「関東長官宛電報原稿」前掲堤康次郎文書。
(47)昭和九年九月四日付伊沢宛生駒高常書簡。
(48)拓務省設置の過程については、拙稿「政党内閣確立期における植民地支配体制の模索―拓務省設置問題の考察―」(『東アジア近代史』第一号、一九九八年三月)参照。
(49)昭和一一年八月一三日付伊沢宛次田大三郎書簡。このなかで広田弘毅首相は次田に対して「海軍少壮軍人之南進論之気焔中々盛ん」でありこれを押さえることは困難であるとして有吉の総督就任は難しいと語ったことが触れられている。
(50)昭和一四年二月一八日付伊沢宛中川健蔵書簡。なお、伊沢は台湾総督時代に台湾米の内地移出を積極的に推進し、米穀政策に対する関心が以前から高かった(前掲『伊澤多喜男』一五二～一五四頁)。

(51)「西園寺老公の薨去に想ふ」伊沢文書。
(52) 小林与三次『私の自治ノート』(帝国地方行政学会、一九六六年) 一〇九頁。なお、伊沢はこの時、小林に対して「善意の強制」ではなく、「善意の悪政」と語っていたと後日、小林は訂正している (同書一一二～一一三頁)。
(53) 米穀統制問題をめぐる台湾人有力者と伊沢との連携に関しては、呉三連口述『呉三連回憶録』(自立晩報社文化出版部、一九九一年、九二～一〇〇頁) 参照。
(54) 昭和二〇年九月一二日付山崎巌宛伊沢書簡。
(54)『毎日新聞』一九五三年一月二六日。
(55) 前掲『伊澤多喜男』二八五～二八九頁。なお、大東亜省設置問題に関する枢密院内部の対応と伊沢の態度については、深井栄五『枢密院重要議事覚書』(岩波書店、一九五三年、二五一～二六八頁) 参照。
(56) 前掲『私の自治ノート』一〇五～一〇九頁。なお、植民地への参政権付与問題に関しては、浅野豊美「日本帝国最後の再編―『アジア諸民族の解放』と台湾・朝鮮統治―」(後藤乾一編『戦間期のアジア太平洋地域―国際関係とその展開―』早稲田大学社会科学研究所、一九九六年) において、伊沢が内務省に強い影響力を発揮するかたちで実現を推進していったと論じている。しかし、これは伊沢の黒幕的イメージをそのまま受け入れたため、この時期の内務省に対する伊沢の影響力を十分な検証を行わずに過大評価したものに過ぎない。これに対して、岡本真希子「アジア・太平洋戦争末期における朝鮮人・台湾人参政権問題」(『日本史研究』第四〇一号、一九九六年一月) では、小磯国昭内閣と陸軍が積極的であったことに対して、内務省が消極的であったことが実証的に説明されており、筆者もこれに同感である。
(58) 前掲『伊澤多喜男』一五六～一五八頁。
(59) 伊沢と台湾人との関わりは、一八九五年一一月に台湾総督府学務部長であった伊沢修二が連れてきた二人の留学生と寝食を共にしたことから始まり、その体験から大きな影響を受けたと伊沢自身は回顧している (井出季和太『南進台湾史攷』誠美書閣、一九四三年、三九四～三九六頁)。

中間内閣期の伊沢多喜男

黒川　徳男

はじめに

一九三二年に発生した五・一五事件の影響により、戦前における政党内閣は終りを迎え、中間内閣が出現した。非政党人の首相の下に、政党人や官僚出身者が閣僚となったのである。斎藤実内閣・岡田啓介内閣という二つの中間内閣の成立にあたっては、伊沢多喜男が深く関与したとされている。

斎藤内閣成立をめぐっては、政友会の森恪が平沼騏一郎を首班に推したのに対抗し「平沼嫌い」の伊沢が「斎藤推挙に奔走した」ことが知られている。[1] 田中時彦氏は、斎藤を推した伊沢の行動は「陸軍や森を背景とする平沼擁立運動に比しより『リベラル』な勢力を背景」としていたとの評価をしている。[2] 伊沢の影響によって、後藤文夫や柴田善三郎などの新官僚が入閣したことについては「内務官僚出身者たちがまず入閣し、政界進出の拠点を築くに至った」と述べている。[3] さらに、新官僚の台頭は岡田内閣でより顕著になり、内相・蔵相・書記官長など「政治指導の中枢」に据えられたという。[4]

なお、伊沢が、斎藤を擁立するために、西園寺公望の上京を遅らせたとの説がある。[5] 後述するが、伊沢は、木戸に西園寺の上京を遅らすよう電話をした。たが、実際に西園寺の上京が五月一九日であったことと、伊沢の行動についての因果関係は、今のところ史料的には明らかでない。

この時期の伊沢に焦点をあてた研究としては、大西比呂志氏の「伊沢多喜男と宇垣一成―宇垣擁立工作を中心に」がある。大西氏の研究は、浜口内閣から岡田内閣成立までの伊沢と宇垣の政治的交渉のうち、斎藤内閣期に行われた伊沢による宇垣擁立工作に焦点をあて、両者の交渉が政界で持つ意味について検討したものである。[6] ロンドン軍縮会議全権の選考で、伊沢は、幣原喜重郎や斎藤実という官僚・軍人を全権に推した。これについて、大西氏は、伊沢が民政党支持者であると同時に「国家利益を党から区別する」指向を合わせ持っていたことを指摘している。[7] そして、伊沢が、浜口遭難後、幣原、斎藤、宇垣と次々に政治指導者の擁立を行ったことについては、これらが、民政党内の少壮派や政友会鈴木派、平沼や軍部などへの対抗策として行われたことを示した。[8] 特に、宇垣擁立工作については、軍部による国家の急激な変革を、宇垣を通じて阻止するためであったという。伊沢と宇垣は、現状維持派の一角を形成していたが、その中枢からは排除されていた。これは、元老を中核とする現状維持派が権力の帰趨を決定する中にあっては、最も有力な政権獲得手段を欠いていたことを意味するとしている。[9]

以上は、政治指導者の擁立ということに着眼した研究である。本稿では、これらを踏まえつつ、伊沢が中間内閣の下で、その時々の政策課題に対して、どのような発言や行動をしたかということについても着目する。それによって、中間内閣期における伊沢の行動が、どの様な政治理念に基づいていたのかを考察するのである。政治家の行動について考察する場合、指導者擁立だけでなく、個々の政策や法案への態度から政治理念を抽出ことも有効であろう。特に伊沢のような貴族院議員の場合、党や会派からの拘束は少なく、政策への賛否は自己の意志に基づいていたと考えられる。

一　斎藤内閣

1　斎藤内閣の成立

森恪の伝記によれば、犬養毅内閣の書記官長だった森は、民政党の三木武吉に対して、満州事変解決のため、政友会と民政党が協力し、平沼騏一郎を首相、鈴木喜三郎を副首相とする構想を提案したという(10)。三木は、この案に同意せず、さらに、森は伊沢との会談で同様の話をしたところ、伊沢もまた同意しなかったとある(11)。この伊沢と森の会談については、伊沢の伝記では、一九三一年十月二十九日のこととして触れられており、桜内幸雄の自伝にも同様の記述がある(12)。これが、事実であれば、森恪が「挙国一致」による平沼内閣実現のための工作をしていたことについて、伊沢は犬養内閣の時期から知っていたことになる。

伊沢は、鈴木喜三郎や平沼騏一郎を首相に推す政友会側の動きに対抗し、斎藤実内閣誕生に尽力したことで知られている。だが、当初は斎藤を推していたわけではなく、民政党総裁の若槻礼次郎を首相にすべく行動していた。これについて、木戸幸一は、日記に一九三二年五月一八日「伊沢多喜男より電話あり。同氏は陸軍側の態度を極度に憤慨し居れるが、此際、西園寺の上京はなるべく遅らしめ、さんざんもみたる上にて決定せらるるが宜しかるべく、後継内閣の首班には若槻氏が宜しからんとの意見なりし由なり」と書いた。伊沢が陸軍側の態度に憤慨したとあるが、鈴木貞一の日記によれば、この時の陸軍の態度は、政党内閣反対、平沼支持というものであった(13)。西園寺公望の上京を遅らせるべく木戸にかけた電話では、伊沢は、斎藤ではなく若槻礼次郎を首相にすることを主張したのである。伊沢の意見に対し、木戸は「若槻氏を首班と云ふ同氏の意見は、余の解する能はざるところなり」と記した。伊沢の意見を疑問視した木戸が、伊沢からの電話を受けて、実際に西園寺の上京を遅らせたかは定かでない。

同日、木戸は、斎藤実が挙国一致内閣の首班として出馬する意欲があることを丸山鶴吉（貴族院議員・元内務官僚）が言ったという情報を大塚惟精（貴族院議員・元内務官僚）から聞いている。[14] 当時、丸山は伊沢の命を受けて行動しており、この日のうちに、伊沢は、若槻をあきらめ、斎藤の首班指名のために行動していた可能性がある。

これは、侍従次長河井弥八の日記からも窺える。河井にとって伊沢は姻戚であり、当時、頻繁に連絡を取りあっていた。前述の五月一八日、河井は、伊沢から「時局拾収の為にする組閣の意見」についての電話を受け、その趣旨を牧野伸顕内大臣、一木喜徳郎宮内大臣、鈴木貫太郎侍従長の参考に供した。伊沢の意見を河井は「積幣を匡正するの意強く中正剛健なり」と評した。「積弊の匡正」「中正剛健」とは、政党内閣ではなく中間内閣という意味と考えることもできよう。[15]

伊沢が若槻首班をあきらめ斎藤を推したことについては、近衛文麿の伝記に、伊沢が矢部貞二に語ったものとして詳しい記述がある。すなわち、五・一五事件のあと若槻民政党総裁が、貴族院の非政友系二〇名ほどと懇談したとき、伊沢は、平常なら犬養後継の政友会総裁が組閣するのが常道だが、政友会内閣には治安維持の能力がないと述べた。その上で、若槻に首相就任の意志を問い質したところ、若槻はその意思はないと答えたという。伊沢は「そんなら中間内閣のほかない。そして海軍から持って来る以外手がない」として、財部彪に連絡して山本権兵衛を引き出そうとしたが果たせず、結局、斎藤実以外にないと考えた。しかし、西園寺は、政友会総裁に決定した鈴木喜三郎を首相に考えているらしかったので、伊沢は西園寺の上京を一日延期するよう工作し、同時に柴田善三郎（前大阪府知事）を用いて斎藤の諒解を得ようとした。伊沢は近衛に対しても、西園寺へ斎藤を推薦するよう頼んだとしている。[16]

牧野や木戸が斎藤を推したのは、五・一五事件の収拾を意識してのことであった。事件収拾のためには、政党を基礎とする挙国一致内閣であること、首班は公平な人格者たること、陸海軍から了解を得られることが必要とされたのである。[17] 伊沢が、斎藤を推した理由も同様であろう。これに加えて、伊沢は、森や陸軍が平沼を推していることに憤慨し、それに対抗する意味でも民政党に近い斎藤を支持したと考えられる。

このように、伊沢は、若槻内閣を理想としつつも、五・一五事件収拾という緊急の政治課題を踏まえ、斎藤を支持したのである。

2　閣僚人事への関与

伊沢は、斎藤の組閣に深く関与しながらも、自らの入閣については早くから否定した。五月二〇日、伊沢は河井弥八に電話し、伊沢の入閣予想を報じた新聞記事が虚妄であることを伝えたのであった。[18]

斎藤への大命降下があった二二日、伊沢は電話で、柴田善三郎の上京を河井に伝えた。[19] 柴田は、伊沢系の内務官僚で、組閣作業に参画し、斎藤内閣の書記官長に就任することになる。二四日、柴田は河井を訪ね、伊沢の入閣を希望する旨を語った。その日、河井は「斎藤子は組閣の骨幹として高橋蔵相を留任せしめ、山本［達雄］男を迎へんとするものの如し。山本男は伊沢氏の入閣を切望し、湯浅［倉平会計検査院長］氏亦入閣の懇望を固辞して伊沢氏を推すもの」と書いた。[20] さらに、二五日の日記によれば、山本達雄は自己の入閣の前提として伊沢の入閣を熱望し、伊沢が入閣しなければ内閣は「有力なる組織」とはならず、山本も入閣を謝絶すると主張したとある。一方、政友会側では鳩山一郎（文相、留任）が伊沢の入閣に反対し、伊沢が入閣すれば自分は入閣しないと主張した。結局、伊沢の希望により、後藤文夫を農相として入閣させることになった。[21]

山本達雄の伝記や丸山鶴吉の自伝にも、同様の組閣過程が記されている。それらによれば、民政党からは二人の閣僚を出すことになったため、山本達雄を内相、永井柳太郎を拓相として入閣の交渉をしたところ、山本は内相就任の条件として「相談相手になってくれる者」の入閣を希望した。山本や湯浅とともに、丸山鶴吉は、伊沢に対し入閣を勧説したが、伊沢は承知しなかったという。そのため、山本は斎藤へ入閣辞退を申出た。丸山や若槻は、伊沢の代わりに湯浅倉平にあたったが断られ、結局、伊沢の推挙で後藤文夫が農林大臣に就任することになった。これに山本も納得し、内相に就任したとある。(22)

組閣終了後、幣原喜重郎は、伊沢へ「新聞紙の所報に依れハ今回斎藤内閣組織に付老兄の公平無私なる助言着々実現の模様に察せられ小生も乍蔭恭悦の至に存候」と書き送った。(23)閣僚人事への伊沢の関与について、原田熊雄は「この組閣の準備には、直接間接に伊沢多喜男氏が、随分いろいろな方面で援助を与えた、といふよりも尽力をして、あまりにそれが露骨なので、或は次には伊沢内閣が出来るのではないか、などといふやうな皮肉な批評さへあった」と記した。(24)

このように、伊沢は、柴田や丸山を通じて閣僚人事へ影響力を及ぼしつつ、自らの入閣は当初から否定していたのである。

3　地方官人事への関与

挙国一致内閣ゆえに、斎藤内閣の地方官人事については、政友会に譲歩することになった。内相山本達雄の伝記によれば、内務省人事について、山本の相談相手となつたのは農相後藤文夫、伊沢多喜男、小坂順造、一宮房治郎等であった。彼らが選んだのが、内務次官に潮恵之輔、警保局長に松本学、警視総監に藤沼庄平だった。潮は、書記官長の柴田のほか、松本、藤沼などの意見も徴し、伊沢多喜男らの注文も容れて地方官の人事案を作成したという。その異動原案を六月二八日の閣議に提出したところ、政友会の鳩山一郎文相、三土忠造鉄相から猛烈な反対及び修正意見が出て、閣内に小委員会を設けて案を練り直すよう迫ったという。高橋蔵相も、地方長官は頻繁に異動させては事績を挙げることが出来ないから、栄転も左遷も小範囲に止めてはどうかと提案した。結局、山本内相は、政友会閣僚の意見も取り入れた。決定案によると、罷免された者は地方長官一六名、その他の勅任官三名、浪人から復活した者七名、新進抜擢一一名、転任一二名、現地留任二〇名という大異動になったという。(25)

地方官のうち、伊沢系と見られるものについては冷遇された。河井弥八は、六月二五日、日記に「伊沢氏の近況を聞くに、地方官の更迭は、所謂伊沢系と称せらるる循吏は一名も留任せられず、悉く排斥せらると」と記した。(26)

六月三〇日、五月に台湾総督に就任したばかりの中川健蔵が、貴族院議員の次田大三郎（民政系官僚出身）へ宛てた書簡の中でも

地方長官更迭も無事相運ひ御同慶ニ存申候、一御免組相当多数なりしも、復活数少なきは新進会同人の為め遺憾に堪へス、岡[喜七郎]氏の如きも他に何か見込ある次第なりや、色々多今後尚尊台の御奮闘に待つへきもの甚た多きを信し、御健康を祝し申候。当方も其中適当の措置致度と存候ニ付ては、人事ニ関し電報御打合せ致度場合可有之と思ひ。別帋暗号同封仕候条、乍御迷惑御保存被下度候、尚ほ右暗号は別ニ一通伊沢氏え送付仕置候条。是れ亦御含被下度候。(27)

と、地方長官人事への不満を漏らすとともに、人事について伊沢と暗号による連絡を交わしている様子を示した。

このように、伊沢は地方官人事について深く関わったものの、山本内相らは政友会に配慮せねばならなかったのである。

二、斎藤内閣の動揺

1　米穀法をめぐる政友会の反撃

一九三二年八月二二日、第六三臨時議会が召集されたこの日、伊沢多喜男は、河井弥八を訪い、斎藤内閣の後継問題等について意見を交換した(28)。早くも、組閣から三カ月足らずで、伊沢は斎藤の後継問題について話題にしたのである。伊沢は、斎藤内閣を緊急事態を収拾するための臨時のものとしか考えていなかったのだろう。

この第六三臨時議会は、時局匡救議会あるいは救農議会と呼ばれ、米穀法をめぐって政友会は反撃に出た。政友会は従来からあった「率勢米価」の撤廃を主張し、政府提出の米穀法改正案とは別に、自らの修正案を衆議院へ提出し可決してしまった。法案が回付された貴族院では、研究会が提出した妥協案を成立させ、再び衆議院に送付したが、政友会はこれを拒否したため、両院協議会が開かれる事態となった。岡田海相と森恪が政府案通過のための妥協工作を行ったが実らず、最終的には、政府側の妥協によって政友会の修正案が成立したのである(29)。このほか、政友会によって農村負債整理組合法が廃案になった。

米穀法案の審議が行われていた九月二日、河井は、伊沢と小林次郎（貴族院議員・元内務官僚）から電話で議会の大勢について聴いた。その内容は、斎藤首相、後藤農相が、その説を変えず米穀法改正案の原案を貫徹すれば、政友会に「多大の紛糾」が生じることは免れない。そして、研究会の妥協案は、未だ首相や農相の意を動かすものではないが、これを採用する場合、農相の面目を傷けないように努むべきであり、政友会が、争点として率勢米価を取り上げたのは、「農相いじめ」に過ぎず、政局の異変などは考えられないというものであった(30)。伊沢は、米穀法をめぐる問題では内閣は倒れないと考えていたものの、自ら入閣させた後藤文夫の立場を気づかっていたのである。

同時期、横浜の民政党系財界人中村房次郎は、伊沢へ書簡を送った。その中で、中村は、議会における斎藤首相以下同志閣僚の隠忍を尊敬すべきとした上で、後藤農相が毅然として主張の貫徹に努めているのは「一に老台の御指導御後援ニ依る処と奉推察候」と述べた。さらに「斎藤内閣が今にも崩壊せんとする如く宣伝致し候事悪むべき事ニ存候。斎藤内閣が隠忍臨時議会を続行せるは是より更に大ニ為す処あらんか為めと相信し居何卒国家民人の為め最善の政治を行はれん事を期待致し居候。政友会との関係は当然或る時機ニ於て精算せらるべきものと存候。希くは来ル昭和八年二月に於て厳正公平なる総選挙を斎藤内閣の手に依つて行はれん事を切望致し候」(31)と書き送った。ここでも、政友会の攻撃に対して斎藤内閣が（早くとも翌年二月まで）持ちこたえることが予想されている。

米穀法をめぐっては、斎藤内閣、特に後藤農相に対する政友会の攻撃は激しかったが、伊沢や彼の周囲では、倒閣にまでは至らないと見ていたのである。

2　宇垣擁立論と日本製鉄株式会社法への反対

伊沢は、一九三三年一月には、次期内閣について朝鮮総督宇垣一成の擁立を考えていた。警保局長松本学が、一九三三年一月一七日に書いた日記によれば、伊沢は次期内閣の首班として宇垣を推している。そのため、伊沢は、朝鮮総督府政務総監今井田清徳との会見を松本に約束させたのだった(32)。

この時期、すでに伊沢は斎藤内閣を見限っていたと考えられる。それは、貴族院における伊沢の行動から推測することができる。

一九三二年一二月から翌年三月までの第六四議会において、斎藤内閣は日本製鉄株式会社法案（一般に製鉄合同法案）を議会に提出した。法案は、衆議院では政友会・民政党・国民同盟の賛成多数で可決された。反対は無産政党だけだった。ところが、貴族院では、特別委員会委員となった伊沢多喜男と伊沢の盟友上山満之進が、徹頭徹尾反対の論陣を張ったのである。

日本製鉄株式会社法は、官民製鉄業の合同を目指し、当面は三菱製鉄・輪西製鉄・釜石製鉄・九州製鋼・富士製鋼の民間製鉄五社と官営八幡製鉄所の合併を意図したものであった（後に東洋製鉄・大阪製鉄が加わる）。合同によって設立された日本製鉄株式会社は、政府が株式の過半数を保有する半官半民の国策会社であった。同法は、製鉄業界への国家統制を強めるもので、政府は日本製鉄株式会社に監理官を置いて業務を監督することになっていた。

実際の合併の方法は、各参加会社の資産を評価した上、それに見合う株式を出資者に交付するという方法で行われた。資産の評価方法は、設立手続きとして最も重要であり、議会での審議もこの点が重視されたのであった。法案では、資産評価の適正を期すため、新たに製鉄事業評価審査委員会を設けて、資産評価を行うとされた。そして、評価にあたっては、複成式評価法と稼高式評価法の二つを併用し、両者を適宜組み合わせて査定することになっていた。複成式評価法とは、現時点における設備そのものの再製作価値を評価する方法で、一方、稼高式評価法とは予想される収益価値を評価する方法である。(33)これらの併用という査定基準の曖昧さが、法案の審議過程でも問題とされ、翌年の中島商相の綱紀紊乱問題につながるのである。

商相だった中島久万吉は、自ら製鉄会社の設立に関係した経験があり、大臣就任時には官民製鉄業の統一を決意して、三井の郷誠之助に助力を要請したと自伝に書いている。中島によれば、衆議院では内田信也の尽力があって、法案は順調に通過したという。内田信也は、三井に勤務経験のある政友会代議士である。(34)

だが、法案が貴族院に移ると、特別委員会に於て、伊沢多喜男、上山満之進の両委員は連日のように質問を発した。上山は、まず一九三三年三月一五日の本会議において質問し、ついで一六日以降、特別委員会において反対の論陣を張り、最後に三月二五日本会議討論において、改めて反対意見を述べた。その趣旨は「本案は、結局民業救済を主目的とするものにして、合同は寧ろ官業に不利なり」というものだった(35)。つまり、業績の好調な官業製鉄所と不振な民間製鉄業との合併を、なぜ政府が多大な費用をもって行うのかということであった。伊沢も、特別委員会で連日のように質問に立ち、三月二四日に法案が特別委員会を通過した際には、上山とともに反対した(36)。

法案は、議会最終日の二五日午後に貴族院本会議に上程された。本会議では、上山は伊沢の意を汲んだとする反対演説を行ったものの、夕刻に至って法案は賛成多数で可決された(37)。

伊沢や上山の質問の要旨は、第一に、なぜ成績良好な官営製鉄所を成績不良な民間会社と合同するのかという既述の点のほか、第二には、合同各社の資産評価をどう行うかという問題、第三に合同によりコスト切り下げが実現するのかという問題、第四に政権交代に対する経営の一貫性保持の問題、第五に半官半民の企業の設立によって政府と三井・三菱が結びつくことの影響である(38)。

特に、伊沢は特別委員会最終日の反対討論で、これらについて具体的に述べた。その内容は、つぎのとおりである。まず、政府と三井・三菱などが合同し、不参加の製鉄会社へ圧迫を加えるものに見えること。合同各社の中には、輪西及び釜石という三井系統の二社が含まれており、各社同数の重役が出るとすれば、実質的に三井から多くの重役が出ること。そして、そのようなことを政治家がすべきかということにあり、政府と財閥が結びつくことへの悪影響を指摘したのだった(39)。

このように、伊沢は、統制経済や合理化の名の下に、大企業が政治家と結びつくことに反対したのであった。最後まで反対姿勢を貫き、派手な発言をした背景には、時期首班に向けての行動に見るような、斎藤内閣への見限りがあったと考えられる。

3　近衛擁立論と紛糾する農林・海軍予算

斎藤内閣成立に深く関わった伊沢であったが、組閣以降、斎藤と伊沢の関係は決して親密ではなかった。一九三三年九月二日、伊沢は宮相湯浅倉平へ「斉藤首相に面会せざること既に一年有余、遠方より同君の為す所を観れば感心せざること頗る多く」と書き送った。むしろ、伊沢は、軽井沢において近衛文麿に接近し、松平頼寿、細川護立、後藤文夫などと時々会合を開いていたのであった。[40] 湯浅からの返信は「高示斎藤首相之態度いかにも御同感ニ存候も不権式《ママ》之極ニ見えて対手ニ致されもせず粘り強き所、政党之内憂外患ニ僥倖せられたる所ありとは云へ一流斉藤式とも可申乎と存候」と、斎藤を皮肉るものであった。[41]

二ヶ月後の一一月八日、木戸は日記に、西園寺公望が最近「近衛公の出馬も仕方なしと考ふるに至れる模様」であり、また「最近伊沢氏が近衛公をかつぎ居る旨」の宣伝があると記した。[42] 伊沢が次期内閣に近衛を擁立するとの風聞が流れたのである。

同月、来年度の予算編成をめぐって閣内は紛糾した。一一月一七日から、予算の政府原案作成のため、閣僚会議が開かれた。ここで問題となったのが、農林省予算と海軍省予算であった。農林省予算は、農村の自力更正を主張する高橋是清蔵相により、新規増額を拒否され、農相・蔵相間の対立が明確になったのである。これは、閣内不一致の危機であった。

一一月二三日には、陸軍の鈴木貞一（新聞班長）は、伊沢多喜男と黒田長和が、後藤農相を用いて倒閣への策動をしている旨を人づてに聞き及んだ。翌二四日、鈴木貞一は、後藤農相と農村振興策について懇談し、鈴木は「内閣の運命如何の如きは問題にあらず、要は政策の具現実行にある旨を力説し、直く考えを陸相と談合すべきことを具申」した。鈴木の意見に対する後藤の態度は「大に感激の気持ちにて決意を語れり」というものだった。[43]

一方、海軍省の予算要求も大幅に削減されたため、大角岑海相の進退問題になるおそれが生じ、内閣は倒壊の危機を迎えた。事態収拾のため、高橋蔵相は赤字公債により農林省と海軍省への臨時支出を行い、さらに陸軍省予算からの海軍省への融通がなされたのであった(44)。

この時期、伊沢の倒閣運動と近衛擁立が噂され、後藤は、予算をめぐって、高橋に対し強硬な姿勢を貫いたのである。

4 綱紀紊乱問題での行動

日本製鉄株式会社法による製鉄会社合同は、政局に重大な影響を与えた。一九三四年一月に生じた中島商相の綱紀紊乱問題である。この年は、製鉄会社合同をはじめとして、帝国人絹や神戸製鋼の株などに関わる種々の綱紀紊乱問題で幕を開けた。

一月二四日、伊沢多喜男と上山満之進は、斉藤首相を官邸に訪ねた。鉄鋼会社合同に関する綱紀紊乱の真相について質すためである。新聞によれば、斉藤は、中島商相が万事処理をしており自分はあまり知らない、世上に流布しているようなことはないと信じていると答えたという。首相との会見後、伊沢と上山は新聞記者に対し、会見内容及び今後の方針について語った。それは、鉄鋼会社合同などの綱紀紊乱について首相は何も知らないようであるが、現内閣は綱紀粛正を看板にしている以上、今後は綱紀問題を糾明してゆくというものであった(45)。

原田熊雄は、伊沢と上山の行動について「上山満之進氏、また或は伊沢氏あたりが、この問題を新聞記者なんかに、はたから見ると大人げないほどに、いろいろ非常に喧しく言つてゐるらしい」と記し、斎藤首相との会見で、両者が「今までは、自分達もこの内閣に好意をもつて、できるだけ支持したいと思つて来たけれども、今日のやうでは、到底今までの態度を持して行くわけには行かない。要するに自分達は、今後は自由な態度をとるから、どうか悪しからず諒承してくれ」と「最後通牒のやうなこと」を言ったと記している。さらに、伊沢らは新聞記者に対し「内閣は、予算問題なんかで倒れるやうなことはない、倒れればやつぱりかういふ問題で倒れるんである。実に中島はけしからん」「郷はけしからん。今に見てゐろ。必ず倒れるから……」との旨を述べたという。原田は、これらを「あたかも倒閣運動でもやってゐるやうに感じられる」「自分達から見れば、苟くも貴族院議員としては、強ひて議会を通してかれこれ言はないでも、もつと地道にみづから忠告もし、或はその筋の手によつて調べさせるとかすればよいので、貴族院が検察当局の前哨戦をするやうなことは甚だ面白くないと思ふ」と記した。(46) このような伊沢の行動は、後継内閣に関する動きを加速させたようで「伊沢氏は『後継内閣についてなほ運動してゐる』とかなんとか言はれて、攻防両方面の刺戟によつて、そこにいろいろな動きが起つて来てゐる」と、原田はその影響を観測した。(47)

中島商相に関しては、綱紀紊乱問題から少し遅れて、足利尊氏礼賛問題も発生した。この問題の追求をしたのは貴族院議員の菊池武夫らである。(48) 中島は、政友会代議士や貴族院の公正会に個人的な説明を行ったものの、問題が沈静化することはなかった。(49)

伊沢は、一月二五日、内閣書記官長の堀切善次郎に会見し、日本製鉄の営業開始を延期するよう求めた。これに対し、堀切は延期する考えはないと答えたという。(50) 一月三〇日には、上山は貴族院本会議において製鉄会社合同に伴う綱紀問題について質問に立った。終了後、上山は中島商相の答弁について強い不満を露わにした。(51)

上山の質問は、合同各社の資産評価が、前議会の当時と比べて引上げられたことを問題とするもので、昨年五月工業クラブで商相と関係会社代表者が集合し協議したことが、この間に介在する事情を想像するに難くないという主旨のものであった。(52)

さらに上山の質問を整理すれば、
1、合同に際しなぜ評価の基準を変更したか。
2、査定評価額を増加したのは、民間会社の要望に追随したるものではないか。
3、生産費低廉という所期の目的が達せられるのか。
4、官業を犠牲にし、不良会社を救済する結果になったのではないか。
と、いうものであった。(53)

結局、二月八日、中島は辞任し、元内閣法制局長官の松本蒸治が商相に就任して問題は沈静化した。(54) 伊沢らが追及した綱紀紊乱問題と、右派議員が追求した足利尊氏礼賛問題が、中島商相を辞任に追い込んだのである。ここにおいて、斎藤内閣に対する伊沢の攻撃的態度は、閣僚を辞任に追い込むほど明瞭になった。

三、岡田内閣

1　岡田内閣の成立

一九三四年七月三日、斎藤内閣は、帝人事件の疑惑が高橋蔵相に及んだことにより総辞職に至った。五月頃から、木戸や牧野など宮中側近の政治家の間では後継首班の選考がなされ、彼らの意見は岡田啓介に一致していた。一方、斎藤も岡田を推していた。彼らが岡田に期待したものは、現内閣の施政の継続や、二年後の海軍軍縮条約の改訂において海軍内の「艦隊派」を押さえることにあった。(55)

よく知られているように、岡田の首班奏薦にあたっては、西園寺の意図により重臣会議が開かれた。西園寺や牧野、一木枢密院議長のほか「首相礼遇者」の清浦奎吾・高橋是清・若槻礼次郎、そして辞表を提出したばかりの斎藤もこれに出席した。[56]

山本達雄の伝記には、斎藤内閣倒壊後、一時、岡田啓介や牧野伸顕が、山本達雄首班論で動いていたという記述がある。牧野が山本達雄へ次期首班を打診したが、山本は断ったというのである。[57]

この山本達雄首班論については、史料上の制約により、研究において触れられることがほとんどなかった。

しかし、岡田の組閣後、山本にあてた伊沢の書簡には、伊沢が山本首班論を重臣たちに説いたことが述べられている。それは「(斎藤内閣の)後継としては是非老閣之御奮起を希ひ度重臣方面に対し進言献策も致候処、遂に容るゝ処とならす、今尚遺憾に存居候」というものである。[58] 山本達雄という民政党系貴族院議員の長老を首相にすることは、重臣に受け入れられなかった。

山本首班論をあきらめた後、伊沢は、岡田を支持し、後藤文夫を通じて組閣に影響力を及ぼした。前述の山本あて書簡で、伊沢は「岡田内閣ハ内政方面に関してハ後藤文夫君を中心として其組閣を進め兎ニ角成立致候事国家の慶事に候。今後の施政幾多の難関に逢着すべく首相始メ閣僚諸君の労苦察する余ありと可申候。内閣成立の前後昼夜奔走したると盛夏の如き溽熱の為メ疲弊憫憹其極に達し老骨の不甲斐なさを痛嘆致候」と、内相に就任した後藤文夫が中心となって組閣を行い、自分も組閣のために奔走した旨を述べた。[59]

伊沢が岡田を支持した理由は、木戸や牧野と同様であった。宛先不明の伊沢の書簡によれば、伊沢は「三五、六年の国際的危機と軍部、特に海軍部内之空気等を考察すれば岡田君に大命の降下せるは適当のこと」とした。二年後の軍縮条約改定において「艦隊派」を押さえ海軍内部をまとめるためには岡田が適当と、伊沢もまた考えたのである。[60]

首相選考のために重臣会議を開く方法については「過日の重臣会議により内大臣、枢府議長、総理大臣待遇者か列席するとの新例を生じたるは機宜の処置として賛意を表す」と、伊沢は評価していた。ただし、前首相の斎藤が、重臣会議に出席したことや、組閣に影響力を及ぼしたことについては、苦々しく感じていた。

伊沢は、重臣会議へ斎藤が出席したことについて

斎藤内閣は其二ヶ年の施政中満身瘡痍如之綱紀問題にて信を天下に失し最後の断末魔に至りて倒壊せるものにて他の綽々たる余裕を存して悠々勇退せるものとは全然同日の比にあらず其趣を同ふするものあらず。果して然らば斎藤子爵の如きは後継内閣に対して片言隻語をも発言すべき資格なき筈なり。然るに仄聞する処によれば特に重臣会議に列席して加之後継首相の候補者に関し進んて発言を敢てしたり

と書いた。そして「辞表提出中の首相、蔵相が之ニ列するは其何故たるを知らず況や彼等ハ総理大臣待遇者にあらず、辞職後に至り特に待遇を賜りたるものなるに於てをや」と前首相・蔵相の出席を批判したのだった。

斎藤が組閣に関与したことについても「後藤君の自由手腕を制肘せられたるやの観あるは遺憾」と、斎藤により後藤の行動が制限されたとしている(61)。

このように、当初、伊沢は山本達雄を首班として考えていたものの、軍縮条約改正などを見すえて岡田支持の立場に変わったのである。そして、岡田の組閣に対しては、後藤文夫を通じて影響力を及ぼしたのであった。ただ、内閣運営に支障をきたし辞表を提出した斎藤が、首班指名や組閣に影響を及ぼすことについては批判的だったのである。

2　内閣審議会

岡田内閣は、民政党を与党、政友会を野党として発足した。民政党からは、町田忠治が商相、松田源治が文相として入閣した。一方、政友会からは、床次竹二郎が副総理格の逓相、内田信也が鉄相、山崎達之輔が農相に就任したも

のの、政友会は、この三閣僚及び政務官となった一〇数名を除名した。(62)

このように、岡田内閣は、政友会の支持を得られなかったため、弱体と見られていた。岡田内閣が、自らの補強を意図して、政友会に政権参加の道を開こうとしたのが、内閣審議会であった。(63)

内閣審議会は、一九三四年一二月二四日の閣議において設置が決定され、五月一一日の勅令により、官制が定められた。それによれば、内閣審議会は「内閣に隷し諮問に応じて重要政策に付調査審議」し「内閣に建議」する機関とされた。(64)会長には、首相岡田啓介、副会長に蔵相高橋是清が就任し、委員は、斎藤実、伊沢多喜男、馬場鍈一、青木信光、黒田長和（以上貴族院議員）、山本達雄、川崎卓吉、富田幸次郎、頼母木桂吉（以上民政党）、水野錬太郎、望月圭介、秋田清（以上政友会）、安達謙蔵（国民同盟）、各務謙吉、池田成彬（以上財界）の一五名であった。(65)

委員の人選は、数ヶ月にわたって紛糾した。民政党は前総裁の若槻礼次郎が辞退しただけで、党として参加の方針を決したので問題がなかった。若槻の辞退は、審議会設置は枢密院を新設するようなもので、立憲政治に反すると考えたからだという。(66)一方、政友会は野党として審議会に反対し、不参加の方針を決めていた。そこで、岡田は、個人的に、政友会の水野錬太郎と望月圭介さらに脱党したばかりの秋田清を引抜いたのであった。水野と望月は、政友会を除名され「昭和会」を結成し与党になった。(67)

内閣審議会への諮問第一号は「現下の国情特に国民経済振興の必要に鑑み中央地方を通ずる財政改善の根本方策如何」というものであった。その説明としては、国民経済は「不況の域」を脱せず、地方農山漁村は「経済更生の要緊切」であり、国家財政も「歳入の不足著しく」「巨額の公債発行を余儀なくせられ」ている。そのため「中央地方を通じ租税制度及び公債政策其の他広く財政の調整に付其の基本方針に遡って改善を加うる要あり」というものであった。内閣審議会では、この諮問に沿って、第一回総会から第三回総会までは、経済財政問題についての議論がなされた[68]。

本来、このような経済財政問題を審議するために設置された内閣審議会の性格は、後に変化していく。内閣審議会に提出されるはずであった諮問第二号は「産業に対する根本方針如何」という趣旨であった。これは、統制経済について議論が及ぶべき性質の諮問である。しかし、この諮問がなされることはなかった。この案に替わって諮問第三号の「文教刷新に関する根本方策如何」が、第二号として諮問されたのである[69]。

この方針転換には、伊沢が関与している。第四回総会において、黒田長和は、地方財政の根本策考究のために国民精神の作興が重要であり、文教刷新を取りあげるべきという意見を述べた。伊沢も「全く同感」と黒田に賛成し、岡田首相も賛意を表した[70]。この議論以降、諮問案の修正がなされ、内閣審議会の内容は、産業合理化問題ではなく学校教育や社会教化、学術振興などの問題へ方向転換したのであった。

結局、内閣審議会は、統制経済の問題には立ち入らずに、特筆すべき成果を挙げることなく一九三六年に廃止された。それは、伊沢や黒田、岡田という「現状維持」的勢力が、内閣審議会を統制経済の問題から遠ざけた結果と言えよう。

内閣調査局が、内閣審議会の庶務を事務管掌の一つとしていたにも拘わらず[71]、後に企画庁へ改組、さらに企画院へ発展し、統制経済の中枢に位置づけられたのとは対照的であった。

3　文政審議会

伊沢は、この時期、文政審議会委員も務めた。文政審議会は、一九二四年、清浦奎吾内閣において設置され「国民精神の作興、教育の方針其の他文教に関する重要事項」を審議する「恒久的な審議機関」と位置づけられた。総裁には首相、副総裁には文相が就任する首相直属の機関であった。(72) 一九三五年に廃止されるまで約一三年間にわたって存続し、政界・官界・学界などから委員が選ばれた。伊沢は、一九二一年から一九二五年まで委員を任じた。(73)

一九三五年一月、岡田内閣下の文政審議会では「青年学校制度制定に関する件」が審議された。これは、青年教育機関として併存していた実業補習学校と青年訓練所を合併し、新たに青年学校を設置するために諮問されたのであった。それ以前にも、これらの合併については、文部省の課題となっていたが、軍事教練の比率低下や訓練における軍人の主導権確保の問題を理由に、陸軍は強行に反対し続けていたのである。(74)

文政審議会で審議された青年学校の案は訓練中心のものだったが、議論はそのような陸軍の発想を抑制する方向でなされたという。(75) だが、最終的に審議会は青年学校制度新設に応じ、一九三八年に閣議は青年学校義務制実施を決定したのであった。

文政審議会において、伊沢は、陸軍主導の青年学校設置に反対する意見を開陳した。その趣旨は、つぎのようなものであった。青年訓練所と実業補習学校の合併は、文部省が長い間研究し主張していたにも関わらず、陸軍当局は常に反対して来た。それが、突如両者の間に妥協が調った。(76) 両者の指導方針が急に一致したとは、容易に信じられない。その説明がなければ賛成できないというものだった。

他の委員からも、青年学校の教育が陸軍主導になるおそれはないかという質問が出され、松田源治文相は「運用の如何に在る」と答えた。これについても、伊沢は文相に質した。それは、青年訓練所は、規程では、軍事教練のみを行うものでないにも関わらず「運用」により軍事教練の場になっているとして、青年学校もまた「青年訓練所と同じやうな運命に立至る」ことを危惧するものであった。(77)

伊沢は、このように軍事教練が中心になるような青年学校の設置に反対したのであった。軍部が、教育など他の領域へ影響力を拡大することを危惧したのである。

おわりに

伊沢は、中間内閣の時期も、政党政治を理想としていた。一九三五年、彼は「立憲政治に政党の必要欠くべからさるものたるはいふを俟たぬことであって、政党が国民の信用を恢復することの早ければ早いほど、国家のためにこれほど慶倖とすべきことはないのである」と書いた(78)。伊沢が民政党による政党内閣を指向していたことは、斎藤内閣・岡田内閣の首班指名の過程において、当初は若槻礼次郎や山本達雄のような、民政党総裁や民政党系貴族院議員の長老を推したことに示されよう。

だが、最終的には、その時期の政治的課題に最もふさわしいと、彼が判断した「現状維持派」的な人物を擁立したのである。五・一五事件収拾のためには政党人ではなく海軍出身の斎藤を推し、軍縮条約改定を見越して海軍内を押さえる人物として岡田を推すといったようにである。

それゆえに、斎藤内閣に対する伊沢の態度に見るように、たとえ自ら首班を推した内閣であっても、それに拘泥することなく、彼の政治理念に反する政策に対しては、倒閣運動的な行動も辞さなかったのである。

伊沢の政治理念に反する政策とは、日本製鉄株式会社法案の審議や綱紀紊乱問題、内閣審議会や文政審議会での発言や行動から見て取ることができる。伊沢は、国家統制によって政府と特定の企業が結びつきを深めることに対しては激しく反発した。そして、軍部が教育など他の分野へ影響力を強めることに対しても懸念を表明した。

つまり、中間内閣期の伊沢の政治理念とは、反統制経済であり、社会全体が軍事的色彩を強めることへの反対であった。これらが、中間内閣期の各内閣に対する伊沢の政治姿勢を規定したものと考えられる。

註

（1）山本四郎「斎藤内閣の成立をめぐって」（『史林』五九—五、一九七七年）五五頁・六一頁。このほか、中間内閣期の政治史研究で伊沢に言及しているものとしては、伊藤隆「『挙国一致』内閣期の政界再編問題」（1）～（3）（『社会科学研究』二四—一、二五—四、二七—二、一九七二～一九七五年）、升味準之輔『日本政党史論』6（東京大学出版会、一九八〇年）などがある。
（2）田中時彦「斎藤内閣」（林茂・辻清明編『日本内閣史録』3、第一法規出版、一九八一年）二九二頁。
（3）同前、二九八～二九九頁。
（4）田中時彦「岡田内閣」（前掲『日本内閣史録』3）三四七～三四九頁。
（5）伊沢多喜男伝記編纂委員会編『伊沢多喜男』（羽田書店、一九五一年）二一〇頁。
（6）大西比呂志「伊沢多喜男と宇垣一成—宇垣擁立工作を中心に—」（堀真清編『宇垣一成とその時代』新評論、一九九九年）二四六頁。
（7）同前、二四七頁。
（8）同前、二五九～二六〇頁。
（9）同前、二六〇頁。
（10）山浦貫一編『森恪』（非売品、一九四〇年）七九一～七九二頁。
（11）前掲『伊沢多喜男』二〇五～二〇六頁。
（12）『桜内幸雄自伝—蒼天一夕談』（蒼天会、一九五二年）三三一頁。
（13）伊藤隆・佐々木隆「史料紹介　鈴木貞一日記—昭和八年」（『史学雑誌』八七—一、史学会、一九七八年）九三頁。
（14）『木戸幸一日記』上（東京大学出版会、一九六六年）昭和七年五月一八日。以降『木戸日記』と略記。
（15）高橋紘ほか編『昭和初期の天皇と宮中　侍従次長河井弥八日記』6（岩波書店、一九九四年）昭和七年五月一八日。以降『河井日記』と略記。
（16）矢部貞二『近衛文麿』（読売新聞社、一九七六年）一六五頁。
（17）『木戸日記』昭和七年五月一六日。

(18)『河井日記』一九三二年五月二〇日。
(19)同前、一九三二年五月二三日。
(20)同前、一九三二年五月二四日。
(21)同前、一九三二年五月二五日。
(22)山本達雄先生伝記編纂会編『山本達雄』(非売品、一九五一年)四七四〜四八二頁。丸山鶴吉『七十年ところどころ』(同刊行会、一九五五年)二四九〜二五二頁。
(23)一九三二年六月一日付伊沢多喜男あて幣原喜重郎書簡(『伊沢多喜男関係文書』芙蓉書房出版、二〇〇〇年、二六六頁)。
(24)原田熊雄『西園寺公と政局』2(岩波書店、一九五〇年)二九五頁。以降、『原田日記』と略記。
(25)前掲『山本達雄』四八二頁。
(26)『河井日記』昭和七年六月二五日。
(27)一九三二年六月三〇日付次田大三郎あて中川健蔵書簡(太田健一ほか『次田大三郎日記』山陽新聞社、一九九一年)。
(28)『河井日記』昭和七年八月二三日。
(29)『岡田啓介回顧録』(毎日新聞社、一九五〇年)七九〜八〇頁。
(30)『河井日記』一九三二年九月二日。
(31)昭和七年九月六日付伊沢多喜男あて中村房次郎書簡『伊沢多喜男関係文書』三五三頁。
(32)伊藤隆・広瀬順晧編『松本学日記』(山川出版社、一九九五年)昭和八年一月一七日。
(33)『日本製鉄株式会社史』(同編集委員会、一九五九年)四二一〜四六頁。
(34)中島久万吉『政界財界五十年』(大日本雄弁会講談社、一九五一年)二一五〜二一七頁。
(35)上山君記念事業会編『上山満之進』上(成武堂、一九四一年)二九四頁。
(36)『東京朝日新聞』一九三三年三月一七日・一八日・一九日・二二日・二三日・二四日・二五日。
(37)『第六四回帝国議会貴族院議事速記録』。
(38)前掲『日本製鉄株式会社史』四四〜五〇頁。『第六四回帝国議会貴族院委員会議事速記録』。
(39)『第六四回帝国議会貴族院委員会議事速記録』(日本製鉄株式会社法案特別委員会議事速記録第七号、一九三三年三月二四日)。
(40)一九三三年九月二日付湯浅倉平あて伊沢多喜男書簡(林茂『湯浅倉平』湯浅倉平伝記刊行会、一九六九年、四五四〜四五五頁)。斎藤の日記によれば、前年の五月二九日に伊沢は斎藤と面会している(「日記」斎藤実文書、国立国会図書館憲政資料室蔵)。

(41) 一九三三年九月五日付伊沢多喜男あて湯浅倉平書簡『伊沢多喜男関係文書』四四七頁。
(42)『木戸幸一日記』上、一九三三年一一月八日。
(43)『鈴木貞一日記』八五頁。
(44) 田中時彦「斎藤内閣」(林茂・辻清明編『日本内閣史録』3、第一法規出版、一九八一年)三三五~三三七頁。
(45)『東京朝日新聞』一九三四年一月二五日。前掲、肥田『政党興亡五十年』三二九頁。
(46)『原田日記』3、二二四~二二五頁。
(47) 同前3、二二六頁。
(48)『東京朝日新聞』一九三四年一月二八日・三〇日。
(49) 同前一九三四年二月二日。
(50) 同前一九三四年一月二七日。
(51) 同前一九三四年一月三一日。
(52) 肥田琢司『政党興亡五十年』(国会通信社、一九五五年)三一九頁。
(53) 前掲『上山満之進』上、三〇三頁。
(54)『東京朝日新聞』一九三四年二月九日。
(55)『原田日記』3、二六五~二六七、三一四~三一五。『木戸日記』上、三三〇、三四一~三四四頁。
(56)『木戸日記』上、三〇四頁。
(57) 前掲『山本達雄』五二七~五二八頁。
(58) 一九三四年七月十三日付山本達雄あて伊沢多喜男書簡『伊沢多喜男関係文書』九六頁。
(59) 同前。
(60) 一九三四年、宛先不明伊沢多喜男書簡『伊沢多喜男関係書簡』九八~九九頁。
(61) 同前。
(62) 前掲、升味『日本政党史論』6(二一九~二三一頁。
(63) 田中時彦「岡田内閣」(前掲『日本内閣史録』3)三五九~三六〇頁。
(64)「内閣審議会官制」(石川準吉『総合国策と教育改革案―内閣審議会・内閣調査局記録―』清水書院、一九六二年、三五頁)。
(65)「内閣審議会名簿」(前掲、石川『総合国策と教育改革案』三五~三六頁。

(66) 前掲、肥田『政党興亡五十年』三四五頁。
(67) 前掲、田中「岡田内閣」三六〇頁。
(68) 「内閣審議会総会議事録」（前掲、石川『総合国策と教育改革案』三七〜四六頁）。
(69) 同前、五一〜五二頁。
(70) 同前、四六〜四九頁。伊沢の伝記によれば、伊沢は「ガンヂー翁の教育論」というパンフレットを内閣審議会委員に配布したという（前掲『伊沢多喜男』二二〇頁）。
(71) 「内閣調査局官制」（前掲、石川『総合国策と教育改革案』五九頁）。
(72) 森秀夫『日本教育制度史』（学芸図書、一九八四年）七五頁。
(73) 日本近代教育史料研究会編『資料文政審議会』1（明星大学出版部、一九八九年）七〇頁。
(74) 橋口菊「総力戦体制と青年期教育の軍事的再編成」（『講座日本教育史』4現代Ⅰ・Ⅱ、第一法規出版、一九八四年）九三頁。
(75) 同前、九四頁。
(76) 前掲『資料文政審議会』三、四九三〜四九四頁。
(77) 同前、四九四〜四九五頁。文政審議会について、安部彰氏の研究では「青年学校が青年訓練所の性格を強くおびることに好意をいだき、それを積極的に推進することを公然と主張した」委員の一人に伊沢の名を挙げている（安部彰『文政審議会の研究』風間書房、一九七五年、三四三頁）。これは、伊沢の発言のごく一部分にのみ着目した評価であり、伊沢の主張が、全体として青年学校が教練中心になること危惧し、両者の合併に疑問を呈したものであることは明らかである。
(78) 「人物回想（加藤高明）」（一九三五年七月二六〜二八日報知新聞連載の原稿『伊沢多喜男関係文書』五五三頁）。

国家総動員法案と伊沢多喜男

中島　康比古

はじめに

伊沢多喜男は一九一六年一〇月から一九四〇年一一月まで貴族院議員として活動した。ただ、彼は「演壇の雄ではなかつた。むしろ帷幄の中に籌策を運らすといふ方であつた」[1]。本会議での彼の発言回数は辛うじて一〇回を越す程度であり、〝演説〟と呼べる発言に絞り込むと、第四一議会での開墾助成法案に関するものと、第四五議会における過激社会運動取締法案に関するものを上げることができる程度だ。

本会議場での〝寡黙〟[2]さと比べれば、伊沢も委員会では〝雄弁〟になる。一九三八年三月に成立した国家総動員法をめぐっては、委員会審議で政府原案に反対の立場から何度も質問に立った。次のように彼は回想している。

「僕はあゝいふ広汎な委任立法はいかんといふので戦つた。あの問題の起つた時、最初研究会の青木信光とか、その他の連中も、八九分通り僕の意見に賛成だつた。それが一人落ち、二人抜け、到頭終には御承知の通り皆逃げてしまつて、僕の説はミジメな惨敗になつた。（中略）僕は最後には『熱鉄を呑む思ひを以て本案に賛成する』

と斯う言つたんです。といふのは、何も全然反対でなく、イヤこの時局に於て、総動員法といふものは必要だといふ主張者なんだ、併しあの形ではいかんといふので修正案を出したのだ、その修正案は敗れたが、さらばと言つて、必要な案だから、原案に反対する、否決するといふことは不本意だ。要するに僕は、完全な総動員法といふものの非常に強い主張者なんだ。(3)」

全五〇条からなる国家総動員法は、第一条で、「国家総動員」を、戦争に準ずべき事変を含む戦時に「国防目的」達成のために「国ノ全力」＝人的・物的資源を統制運用するものであると定義する。第二条では物的資源たる「総動員物資」を第一号から第八号まで列挙する。すなわち、兵器・艦艇・弾薬等「軍用物資」のほか、「国家総動員上必要ナル」被服・食糧・飲料・飼料、医薬品・医療機械器具・衛生用物資、船舶・航空機・車両・馬等の輸送用物資、通信用物資、土木建築照明用物資、燃料・電力、上記の物資の生産・修理・配給・保存に必要な原材料・機械器具・装置等の物資である。さらに、第九号で、これ以外の物資も「勅令ヲ以テ」指定することができると規定する。これらの総動員物資の生産・修理・配給・譲渡等の処分・使用・消費・所持・移動に関して、政府は「勅令ノ定ムル所ニ依リ」必要な命令を発することができる（第八条）。第三条では人的資源たる「総動員業務」を規定するが、第一号から第八号まで細密に列挙した上で、(4)第九号で前各号の列挙事項以外の業務も「勅令ヲ以テ」指定できるとするのは、第二条と同様の手法である。第四条から第二〇条は戦時規定、第二一条から第三一条は平時・戦時に共通する総動員の計画・準備・補償等の規定であるが、各条文の規定は極めて概括的で、具体的な内容はほとんど勅令に委任されている。第三二条から第四九条は罰則（最高刑は五年以下の懲役）を定める。最後の第五〇条は「国家総動員審議会」の規定である。(5)

同法の特徴は、第一に、権利制限の対象が国民の生活のほぼ全局面にわたっていることであり、第二に、権利制限の実質的内容をすべて勅令に委任していることである。かかる特徴を有する同法によって、国民の権利は議会の協賛を経た法律に依らなければ制限できないという「法律の留保」は空洞化する。元老・西園寺公望も「実質論としてこの法案は結局憲法無視の法案だから、まあ、あれは通過しない方がいゝな」と考えていた(6)。

その政府原案に対抗して伊沢が提起したという「完全な総動員法」案とはどのようなものだったのか。日中戦争が長期戦へと移行していく中で迎えた議会制の空洞化の危機に直面した貴族院議員伊沢は、どのような行動をとったのか。その行動は如何なる要因によって導き出されたのか。彼の行動は当時の内外の状況において如何なる意味を持ったのか。本論は、これらの問題を明らかにしていく。

その際、従来の研究(7)では、あまり重視されて来なかった貴衆両院の委員会審議を重視する。確かに、報道機関の注目度や内外への反響の大きさでは、委員会は本会議に遠くおよばない。その反面、本会議はスター議員による派手なパフォーマンスの場に堕する傾向も否めない。むしろ、地に足のついた緻密な議論が展開され、議会に於ける最も高い水準の議論を聴くことができるのが委員会であると考えられる(8)。

一　政府原案の上程と衆議院における審議

国家総動員法案の起草は一九三七年一〇月末に設立された企画院の初仕事であった。同年末に「国家総動員法案要綱」が出来上がり、翌三八年一月中旬には各省から関係勅令案要項も提出された。正式上程に先立ち、議会各派への説明が行なわれた。社会大衆党や東方会など「革新」的な小会派が賛同したのに対し、政民両党や貴族院各派の議員は激しく反発した。そこで、近衛首相の決断によって、当初原案から集会の禁止や新聞の発行停止に関する規定を削除するとともに、諮問機関として国家総動員審議会設置を新たに盛り込むという修正が行なわれ、二月一八日に閣議決定、翌一九日衆議院に正式に提出された(9)。

衆議院では二月二四日から同法案の審議が始まった。同日の本会議で演壇に立ったのは、斎藤隆夫（民政）と牧野良三（政友）である。翌二五日の池田秀雄（民政）・深沢豊太郎（政友）とともに、政府原案に反対した。二五日の本会議は、政府原案に賛成する立場から浅沼稲次郎（社大）が質問を行ったのち、質疑打ち切りとなり、委員会（委員は全四五名）に付託され、同日から三月一六日まで特別委員会が連日のように開かれた（全一四回）。以下、衆議院での論戦から、主要な論点を見ていこう。

第一に、本法案が目的とする国家総動員は国民の生命・身体・財産を「無条件ニ国家ニ提供」させる「正ニ超法律的」なものである。そのような要求は天皇の非常大権の発動によってのみ充たされるのであり、かかる立法は非常大権を干犯するものであるとの論点が斎藤隆夫・牧野良三ら多くの議員から提起された。いわゆる「法律の留保」を定めた帝国憲法第二章の規定に妨げられずに、「戦時又ハ国家事変ノ場合」に天皇大権の発動による権利制限が可能だと規定する帝国憲法第三一条の非常大権を前面に持ちだして、行政府への包括委任を阻もうとしたのである。一見、天皇大権を絶対視する「危険な議論(10)」のようである。だが、斎藤らの議論は、非常大権も天皇に完全なフリーハンドを与えているわけではないという認識を前提としていた。戒厳宣告と同様に、非常大権の発動時にも枢密院への諮詢が想定されるのに対して、本法案が成立した場合には、そのような牽制も受けずに行政府は任意に権利制限を行なえる。つまり、非常大権に匹敵するか、それ以上のフリーハンドを行政府が手に入れることになると指摘したのだ。

これに対して、政府は、国家総動員法は非常大権の発動を妨げるものではないが、非常大権の発動は「最後的場合」に限るべきで、議会の協賛を得て立法化した方が「立憲的」であるとの立場をとった。そのうえで、国家総動員の実施には、あらかじめ一定の計画を樹立して平時から準備しておくことが必要かつ可能であり、また立法化して国民を啓蒙することが望ましいから、非常大権の発動は適当ではないと答弁した。

この答弁に満足しなかった植原悦二郎（政友）は、国民生活のほぼ全局面を統制対象とする同法が最高度に発動された場合、非常大権の発動の余地は残されているのかと追及した。これに対して、政府は、帝国憲法第二章のうち、第二二条の居住移転の自由、第二七条の所有権、ならびに第二九条の言論著作等の自由が同法の対象となるのであって、「人民ノ生活ノ全部ヲ茲ニ網羅スルト云フ意図ハナイ」と答えた。

一方、従来の「欧米流ノ翻訳解釈」を廃して「欽定憲法ノ精神」・「国体ノ明徴」の観点から憲法を解釈すべきだと前置きした池田秀雄は、天皇大権の尊重こそが唯一絶対の解釈基準であると述べ、第二一条以下の平時規定は立法事項であるが、第二〇条までの戦時規定は非常大権にすべて委ねるべきだと主張した。また、板野友造（政友）や植原も政府答弁を逆手にとって、国家総動員の計画・準備・啓蒙が立法趣旨であるならば、第二一条以下の平時規定のみの立法化で十分ではないかと質した。戦時規定と分離したうえで、平時規定のみの成立という線での妥協を持ちかけたのである。しかし、政府は非常大権の発動例がないことと、平戦両時にわたって総動員の「大要」が予測可能だから予め立法化するのが適切であるとして、この提案を一蹴した。

第二の論点は、広汎な勅令委任は憲法違反であるとの主張である。委任立法は帝国憲法に明文規定がなかった。学界においては、穂積八束が違憲説をとっていたが、これは全くの少数説で、多数説は合憲説であった。[11] ただし、多数説の中でも、委任の範囲については争いがあった。[12] したがって、衆議院では、委任立法の実例が既にあることを認めつつ、本法案のような広汎な勅令委任が必要なのか、憲法上許されないのではないか、少なくとも憲法の「精神」には反するのではないかが問題となった。

これに対して、政府は、①戦争・事変の実際の態様・規模・推移を予測することは現時点では不可能であり、広汎な勅令への委任は情勢の「千変万化」に即応するために適している、②予め法文化するよりも、総動員の実施直前に勅令として公布する方が秘密保持にも利点がある、との立場をとった。そのうえで、広汎な委任立法は軍需工業動員法など先例があり、勅令が規定する細目は本法の規定の範囲をさらに限定するものであるから、憲法上の問題はないとした。[13]

しかしながら、議会の立法協賛権を死守しようとする側からは、かかる政府見解を容易に受けいれることはできなかった。何よりも、国家総動員審議会（第五〇条）への諮問は可能なのに、法律や緊急勅令では事態の急変に即応できないというのは説得力に欠けていた。そこで、斎藤は、「白紙委任状」を議会に要求するのは、授権法を制定したナチス・ドイツに影響を受けた「一種の反動思想」に突き動かされているのではないかと問いただした。池田は「大権ニ依ッテ賜ッタル立法権」を固守することが「帝国憲法ノ本義」であると主張した。植原も独伊やソ連のような独裁的な「挙国一致」は「議会政治ノ国」である日本では到底許されないと畳みかけた。だが、政府は、議会否認や独裁の意図はないとして、斎藤らの疑念を一言の下に否定した。

ここから、立法技術論・政治論として、第三の論点が提起される。すなわち、法案全体を通じて、より詳細な規定を法文に盛り込むべきであるという主張がなされた。かかる主張の根拠は、さらなる明文化が国家総動員に関する啓蒙という立法趣旨に合致し、国民の自発性を喚起することになるという点にあった。例えば、池田は、総動員計画は「具体的ニ的確デ且ツ現実的」であり「輿論ノ支持」を受けることが重要だとするアメリカでの議論を紹介したうえで、政府原案のような骨格立法では「遠大ナル計画ノ片鱗ダモ窺ヒ知ル」ことができないと批判し、秘密保持よりも国民の啓蒙を優先するべきであるとして、法文の明細化を求めている。

法文の明細化の対象として具体的に言及されたのは、徴用（第四条）の規定だった。桜井兵五郎と豊田豊吉（ともに民政）はチェコスロバキアの総動員法制を参照すべき例として紹介している。それによれば、同国の法制には、徴用について、一七歳未満および六〇歳を超える者、国会・政府の成員、国民銀行総裁、国務・公務従事者など八項目の免除規定がある。桜井らは、かかる実例に倣って、免除規定を盛り込むべきではないかと論じた。だが、政府側（瀧正雄企画院総裁）は「ソレヲ書イテシマヒマスト、限定サレテシマヒマス」と素っ気なかった。ひたすら「白紙委任状」を掌中に収めようとする政府の本音を洩らしているとも言えようが、この答弁は桜井らにとって聞き流せないものだった。というのも、「若シ間違ッタ政府ガ出テ、政府ニ気ニ喰ハヌ者ヲ徴用シヨウト思ヘバ、チヤント適法ニ議会ヲ骨抜キニスルコトモ出来レバ、全員ヲ徴用スルコトモ出来ル」（桜井）からであった。さらに、枢密顧問官・判事・検事を徴用すれば、「憲法上ノ機関ガ総倒レ」となり、「憲法ノ停止」と同様の効果を生む危険性がある（泉国三郎（政友））。政府は、徴用によって各種の国家機関の機能を停止するような事態は常識的に考えられないと答弁したが、泉は本法が「非常識的ニ出来テ居ル」から、かかる危惧が生じるのだと切り返した。しかしながら、法文の明細化の要求は「考慮ノ余地ハゴザイマセヌ」（近衛首相）として結局斥けられた。

第四に、「政府機構ノ改革ヲ行フニアラザレバ、統制経済ノ進行モ国家総動員ノ進行モ、不可能ナノデアル」（深沢）との前提に立って、本法の運用機関や人事制度に関する研究など国家総動員の準備の進捗状況が問われた。運用機関については、内閣総理大臣が中心となり、その下で企画院が調整統一事務を司り、各省分掌の事務については各省官制に則って執行するという見解に最終的には落ち着いたが、審議の序盤では、杉山陸相が将来の「軍需省」設置を匂わせるなど、閣内に足並みの乱れが見られた。さらに、計画立案や調整に従事する官僚の資質を問われて、賀屋興宣蔵相と吉野信次商工相は現状の官僚の能力では統制経済の円滑な運営を確言できないと述べて、官吏任用制度の改革の必要を示唆した。吉野商工相は、本格的な経済統制には一、二年の準備期間を要するが、「現在ノ情勢」では「余裕ガナイ」とも述べた。行政機構や官吏制度の改革が本法の前提となるべきであるという桜井の主張に、近衛首相は、官吏制度改革は立案中であると前向きな答弁を行った。

議会の国家総動員法案批判派と政府との間で、国家総動員と行政改革とが不可分の関係にあることについては認識が一致していた。これは新聞・雑誌の論調にも沿っていた。例えば、『東京朝日』の社説（一月二五日付）は、国家総動員法は「国民の権利義務に対する影響が大」きく、官僚に「強大広汎なる権力が託せられる」から、「官吏制度全体を見直す必要がある」と論じていた。『東洋経済新報』の社論「名を棄てゝ実を採れ　=国家総動員法の含む諸問題=」（二月二六日号）も「所謂官治統制」のこれまでの「成績には、随分の非難」があり、国家総動員法の運用について「現政府官僚によく遂行の実力ありや否や」疑問であるとして、政府に対して「官吏制度の改善、政府の人事政策の改革等、いま提案者自身に於て、為す可きことの多きを知る必要がある」と注文をつけていた。深沢の本意は、行政機構や官吏制度の改革についての成案が得られるまでは国家総動員法案の成立を許さないというものだっただろうが、右のやりとりは、本法案を可決する際に衆議院が行った付帯決議の「官吏制度ノ改革ヲ断行シ」との文言に反映された。ところが、近衛の答弁は結局反古になる。三八年の六月には、官吏制度改革は官僚の反発を招いて立ち消えとなった。(14)

第五の論点は、第五〇条の国家総動員審議会の性格と委員の構成である。既に触れたとおり、同審議会の規定は政府の当初原案にはなかった。政府側としては「いろいろなうるさいものがないほうがいい」と考えていたからである。(15)

植原は、議決権のない審議会は「胡麻化シ」にすぎないと断じた。川崎末五郎（民政）は、「最悪ノ内閣」が本法を「濫用」することに対する「不安」を口にした。ここから、国家総動員審議会を議決機関とすべきであるという要求が出て来る。さらに、浜田国松（政友）は、同審議会委員に如何に両院議員を多数任命したとしても、通常の立法手続に則って千人近い両院議員が「智嚢ヲ絞ッテ参与スルノトハ、大分其間ニ径庭」があると述べ、常置委員制度を導入し立法府・行政府間の連絡を密にすれば、勅令の制定に議会全体の同意を得ることになり、本法の運用が円滑に行われるのではないかと論じた。

これに対して、政府は「輔弼ノ責任」を飽くまでも全うするとの建前を前面に押し出し、同審議会の議決機関化は政府自体の責任を他の機関に転嫁することになるから適切でないと突っぱねた。また、常置委員制度については、議会制度改革の一般論にすり替えて逃げた。もっとも、「いろいろなうるさいものがないほうがいい」という政府の立場からは、同審議会の設置だけでも本来は好ましくなく、それ以上の譲歩は考えられないことだっただろう。ただし、諮問機関としての同審議会の委員の過半数は両院議員をもって充てるとの意向が近衛首相から最終的に示された。

以上のように、衆議院の論戦では、違憲の疑いや政府側の準備不足など国家総動員法案に関わる多くの重要な問題点が浮き彫りにされた。(16) 従来の研究では、「国体明徴」後の議会の有り様を物語る論点として非常大権干犯論に注目が集まる傾向が強かったが、議員側の質疑は、諸外国の立法例にも目配りをするなど、そのような枠に収まるものではなかった。一方、政府側の答弁は政民両党の批判派を十分に納得させるものではなかった。しかしながら、三月一六日に委員会と本会議で政府原案を全会一致で可決して、衆議院の審議は終わった。

二　貴族院での審議と伊沢多喜男の活動

衆議院を通過した国家総動員法案は、貴族院では三月一七日の本会議で審議が行われ、同法案に批判的な立場から、法学者の土方寧が質問に立った。その論点は、第一に同法案を議会提出に先立ち枢密院に諮詢するべきだったのではないか、第二に本案による勅令と非常大権による勅令の分界はどこにあるのか、第三に国家総動員審議会が勅令案を不要と結論づけたり修正したりした場合政府はどのように対応するのか、というものであった。これに対し、政府は、第一点については枢密院官制の従来通りの解釈に則り諮詢は不要であると退け、第二点については、本案による勅令と非常大権による勅令の分界は具体的には説明することは困難であると答えるにとどまった。第三点については、諮問機関である国家総動員審議会の結論には政府は拘束されないが、事実上「尊重」するのが当然であると答弁した。

この後、委員会（委員は二七名）に付託され、同日から同月二四日まで計六回の審議が行われる。衆議院が全会一致で可決したため、新聞紙上では、貴族院も政府原案を無修正で可決するだろうとの観測が審議前から流れていた。(17)ただ、貴族院の第二回委員会（実質審議初日）で山岡万之助が述べたように、「衆議院ニ於テ憲法違反ノ法案ナリトシテ議論セラレマシテ、其ノ議ガ尽キテ居ラヌ」ことは否定できなかった。そこで、同法案の成立を前提としたうえで、なお「憲法違反ノ法律ニアラズト云フコトヲハッキリト世人ニ認識セシメ」る方途を模索するというのが、貴族院における論戦の基調となった。

まず、山岡は「勅令ノ定ムル所ニ依リ」との文言を多用したのが立法技術として拙劣であり、不要な箇所は削除するべきであると論じた。政府は、かかる文言を多用したのは、本法の「重大性」に鑑みて、省令等によらず勅令によって手続を極力厳重にする趣旨であると答えた。さらに、仮に「勅令ノ定ムル所ニ依リ」の文言がなくとも、法の運用に際して、準則たる法規命令なしに行政処分を発動し得るが、実際には、法規命令により準則を示す方が運用の円滑化に資するから、本案でも準則たる勅令を示すことが適当だと考えると付け加えた。

この山岡と政府とのやりとりは、本法案の「勅令」のなかに執行命令（帝国憲法第九条）が多く含まれているとの前提で行われた。執行命令であれば、明文規定がある以上、憲法論争の余地は失われる。ただ、この質疑応答は、審議の参考に供するため、勅令案作成のガイドラインとして政府が三月二日に議会に提出した「国家総動員法案執行要項」[18]を土台にしていた。そこで、塚本清治は、同「執行要項」のうち、執行命令で足りるのはどの部分かと問いただしたところ、政府側は、広い意味では全て委任命令であるが、「執行要項」の三分の一ほどが執行命令で足りる内容であると曖昧な答弁をした。[19]塚本は「何ヲ規定スルカ分ラナイ、執行命令デ多分宜イノダケレドモ、都合ニ依ッタナラバ立法事項ニ亙ルコトガアルカモ知レナイト云フヤウナ」委任立法の前例はないと批判した。

これに対する政府の見解は以下のようなものであった。議会に提出した「執行要項」の範囲内であれば執行命令で足りるが、本法案の条文の規定自体が執行命令で足りるという意味ではない。将来立法事項に踏み込むことを予想して「用心深ク」委任命令と位置づけた。現在想定できる範囲でも、他の法律と抵触する場合に備え、他の法律に優先して本法が適用できるように配慮して手続法も委任立法で規定したいと考えた。

これで、執行命令に該当する「勅令ノ定ムル所ニ依リ」を削除すべきだという山岡の議論は前提から崩れてしまった。[20]それゆえ、論議の焦点は、包括的な委任立法・骨格立法の是否と法文の明細化に移った。

松村義一は以下のように迫った。第一に、「憲法ノ趣旨」は法律自体に「要綱」を明記するのが原則で、委任立法は例外でなければならない。政府に法文を明細化する「誠意ガ十分」あれば、法文化の余地はまだあるのではないか。第二に、将来の戦争または事変によって生じる事態が予測不可能だとしても、それは現時点で法文化できないことの理由にはなるが、勅令に委任しなければならないとする理由にならない。従来通り「憲法ノ条規ニ従ッテ」運用すれば十分である。第三に、「人ノ衣食住総テ」を広汎に制限する本案で、委任立法に依るのは不適切である。一旦、国家総動員の大枠を立法化しておいて、法律の範囲を確定するために更に立法化すればよいのではないか。

松村の追及に、政府は勅令に委任する必要を次の如く説明した。恒久法である本法を詳細かつ具体的に法文化すると「窮屈ニナッテ安心ガ出来」なくなるが、勅令に委任すれば改廃変更が容易であるというメリットがあるとし、単に命令とせずに勅令としたのは、各省の事務を統一するためであるとした。大枠を立法化したのちに、発動に際して、その規定を限定する立法を行うという前例はほとんどなく、さらにその時の政情によっては、法律が速やかに成立しないことも考えられる。予め委任立法が成立していれば、緊急勅令のような「特別ノ手段」に依る必要もない。また、本法案の権利制限の包括性について、「人民ノ自由、財産ノ殆ド全部ヲ制限」するようなものではなく、目的も「総動員ノ必要」と限定されていると答え、権利制限の程度も「国家危急存亡ノ際」には、この程度の制限は当然であると主張した。

ここで、伊沢多喜男が論戦に加わった。まず、本法案は、政府が認めている以外にも、運用次第で帝国憲法の第二六条（信書の秘密）、第二八条（信教の自由）などの権利も制限する危険性があり、「殆ド百分ノ百迄」国民の権利を「皆取上ゲ」て「行政権ニ委ネル」ものであると断じた。そのうえで、政府は権利制限の限界を示すと言うが、第二条および第三条では列挙事項以外にも第九号により政府単独の認定で総動員物資および総動員業務を「全部」指定することが可能であり、「限界モ何モ示サレテ居ラヌヂヤナイカ」と批判した。また、過去の歴史において議会や枢密院が国家にとって必要な措置の迅速な執行を妨げた例はなく、かかる広汎な委任立法によらなければ国家総動員法を運用できないとする政府見解は成り立たないと指摘した。

政府は衆議院以来の答弁の反復で応じた。本法案は国民の権利を「左様ニ極端ニ」「束縛」するものではない。また、第二条および第三条の九号は「万々一ノ漏脱ヲ防グ」通常の立法方式であり前例もある。委任立法とする趣旨は、戦争・事変の規模ならびに相手国により、その時々の事態に即応することにある。

伊沢のあとを塚本が受け継いだ。戦争や事変を遂行するための戦術・戦略は「千変万化」するだろうが、動員計画は「千変万化」しない。国家総動員法とその内容を具体的に規定する勅令等は平時から確定していて、その運用のみが「千変万化」するのであろう。したがって、勅令が「千変万化」する事態に即応するよう定められなければならないから委任立法以外に方法がないという政府見解―例えば、徴用（第四条）について、年齢による免除規定を予め法文に盛り込むのが困難とする見解―は理解できないと述べた。

政府側は、広汎な委任立法に憲法上の疑義があるというのは議論としては理解できるが、「戦勝ノ目的ヲ達スル為ニ、一番有効ニ国力ヲ総動員」するために「都合ガ宜」いから委任立法という形式を採用したのだと述べ、徴用の免除規定についても、仮に法文化するとすれば、予想可能な最高年齢を規定せざるをえず、かえって国民に不安を与える恐れがあると居直った。

以上のように、政府は法文の明細化を求める声に頑として応じなかった。ここから、国家総動員審議会がスポットを浴びることになる。同審議会については、これを政府の議会に対する譲歩と見るのではなく、憲法秩序の空洞化を招く危険な立法例だとする根本的な批判もなされた[21]が、本法案に批判的な議員も含めて大勢は、国家総動員法発動時に議会側が影響力を行使し得る唯一の機関として積極的に位置づけようとしていた。そのうえで、伊沢は審議会の委員の人選方法について、衆議院の各政党、貴族院の各派と交渉するのか、それとも、政府の一存で「牛蒡抜」をするのかと問うた。政府は、政府から適任者を推薦するが、結果的には「伊沢サンノ仰セノヤウナコトニナラウ」と述べて、事実上議会の政党・会派の意向を尊重することを約束した。

質疑の最終盤で、伊沢は衆議院の付帯決議を取りあげた。三月一六日に衆議院が本法案を可決する際、次の二項の付帯決議を付した。

「本法ノ如キ広汎ナル委任立法ハ全ク異例ニ属ス政府ハ将来努メテ其ノ立法化ヲ図ルト共ニ官吏制度ノ改革ヲ断行シ又之ガ運用ニ当リテハ憲法ノ精神ニ悖ラザルベキハ勿論国民愛国心ノ自主的発露ヲ基調トシ苟モ本法ヲ濫用シテ人心ノ安定ヲ脅威シ産業ノ発達ヲ阻止セザル様厳ニ戒心スベシ」

「本法ノ制定ト共ニ政府ハ進ンデ世界ノ平和ヲ実現シ文運ノ進歩ニ貢献スル為速ニ外交機能ヲ刷新シ新ニ対外国策ヲ確立スベシ」

この付帯決議、特に第一項に対する政府の見解を伊沢が質したところ、政府は「是ハ異例ノモノデアルカラ、将来ノ例ニシナイト云フヨウニシヨウ」という意味であるととぼけた。そこで、伊沢は「其ノ立法化ヲ図ル」とは本法案の勅令に委任した部分について「兎ニ角普通ノ立法手続ニ依レ」という意味に解釈するのが妥当ではないかと重ねて追及したが、政府は本法案で委任した勅令の内容について改めて法律の形式を採ることは考えていないと述べて、付帯決議には全く拘束されないとの立場を明確にした。

貴族院でも議論は平行線をたどったまま委員会の質疑は終了した。三月二四日の第六回委員会で政府原案が採決されそうになったとき、塚本が修正案を提出した。修正のポイントは二つ。第一に、第二条、第三条および第一八条の「勅令ヲ以テ」を「別ニ」と改める。第二に、第四条から第一一条、第一三条から第二四条、ならびに第二六条・第二七条の「勅令ノ」を「別ニ」と改めることである。この修正を経てもなお権利制限の具体的規定を欠く骨格立法であることには変わりがない。しかし、行政府への包括的委任という問題はほぼ完璧に解消され、「立法事項ハ之ヲ法律ヲ以テ定メシムル憲法ノ精神」に忠実に沿うことになると言えよう。この修正案が、冒頭で紹介した伊沢の回想に登場する「完全な総動員法」案である。伊沢の回想とは異なり、提案したのは塚本だった。ただ、これまでの審議の経過から、伊沢、塚本、松村は共同して政府原案批判の論陣を張っていたと見られる。塚本と松村は、一九二八年の初めての普通選挙の際に、田中義一政友会内閣に対抗して、伊沢が中心となって組織した選挙監視委員会のメンバーであり、伊沢と極めて近い人々であった[22]。したがって、塚本が提出した修正案は、事実上、この三人の共同提案だったと見てよいだろう。

この修正案には、松村、伊沢に加え、竹越與三郎が賛成討論を行った。松村は、本法案の提出意図を「極メテ悪意ニ解釈」すると、政府には議会・枢密院という憲法上の手続を省いて「独裁的ニヤッテシマハウ」との考えがあるのではないかと不信感をあらわにした。そのうえで、原案のような広汎な委任立法には濫用の余地があるとして、近衛内閣のような「信任ヲナシ得ル内閣」であっても濫用の余地があるような立法に協賛することは「貴族院議員ト致シマシテ」できないと断言した。伊沢は「普通ノ立法手段ニ依ル」という趣旨で賛成すると述べた[23]。竹越は本法に対する「世間ノ不安」を解消することができると論じた。しかし、採決の結果、賛成少数で修正案は否決された。

そこで、政府原案採決の運びとなったが、伊沢が突如として「私ハ本案ニ賛成ノモノデアリマス」と発言し始めた。さらに、総動員法制が「今日迄出来ナカッタコト」を「非常ニ私ハ残念ニ思ッテ居リマス」と言葉を継いだ。「成ルベク世ノ中カラシテ憲法ノ精神ニ反スルトカ、或ハ立憲政治ノ行キ方ニ副ハナイトカ云フヤウナ非難ノナイヤウニシタイ」と考えていたので、彼の眼には政府原案は「甚ダ遺憾」なものと映った。そこで、「貴衆両院ニ於ケル同志」や「他ノ方面ノ人々」とも協議し「モット国民全体ガ喜ンデ迎ヘルヤウナ法律ニ致シタイ」、「憲法ノ精神ニ十分ニ副ヒ」、「普通ノ立法手続ニ依ルヤウニシタイ」と考え、塚本の修正案に賛成したが、否決された。それ故、不本意ながら「熱鉄ヲ呑ムヤウナ気持」で政府原案に賛成すると討論を締めくくった[24]。

委員会で最後まで反対論を貫いたのは、松村義一だけだった。松村は、貴族院議員の使命として「憲法擁護」が最も重要であり、「憲法上ノ疑義」ある法案には協賛できないと言い切り、政府に対して原案撤回と次期議会での修正案提出を求めた(25)。だが、「一委員ヲ除クノ外委員会全部ノ賛成ヲ以テ」政府原案は可決され、ひきつづき同日の貴族院本会議でも賛成多数で政府原案が可決成立した(26)。

論点が多岐にわたった衆議院と比して、貴族院では骨格立法・委任立法の問題に論点が絞り込まれた。論点自体は新奇なものはなかったが、緻密な議論が展開された。華々しい論戦の後、一転して全会一致で通過させた衆議院と異なり、貴族院の委員会では伊沢らが修正案を提出して、議会側の批判・懸念が全く解消されていないことを再度明確に示した。これは、衆議院の付帯決議に拘束されないとの姿勢を示していた政府にクギを刺すものでもあった。

三 政府原案可決の背景

以上見てきたように、両院ともに厳しい批判的質疑が相次いだ。人的・物的資源を随意に根こそぎ動員しようとする政府の意図も明白になった。にもかかわらず、なぜ国家総動員法案は政府原案通り成立したのだろうか。同法案に限らず、第七三議会では、電力管理法案を含め政府提出法案八六件がすべて成立—修正されたものが一二件あるが—し、「近来のレコード」と評されるほどの「成績を挙げ」ることができた(27)。ここでは、当時の衆議院書記官長田口弼一の「近衛公の声望と時局に対する関係から、議員もすべて我慢して、まづ無事に通したやうなわけだ(28)」ということばを手がかりに考える。

1 近衛文麿の「声望」

近衛内閣成立後、昭和天皇は非常に上機嫌であった。内大臣湯浅倉平の見るところ、「総理のいゝ時は陛下も非常に朗かで、お気持がお宜しいらし」かった。その様子から、湯浅は「近衛公に対する陛下の御信任はすこぶる篤い」と判断していた[29]。元老西園寺は、先に触れたとおり、国家総動員法案の成立を望んではいなかった。軍部を足利尊氏にたとえて「もう既に大体尊氏が天下をとつてゐるやうな時代だから、困つたもんだが……」と慨嘆し、「建武の中興の当時の関白には、『尊氏は剣なり。自分は璽なり』と言つて、北朝に三種の神器を渡して、さうして『北朝が正統な皇統だ』と言つて、尊氏に迎合したやうな者もあつた」と、軍部に対する近衛の姿勢に懸念を抱いてもいた。だが、そのようなマイナス感情を尖鋭化させることはなかった。むしろ「近衛もよくやつてゐてくれる」と語っていたように、近衛への満足感の方が上回っていた[30]。

国民一般の「近衛人気」は一種のブームとなっていた。近衛のラジオ演説の時間になると、選挙権をもたない女性や子供も競ってラジオのスイッチをいれたという[31]。また、個人雑誌『近きより』を発行していた弁護士の正木ひろしは、近衛内閣発足当初こそ冷やかな目で見ていたものの[32]、まもなく態度を一変させ、「素人政治家」近衛の「識見の深さと聡明と勇気」に全幅の信頼を寄せるようになった。日中戦争の勃発にも首相が「近衛さんでよかった」と安堵し、臨時内閣参議制の導入も「官僚育ちでない近衛内閣に至って、ようやく国民の気分を政治に取り入れた跡がある」と高く評価するなど、第七三議会前後の『近きより』に見られる近衛評は絶賛に近い状態であった[33]。

近衛への信頼や期待は軍部・官僚・既成政党に対する不信感の裏返しであった。二・二六事件から近衛内閣成立まで、人々は軍部・官僚の「独善」に反感を抱き、既成政党の「腐敗」にも愛想を尽かして、極度の政治不信に陥っていた[34]。言論統制に加えて、二・二六事件によって醸成されたクーデターやテロへの恐怖が圧倒的だっただけに[35]、きっかけを与えられると、普段抑圧されていた政治不信は一挙にほとばしった。一九三六年五月に斎藤隆夫が「粛軍演説」を行なった際には、軍部批判への共感の声が斎藤の許に集まった[36]。三七年一月の「宇垣内閣」流産の際には、組閣の大命を受けた宇垣一成を激励する書翰が多数寄せられた。軍部に批判が集中する一方で、二大政党等の既成の政治勢力全般に対する不信感も強烈だった。[37]「宇垣内閣」流産後登場した林銑十郎内閣はいたずらに政治を混乱させただけだった。近衛が内閣を組織したとき、政治不信は極限まで昂進していた。その反動によって近衛に対する期待は生じたのであって、実体のないムードが先行している面も強かった。[38]

ただ、近衛の「声望」にのみ圧せられて、議会が政府提出法案を丸呑みしたというのは言い過ぎであろう。そこには、近衛とその内閣のしたたかな議会操縦術があった。近衛は組閣に際し、政民両党から中島知久平（鉄相）、永井柳太郎（逓相）の二名を入閣させ、一〇月には臨時内閣参議に前田米蔵と町田忠治を任命した。中島と永井は所属政党に相談無く「一本釣り」によって入閣した。また、町田を除くと、「近衛新党」派ばかりだった。だが、この二つの措置は二大政党の抵抗のキバを抜くには十分だったと思われる。第一に、中島と永井の「一本釣り」は表見的には二大政党側に配慮しており、高圧的な林内閣とは一線を画していた。第二に、「近衛新党」派に偏重した人選は、両党内部の派閥対立に楔を打ちこみ、政党としての凝集力を減殺させる効果を持ったと考えられる。

国家総動員法の成立に関して注目に値するのは、内閣参議の存在である。同法案を提出するにあたり、近衛は前田・町田両参議が各党内を取りまとめることを期待した。だが、逆に両者を通じて政党側の批判論・修正論が政府側に伝えられ、近衛も当初原案の修正を決断したのである。[39] この経過は、政府原案が内閣参議というパイプを通して、議会上程前にすでに一定の正統性を確保していたことを物語る。この点で、内閣参議の評価は見直しを要する。従来、三七年末から三八年五月にかけて末次信正らが参議から入閣したことをもって、閣僚候補者のプールとしての意義が強調されてきた。しかし、第七三議会で政党出身の二人の参議は政府と政党との橋渡しをすることにより、内閣の政治力を強化することに貢献したと言える。

また、近衛は議会審議を苦にしなかった。この議会での近衛の答弁は国家総動員法案審議におけるものが「最も精彩を放った」という。(40)当初病気を理由に欠席していた近衛が三月二日から委員会に出席するようになって、刺々しかった雰囲気は一気に落ち着いた。議会答弁に不慣れな塩野法相や瀧正雄企画院総裁の不明瞭な答弁や閣僚間の見解の食い違いによって過度に混乱していた審議が軌道に乗ったのである。これを見て原田熊雄は「今まで難航と思はれてゐた法案に対する空気も緩和されてきたやう」だと感じた。(41)

だが、近衛が答弁に立っても、法案自体への批判は終息しなかった。そこで、近衛とその内閣は議会に揺さぶりをかけた。時間は前後するが、政党本部占拠事件（二月一七日）を起こした「防共護国団」に対し、近衛と風見章内閣書記官長は「政府の出した難しい問題を、支持を与へて解決してやらうといふ団体」であると評価して資金を提供していた。(42)二月二六日には「国家総動員法案ニ反対スル者ハ現状維持ノ走狗ナリ二月会」との立て看板が東京市内各所に乱立した。衆議院の国家総動員法案委員会でこの問題が取りあげられたとき、末次信正内相は「真剣ニ運動」する者の「安全弁」であるとして取り締まりに及び腰な姿勢を示した。(43)さらに、重要法案の審議難航で政変説＝「宇垣内閣」説が飛ぶと、近衛は

「宇垣は非常に陸軍で評判が悪い。『国家総動員法案に対して反対の態度をとつてゐる連中が、すべて宇垣に近づく連中だ』といふことを参謀本部や陸軍の若い者が言つてをり、陸軍大臣は『やつぱり当分宇垣は出られないんぢやないか』と言つてをつた。」

と原田に語り、「宇垣内閣」の動きを牽制した。(44)最後に、三月一一日に近衛は政党出身閣僚を除いた会合で議会解散と「近衛新党」(45)結成の決意を固めた。これが政界に伝わると、国家総動員法案批判派もその矛をおさめ、原案可決へと雪崩をうった。『東京朝日』（三月一二日付）は「解散風が吹けば亀の子のやうにスット頭を引込めてしまふ」と皮

肉った。

この時点での解散・総選挙は、二大政党にとって有利な要素は何一つなかったとさえ言える。第一に、近衛が新党結成を正式に発表すれば、二大政党からは脱党議員が続出しただろう。次に、電力管理法案によって、既成政党が利権の温床としてきた電力資本に国家統制のメスが入ろうとしていた。[46] そこへ解散となれば、三年連続の総選挙の費用負担が重くのしかかる。第三に、総選挙に臨めば、反既成政党色の濃厚な末次内相が待ち構えている。既成政党に対する国民の不信感の根深さをあわせ考えれば、二大政党、殊に非「近衛新党」派は議席を大幅に減ずる可能性があった。第四に、総選挙後の議会では、より苛酷な国家総動員法案や電力管理法案が提出されるだろう。これらを勘案して、政民両党は第七三議会のレベルでの政治的影響力を維持する選択をしたのだと考えられる。

2 「時局」の圧力

「時局」の圧力とは、他でもない日中戦争の長期化である。「対手トセス」声明が出されたのは、第七三議会の休会明け直前の一月一六日のことだった。ここで確認しておかなければならないのは、当面の日中戦争の遂行と将来の総力戦に備えた総動員体制の構築という目標自体については、議会の国家総動員法案批判派も基本的に賛同していたことである。

その上で第一に考えられるのは、現に日中戦争という対外戦争を継続中であることが議会側の選択の幅を狭めたという点である。古川隆久氏が指摘するように、重要法案の否決や政変が戦争中の国際関係に及ぼす悪影響を考慮して議会側が政府原案を呑んだという側面があったといえる。議会終了後に政友会の砂田重政は、議会開会中に英米の新聞が日本の国論が分裂していると報道しているのを見て、国家総動員法案の大修正や否決によって対外関係に不利益が生じることを懸念して原案に賛成したのだと述べたという。(47)同じ政友会所属議員でも、植原悦二郎は国際関係に与える影響という観点から逆に政府原案への批判を引き出しているが、(48)砂田のような考え方が当時の日本において一定の説得力を持っていたことは否定し難い。既に会期中に『東洋経済新報』（二月二六日号）の「社論」（既出）は、

「支那事変下の今日議会で、支那問題そこのけの有様で揉み合ふことは、何れにせよ内外に及ぼす影響は不利である。況んやこの問題に絡んで議会と政府が噛み合ひ、議会の誠意を疑はれ、或は内閣が暗礁に乗上げるなどの事態を醸すとせば、我国の損失は莫大と云はねばならない。」

と論じ、日中戦争下の議会で政府と議会が正面衝突し政変にまで至ることに警告を発し、「名を棄て丶実を採れ」と政府・議会双方に歩み寄りを求めていた。これが発表されたのは政府が当初原案の修正を行なった後であり、その後は議会側が歩み寄った形で日中戦争下の政変は当面回避されたのである。

第二に、国際関係の文脈の中で国家総動員法を考えると、既に第一次世界大戦で本格的な総力戦を経験した欧米各国と比較して、当時の日本は総動員法制の整備が遅れていたことも同法の成立を促した重要な要因だと言えるだろう。第一次大戦では、政府当局権限の飛躍的強化が参戦各国共通の現象だった。議会主義の「祖国」イギリスでも、開戦直後に二週間ほどの審議だけで国土防衛法を成立させた。その後、戦争の長期化にともない、国民登録法、徴兵制などを成立させ、船舶省・食糧省などを新設して人的・物的資源に対する国家統制を強化した。ロイド・ジョージ首相の「戦時内閣」は「憲法的独裁」・「授権された専制」と評されるほどの権限を掌握し、強力な政治的指導力を発揮した。(49)

国家総動員法案の起草に携わった企画院次長内田源兵衛は、同法起草に際して、ドイツの授権法も研究したが、「イギリスの国防法」を「一番参考」にしたと回想している。内田は、イギリスの立法を「非常に簡単な法律」で

「すっかり委任事項で処理出来るんです」と評する。(50)この発言には、第七三議会当時から根強く説かれてきた国家総動員法とドイツ授権法のイデオロギー的・法的親近性に対する反論の意味があろう。たしかに、国家総動員法が成立してもなお、予算と法律に対する議会の協賛権は否定されなかったから、政府に法律制定権を認めたナチス・ドイツの授権法と日本の国家総動員法とを同等視することはできない。だが、日本の国家総動員法はイギリスの戦時法制とも似て非なるものだった。イギリスの国土防衛法では、同法による授権に基づく規則は一定の期間内に国会に提出しなければならなかった。第二次世界大戦下で制定された緊急権限法でも、二一日間国会が規則の無効を宣言し得ると規定し、強大な権限を行政府にあらかじめ委任しながらも、立法府の事後の意思表示を認めている。これは「授権された専制」の濫用に一定の歯止めをかけると同時に、法的・政治的な支持をより強化するという作用を果たすだろう。(51)しかも、米仏の大統領は国民の公選にかかり、イギリスの首相は公選議会たる庶民院の多数党の党首が任命される。これを踏まえて、英米仏では「結局ドンナ総動員法ガ出来マシテモ、軍機軍略ノ問題、作戦用兵ノ計画以外ニハ、国民ニソレ程秘密ニサレルコトハナイ」と述べて、日本の国家総動員法は総動員に対する国民の自発的協力の芽を摘むものだと植原悦二郎は批判した。ただ、植原も戦時の総動員法制の必要性は否定していないことを確認しておく。

最後に検討すべきは、軍部が「あとおししているのだぞという宣伝に、ききめがあったからなのだ」という風見内閣書記官長の総括である。(52)この発言を有力な論拠の一つとして、「時局」の圧力を陸軍の威圧と解釈する見解は多い。(53)だが、軍部の「あとおし」は広田内閣や林内閣でも強烈だった。にもかかわらず、両内閣では多くの重要法案が審議未了に終わった。軍部の「あとおし」だけでは議会の承諾を得られなかったのである。そこで、この第七三議会では、軍部は「声望」の高い近衛首相を前面に押し立てる(54)〝ソフト〟な対議会戦術を採用したと言える。佐藤賢了中佐の「黙れ」事件も杉山陸相は早期収拾を図っている。こうした戦術転換が結果的に功を奏したことは確かであり、軍部の影響力が小さかったとはいえないが、むしろ、近衛の「声望」と議会操縦術、さらに日中戦争という要因が加重することによって初めて、「近来のレコード」が達成されたと言えよう。

3　伊沢の最終的決断の背景

右の全般的考察は、伊沢が最終的に政府原案に賛成した要因の説明としても大筋では妥当するだろう。しかし、貴族院議員である伊沢は衆議院の解散・総選挙を恐れる必要がなかった。法案の成立は阻止できないまでも、松村や土方のように反対を貫くことも可能だった。では、なぜ伊沢は反転して政府原案に賛成したのだろうか。

ここで、想い起こされるのは、過激社会運動取締法案に対してとった伊沢の行動である。一九二二年の第四五議会に高橋是清政友会内閣によって提出された同法案は貴族院で二度の修正を受けたうえ、衆議院で審議未了廃案となった。伊沢は貴族院の特別委員会委員としてただ一人反対論を貫き通した。本会議でも、思想を力によって抑圧するのは不可能であり、「思想は思想を以て善導す」べきであるだけでなく、同法案は「国家の為に最も必要な」知識人の自由な意見発表や討論を阻害すると反対演説を行なった。(55) ただ、このときは言論界など知識人層も同法案に強硬に反対していた。世論の反対気運をバックに、野党たる国民党・憲政会も頑強に抵抗していた。同法案を強力に推進していたのは司法省であり、内務省には成立に慎重な意見が根強く、政府内部も、さらに与党政友会内も一致して推進する姿勢を欠いていた。(56) 要するに、内務省出身の反政友会系政治家である伊沢にとっては、反対論を貫きやすい条件が整っていたのである。

これと比較して、国家総動員法成立時の状況は、伊沢自身も彼を取り巻く客観情勢も全く対照的であった。まず、伊沢自身が総動員法制の必要性を強く肯定していた。しかも、議会外に同法案に対する厳しい反対の声は聞こえなかった。既に見たとおり、元来統制経済にきわめて批判的だった『東洋経済新報』でさえ、第七三議会での同法案成立―何らかの修正を受けるとしても―を是認していたのであるから、一般の新聞の論調は推して知るべしという状況であった。当時の言論界は畏縮し阿諛迎合していた。その背景には、国家総動員法案の当初原案に盛り込まれながら最終的に削除された新聞の発行停止の規定があったのではなかろうか。定期刊行物の発行停止が資本としての新聞・雑誌に莫大な損害をもたらすことは自明であった。この〝幻の〟規定のなかに、言論統制を強化しようとする政府の志向性をみとめて、言論界は怯えきったのではないか。(57) 衆議院で池田秀雄は国家総動員法案に対する「批判ラシイ批判」が皆無だと嘆いた。それは「今日ノ新聞記者ノ罪デハアリマスマイ」。言論統制が「効キ過ギ」て「後ニ控ヘテ居ル鋏ノ為ニ、此生彩アル記事ガ出来ズニ居ル」と過剰な言論統制を非難している。貴族院でも伊沢が数種類の新聞を読み比べても違いが全く分からないほど論調が統一されていて「殆ド官製新聞」のような有り様だと皮肉ったほどであった。(58)

もう一つ注目されるのは、近衛首相と伊沢の関係である。大正後期・昭和戦前期の多くの政治家と同様に、伊沢も早くから青年貴族近衛文麿に大きな期待を寄せた。特に、浜口雄幸内閣が伊沢を朝鮮総督に据えようとしたとき、伊沢は政務総監に近衛を選任する構想を抱いていた。また、一九三三年の近衛の貴族院議長就任も「蔭ながら支援」したという。(59) 伊沢自身が近衛の「声望」を支える政治家の一人だったのである。

これは中央政界における伊沢の行動様式に根ざしている。伊沢の次男である劇作家の飯沢匡は「私にいわせれば、父は名利には近づかなかったが、それは一種の責任回避で、代理人に名利のことをやらせていて、自分の政治的理想はこの代理人に名利と交換でやらせているのである。これが黒幕とか策士とかいわれた原因であろう。」

と述べている。[60] この〝代理人を立てる〟という方法こそ、中央政界での伊沢の行動様式の特徴だった。〝代理人〟は個人でも集団でも構わない。加藤高明や浜口雄幸、彼らが率いる同志会―憲政会―民政党が伊沢の〝代理人〟であった。[61]

浜口死去後、伊沢が将来の民政党総裁候補として嘱望したのは、元内務次官の川崎卓吉である。[62] 一九二六年に貴族院議員に勅選された川崎は、翌二七年に憲政会に入党し、浜口内閣法制局長官、第二次若槻礼次郎内閣内閣書記官長を歴任、党内でも着々と地歩を築き一九三五年には貴族院議員としては異例の幹事長の座に推された。二・二六事件の直前（三六年二月）に岡田啓介内閣の文部大臣に就任し、事件後も広田弘毅内閣の商工大臣となったが、その直後急逝した。伊沢は「僕は総理の手駒をなくした。最後の手駒を失ってしまったよ」と川崎の死を悼んだという。[63]

川崎の死後、新たな〝代理人〟は民政党内に見出せなかった。正確な時期は不明だが、伊沢は民政党総裁の町田忠治と感情の齟齬を来して絶交状態となった。[64] 民政党という政党自体も伊沢の〝代理人〟としての機能を喪失しつつあったのである。一九三七年六月に近衛内閣が誕生した日、伊沢は

「卓吉はポクリと逝きぬ文麿はポカリと出でぬ悲しかりけり」

と詠んだ。[65] 第七三議会当時、伊沢にとって期待を繋ぎ得る政治家は近衛以外にいなかった。そのような大きな存在、いわば〝切り札〟である近衛の内閣が国家総動員法案を提出したとき、重要法案である同法案に対して反対を貫くという選択肢は、伊沢には残されていなかったと思われる。[66]

厳しい批判を浴びせながらも、第七三議会は国家総動員法案を政府原案通り可決した。伊沢は修正案を提出して抵抗したが、最終的には政府原案を支持した。[67] 衆議院では、「ムソリーニの如く、ヒトラーの如く、あるひはスターリンの如く」と近衛を激励した西尾末広を除名する〝オマケ〟までついた。まさしく〝言論の府〟としての存在理由を自己否定する行為にほかならなかった。[68]

だからといって、そこにいたる経過、すなわち本会議や委員会での質疑や修正案提出の意義が否定されるわけではない。衆議院本会議での国家総動員法案審議の初日、作家の野上弥生子は斎藤と牧野が「立派な質問演説をした」との感想を抱いた。[69] 石橋湛山は、衆議院での審議によって「国家総動員法案が如何なるものであるかの真相は相当に国民に明らかにせられ、又恐らく政府に於ても種々の点で反省を促された所が少なくなかったであろう」として、「幸にも多くの人々に矢張議会は無くてはならぬ、との感を強く与えた」と述べた。[70] これらの好意的評価は貴族院において伊沢らが繰り広げた論戦にもそのままあてはまるだろう。殊に、従来ほとんど注目されて来なかったが、伊沢らによる修正案の提出は包括的委任立法である政府原案の問題点の核心を衝いたものとして、あらためて見直されるべきであろう。

また、ひとくちに政府原案と言っても、その原案とは正式上程前に反対論に考慮した修正が施されたものであった。特に国家総動員審議会の設置は、非常にささやかではあるが、包括的委任立法である国家総動員法の運用に議会勢力が関与し得る手がかりを与えた。[71] 同審議会の委員の過半数を両院議員が占めることは衆議院の段階での政府答弁により保障されていたいたが、伊沢は同審議会の委員の人選について議会側の意向を「尊重」するという政府答弁を引き出して、”だめ“を押した。

この後、伊沢は三八年八月に第一回総会が開かれた国家総動員審議会の委員に任命され、国家総動員法の運用について政府に論戦を挑んでいくのである。(72)

註

(1) 伊沢多喜男伝記編纂委員会『伊沢多喜男』（羽田書店、一九五一年）二二二頁。

(2) もっとも、天皇機関説事件で美濃部達吉が弁明演説を行った際（一九三五年二月二五日）に、小野塚喜平次ら少数の議員とともに、伊沢が拍手を送ったというのは、速記録に記載される発言以上に”雄弁“であったとも言える（同右書二一九頁、宮沢俊義『天皇機関説事件—史料は語る』（上）巻（有斐閣、一九七〇年）一〇一頁）。この時美濃部に拍手を送った議員には、テロを警戒して護衛の巡査が派遣されたという（野上弥生子「日記」一九三五年三月九日条『野上弥生子全集第Ⅱ期』第四巻（岩波書店、一九八七年）四七八〜四七九頁）。

(3) 前掲『伊沢多喜男』二六〇〜二六二頁。

(4) 第三条の第一号から第八号に列挙されているのは、総動員物資の生産・修理・配給・輸出入・保管、運輸・通信、金融、衛生・家畜衛生・救護、教育訓練、試験研究、情報・啓発宣伝、警備、のそれぞれに「関スル業務」である。

(5) 本段落の記述は、長尾龍一「帝国憲法と国家総動員法」『年報・近代日本研究4　太平洋戦争』（山川出版社、一九八二年）二一一〜二一三頁による。

(6) 原田熊雄述『西園寺公と政局』第六巻（岩波書店、一九五一年）二四九〜二五〇頁。同書は、以下「原田日記」⑥と略記する。

(7) 国家総動員法をめぐる政治史に関する研究のうち、本論は以下の諸研究に多くを負っている〔発表順〕。
升味準之輔『日本政党史論』第七巻（東京大学出版会、一九八〇年）
長尾前掲論文
赤木須留喜『近衛新体制と大政翼賛会』（岩波書店、一九八四年）
古川隆久「国家総動員法をめぐる政治過程」『日本歴史』第四六九号（一九八七年六月）
同『戦時議会』（吉川弘文館、二〇〇〇年）

(8) 以下の議会審議に関する引用は、
・本会議　社会問題資料研究会編『帝国議会誌』〔復刻版〕第一期第三一巻～第三三巻（東洋文化社、一九七八年）
・衆議院委員会『帝国議会衆議院委員会議録』〔マイクロフィルム〕（臨川書店、一九九〇年）リール二七
・貴族院委員会『帝国議会貴族院委員会議事速記録』〔マイクロフィルム〕（臨川書店、一九九〇年）リール一三
によった。
(9) 石川準吉『国家総動員史　資料編第三』（国家総動員史刊行会、一九七五年）二四一～三五九頁、および古川前掲論文六三～六五頁参照。
(10) 長尾前掲論文一四頁。
(11) 長尾前掲論文および大石義雄「非常大権に関する憲法学説の一例（一）」『公法雑誌』第五巻第二号（一九三九年二月）参照。
　因みに、伊沢は帝国大学法科大学学生時代を回顧して、「穂積八束さんの憲法の講釈を聞いたので、あれが誠に我々には分かり易かつたのです」と述べている（「伊沢多喜男氏談話速記」伊沢多喜男文書研究会編『伊沢多喜男関係文書』（芙蓉書房出版、二〇〇〇年）四七九頁）。
(12) 多数説の中でも、美濃部達吉は一般的包括的な委任を違憲とする説をとっていた（例えば、美濃部『憲法撮要』（有斐閣、一九二三年）四四〇～四四三頁）。
　一方、一九三四年七月から三六年一月まで法制局長官だった金森徳次郎は、「権力分立ノ趣旨ヲ没却」しないかぎり一般的包括的委任でも合憲であるとの説を唱えていた（『帝国憲法要綱』（巖松堂書店、一九二七年）三二九～三三二頁）。この金森説は政府の憲法解釈でもあった（田中二郎「行政権による立法について」『国家学会雑誌』第五七巻第一二号一一～一三頁参照）。
(13) 第二条及び第三条の第九号では前八号の規定以外の物資・業務も勅令で指定できるから、勅令が権利制限の範囲を限定するとはかぎらず、むしろ「白紙委任状」に等しいと牧野良三は批判している。
(14) 赤木前掲書四九～六二頁参照。
(15) 『内田源兵衛氏談話速記録』（内政史研究会、一九七〇年）五〇～五一頁。
(16) 例えば、立命館大学編『西園寺公望伝』第四巻（岩波書店、一九九六年）四〇七～四〇八頁。
(17) 『東京朝日』一九三八年三月一七日付。
(18) 第四条から第二四条、第二六条から第二九条の勅令案の骨子が「国家総動員法執行要項」として議会側に提示された

（『東京朝日』（一九三八年三月三日付夕刊））。
(19)　右の「執行要項」のうち該当するのは、第五条、第一五条から第一七条、第二〇条、第二一条、第二三条、第二四条である。
(20)　衆議院の審議ではほとんど言及されなかったので、この「執行要項」が衆議院の採決に与えた影響はゼロに等しかったと言える。それにしても、政府は厳格に準拠するつもりのない「執行要項」を「勅令案ノ概要」と称して議会に示したことになる。
(21)　松村義一は、国家総動員法の運用に際して重要問題を国家総動員審議会に諮問するのは、かえって「我ガ国ノ憲法ヲ蹂躙スルヤウナ悪例」を開くものであると指摘した。
(22)　前掲『伊沢多喜男』一七七～一八〇頁。
　塚本清治は内務省地方局長、社会局長官、内務次官を歴任した後、加藤高明・第一次若槻礼次郎内閣で法制局長官・内閣書記官長を務め、一九二六年一月に貴族院議員に勅選された。浜口雄幸内閣成立時に伊沢は塚本の法制局長官返り咲きを浜口に提案したが実現しなかった（一九二九）年七月一日付浜口雄幸宛伊沢多喜男書翰（前掲『伊沢多喜男関係文書』八六～八七頁））。

　松村義一は大分県知事、内務省警保局長などを経て、一九二七年四月に貴族院議員に勅選された。第二次若槻礼次郎内閣で商工政務次官を務めた。
(23)　衆議院の委員会審議で、斎藤隆夫は「勅令ニ定ムル所ニ依ル」という文言を削除すれば、法律、緊急勅令、非常大権のいずれにも依ることができ、それこそ「憲法ノ条規、憲法ノ精神ニ則ッテ」本法を運用する「一挙三得」の「最モ正シイ途」であると主張していた。修正案への伊沢の賛成論と軌を一にした見解である。
(24)　『東京朝日』（三八年三月二五日付）のコラム「東人西人」は、この伊沢の発言を「声涙共に下る演説」と讃え、「この法案の大詰にふさはしい劇的シーン」と評した。
(25)　「松村さんの如きは涙を流して最後まで反対したのです」と内田は回想している（前掲『内田源兵衛氏談話速記録』二七頁）。
(26)　本会議の採決前に、再び土方寧が「憲法ノ条章通リニヤッテ、同ジ目的ガ達セラレル」、政府原案は「憲法ノ立法上ノ精神ニハ明カニ反スル」と演説した。
(27)　『東京朝日』三月二七日付。
(28)　『原田日記』⑥二六九頁。

(29) 同書六〇頁。
(30) 同書二六二頁。これは国家総動員法案が衆議院を通過した日の発言である。
(31) 矢部貞治『近衛文麿』(新装版)(読売新聞社、一九七六年)二六三頁。初版発行は弘文堂、一九五二年刊。
(32) 『近きより』第一巻第四号(一九三七年七月)で、正木は
「近衛公、いわゆる推進力でおし出されて登場したものの、その袴の裾が軍部大臣現役制という歯車にひっかかっているので、動物園の象の如く、与えられた条件の範囲からは一歩も出られない。結局、ロボットが少し上等だというだけのことである。」

と述べていた(正木ひろし『近きより 1』(旺文社文庫、一九七九年)七〇頁)。
(33) 『近きより』第二巻第三号(一九三八年三・四月)、第一巻第六号(一九三七年九月)、第一巻第八号(一九三七年一一・一二月)(同書二三二、一〇五、一四五~一四六頁)。
(34) 赤木前掲書一二~一三頁参照。
(35) 作家の永井荷風は少し遅れて、「国民一般の政府の命令に服従して南京米を喰ひて不平を言はざるは恐怖の結果なり。麻布聯隊叛乱の状を見て恐怖せし結果なり。」と「断腸亭日乗」(一九四一年六月一五日条)に記した。ただし、「今日にては忠孝を看板にし新政府の気に入るやうにして一稼なさむと焦慮するがためなり。元来日本人には理想なく強きものに従ひ其日々を気楽に送ることを第一となすなり」と付け加えることを忘れなかった(永井壮吉『断腸亭日乗 五』(岩波書店、一九八一年)一七七頁)。
(36) 吉見義明『草の根のファシズム 日本民衆の戦争体験』(東京大学出版会、一九八七年)三~四頁。
(37) 拙稿「『宇垣内閣』流産とその反響」『早稲田政治公法研究』第五〇号、一九九五年。
(38) 第一次近衛内閣成立の日、作家の野上弥生子は日記に次のように記した(野上弥生子「日記」一九三七年六月四日条『野上弥生子全集 第Ⅱ期』第五巻(岩波書店、一九八七年)三五七頁)。
「ヒロタ内閣の延長として林が出たごとく、近衛内閣も本質的にはその延長に過ぎない。たゞまへのバラックの代りに取つておきの檜を蔵からもち出しただけの話。土台は同じもの故決して多くの期待は掛けえないものだ。(中略)しかし一般は近衛公の出現という一時〔事〕でなにか明るみがさしたやうに考へてゐるらしい。」
(39) 矢部前掲書三一一頁。
(40) 矢部前掲書三一三~三二〇頁参照。
(41) 『原田日記』⑥二五二頁。なお、正木ひろしも「国家総動員法案の委員会に於ける答弁に、近衛氏が出たら、野党の猛者

連が猫のようにおとなしくなってしまった。人間の貫禄とはこんなことをいうのであろう。」と述べている（『近きより』第二巻第三号（一九三八年三・四月）前掲『近きより　1』二一九頁）。

(42) しかも警視庁は政党本部占拠事件を約一〇時間にわたり放置した（『原田日記』⑥二三九、二四三頁）。

(43) 古川隆久氏は、この二月会の活動の背後に末次か陸軍がいた可能性があると推測している（古川前掲『戦時議会』四七頁）。

(44) この時期、国家総動員法案反対を貫いて倒閣または議会解散にまで持ち込み、「宇垣新党」を結成しようとする動きが既成政党側にあった（古川前掲論文六八～六九頁参照）。それとは別に、山本五十六海軍次官は「宇垣内閣」への期待と不安を原田に語った。これらの動きの中で、原田は宇垣とその周辺に自重を求めて諒解を得た（『原田日記』⑥二五五～二七七頁）。

(45) 古川前掲『戦時議会』五〇～五二頁。なお、古川氏は近衛が選挙法改正をも決断したとしているが、はたして近衛はそこまで思い切った決断を下したのだろうか。なお検討を要するように思われる。

(46) 電力管理法案の構想から成立にいたる経過については、堀真清「電力国家管理の思想と政策」早稲田大学社会科学研究所編『日本のファシズムⅢ　崩壊期の研究』（早稲田大学出版部、一九七八年）参照。

(47) 古川前掲『戦時議会』五二頁および「砂田政友幹事長の時局談片に関する件」（一九三八年四月八日）吉見義明・吉田裕・伊香俊哉編『資料日本現代史11　日中戦争期の国民動員②』（大月書店、一九八四年）一五～一六頁参照。

(48) 国家総動員法の成立が国際社会での日本の立場を弱めるというのは、植原の政府原案批判の重要な論拠だった。彼は「議会ノ言論ガ忠実ニ為サレ、バ為サレル程、日本ノ国家ハ健在デアル、堅実デアルト云フ印象ヲ〔世界に〕与ヘル、是ガ政府ニ盲従スルヤウナコトガアッタラ、日本ハ非常ニ不健全ナ国ダト思ハレル」と主張した。当面する日中戦争に及ぼす影響についても、国家総動員法がなければ日中戦争を遂行できないほど日本が行き詰まったとの印象を与えるのではないかと懸念していた。

(49) 以上、第一次世界大戦時のイギリスの戦時立法については、戒能通厚「両大戦間期におけるイギリスの法構造―三〇年代挙国政府の展開を中心として―」東京大学社会科学研究所「ファシズムと民主主義」研究会編『ヨーロッパの法体制〔ファシズム期の国家と社会5〕』（東京大学出版会、一九七九年）二八一～三三七頁、および三宅立「第一次世界大戦の構造と性格」歴史学研究会編『講座世界史5　強者の論理―帝国主義の時代』（一九九五年、東京大学出版会）二二九～二六八頁を参照。

(50) 前掲『内田源兵衛氏談話速記録』五〇頁。

(51) 戒能前掲論文三三三～三三五頁参照。なお、第七三議会の衆議院の委員会で、豊田豊吉は、イギリスの戦時法制でも行政府に広汎な権限を委任しているが、「貴衆両院議員、専門家、陸海軍ノ軍人、前内閣ノ閣僚ト云フヤウナ者デ正ニ三百人ノ議員カラ成立ッテ居ル議会ニモ代ル所ノ大キナ会」である枢密院の議決を要件としていると指摘している。
(52) 風見章『近衛内閣』(日本出版協同、一九五一年) 一四六～一四七頁。
(53) 例えば、升味前掲書八八～八九頁および粟屋憲太郎『昭和の歴史⑥ 昭和の政党』(小学館(初版発行一九八三年)、小学館ライブラリー版(一九九四年)) 三〇六～三〇八頁など。
(54) 古川前掲『戦時議会』は、従来の研究は「黙れ」事件を過大評価していると述べているが、適切な指摘と言えよう。
(55) 前掲『伊沢多喜男』一三五～一三九頁。
(56) 過激社会運動取締法案の起草から廃案にかけての経過全般については、松尾尊兊「過激社会運動取締法案について」『人文学報』二〇(一九六四年)、同「第一次大戦後の治安立法構想―過激社会運動取締法案の立案経過」藤原彰・松尾編『論集現代史』(筑摩書房、一九七六年) ならびに、奥平康弘『治安維持法小史』(筑摩書房、一九七七年) 参照。
(57) 言論の畏縮の背景として、暴力を伴う言論攻撃も指摘しておかなければならない。本文で言及した政党本部占拠事件や「二日会」の看板乱立に加え、三月三日には社会大衆党首安部磯雄が暴漢に襲われて重傷を負った。国家総動員法案を支持していた社大党でさえ、暴力の対象となっていた。
(58) 知識人も沈黙していた。国家総動員法の成立後も含めて、同法を明確に違憲であると論じた公法学者は見当たらない(長尾前掲論文一一五～一一七頁参照)。
一般的包括的委任を違憲としていた美濃部達吉は、国家総動員法は「一般的の立法権を政府に委任して居るのではなく、一定の目的と一定の事項とを限つて」委任しているのであるから憲法違反ではないと論じた(美濃部「戦時経済行政法概観」(二)『自治研究』第一九巻第一号(一九四三年一月))。

一方、従来の「個人主義的自由主義的把握に対する反省」が必要であると唱える黒田覚は、国家総動員法が合憲であるのは「国家的危機の克服のためには臣民の権利自由の制限が或る程度、通常の場合と異つても止むを得ない」からであると主張した(黒田覚「国家総動員法と非常大権」『法学論叢』第三八巻第六号(一九三八年六月))。
(59) 前掲『伊沢多喜男』一九〇、一三六頁。
(60) 飯沢匡『権力と笑のはざ間で』(青土社、一九八七年) 四三三頁。
(61) 伊沢は若槻礼次郎を「能吏」であり「優秀なる補佐者」ではあるが、「棟梁」すなわち政党総裁・首相としては相応しくないと見ていた(一九二九)年一〇月一二日付浜口雄幸宛伊沢多喜男書翰(前掲『伊沢多喜男関係文書』八七～八八頁))。
(62) 前掲『伊沢多喜男』一三八頁参照。

(63)『川崎卓吉』(川崎卓吉伝記編纂会、一九六一年)の編纂者三好重夫の回想による(同書、五三八頁)。
(64)松村謙三『三代回顧録』(東洋経済新報社、一九六四年)三一三〜三一五頁参照。
(65)伊沢多喜男「手帳」一九三七年六月四日条(『伊沢多喜男文書』所収)。
(66)「ポカリと出でぬ」という表現は、近衛の首相就任が伊沢の意に沿うものではなかったことを暗示しているのではなかろうか。伊沢と〝代理人〟との親密さ、〝代理人〟の側から見た伊沢の支持の政治的比重、その時々の政治情勢などによって、〝代理人〟と伊沢との関係は変化した。往々にして〝代理人〟は伊沢の「理想から離れて独り歩きしはじめ」、伊沢は「失望」せざるをえなかった(飯沢前掲書四三五頁)。
(67)国家総動員法案の審議を、正木ひろしは「国民の各種の権利縮小にしばしば協力して来た政党が、今更この法案に反対して見たところが、足許がフラフラするのみである」と冷やかな目で見ていた(『近きより』第二巻第三号(前掲『近きより』二二〇頁))。
(68)西尾除名事件は社大党の〝与党ぶり〟に対する政民両党の感情的反発の結果だったと言われる(例えば、粟屋前掲書三三〜三五四頁、古川前掲『戦時議会』五四頁)。ただ、この事件の背景を衆議院での植原悦二郎の発言に引きつけて考えると、独伊ソ型の総動員体制に英米仏型のそれを対置させ、日本は「議会政治ノ国」であるとの自己規定に基づいて後者、すなわち英米仏型を選択すべきだとする政策上の対立、大きく言えば国家像をめぐる根本的対立が伏在していたと見ることもできよう。
(69)野上「日記」(一九三八年二月二四日条)前掲『野上弥生子全集　第Ⅱ期』第五巻五三三頁。この直前まで、野上は「政府案をウノミにする外の方法のない議会などはもう存在しないと同様である」(三八年一月二一日条(同書五一五頁))などと議会や既成政党に対して突き放したような見方をしていた。そのような〝匙を投げていた〟人物を振り向かせるだけの迫力を斎藤らの演説は持っていたのである。
(70)石橋湛山「衆議院は自滅せんとするか」『東洋経済新報』(一九三八年三月二六日号)社論(『石橋湛山全集』第一一巻(東洋経済新報社、一九七二年)。この論説の主題は西尾除名問題の批判であるから、衆議院の論戦に対する高い評価も割り引いて見る必要はあろうが、それでもなお評価に値するものだったと思われる。
(71)国家総動員審議会の設置について、ゴードン・M・バーガー氏は議会に対して政府が行なった「重大な譲歩」であると評している(ゴードン・M・バーガー(坂野潤治訳)『大政翼賛会—国民動員をめぐる相剋』(山川出版社、二〇〇〇年)一〇七〜一〇八頁参照)。
(72)同審議会が必ずしも無力でなかったこと、伊沢が官僚による統制の行き過ぎに歯止めをかけるべく批判の論陣を張ったことは、既に明らかにされている（古川隆久「国家総動員審議会をめぐって」『日本歴史』第四八一号（一九八八年六月））。

戦中戦後の伊沢多喜男
——内務官僚支配の終焉

大西　比呂志

はじめに

伊沢多喜男が一九四〇（昭和一五）年一〇月、枢密顧問官に任じられ、四九年に死去するまでの、戦争と敗戦・占領という一〇年間の活動について、伝記『伊沢多喜男』は「戦争中の翁」及び「追放」としてふれている。前者は主として伊沢が東条内閣を「支持」したこと、とくに大東亜省設置について枢密顧問官の中で唯一賛成したこと、後者では「もう一度、祖国のために、御奉公したい」と追放解除に最期まで執念を燃やしていたことを取り上げ、伊沢が生涯一貫して国家に尽力したことを強調している[1]。この評価の当否は政治家伊沢を論じる上で重要な論点であるが、その前提となるこの時期の伊沢の具体的な政治活動について、同書はほとんど明らかにしていない。また従来の研究史においてもこの時期の伊沢の活動について論究したものは少ない[2]。

伊沢は、枢密顧問官として太平洋戦争の開戦と敗戦を迎えるが、本稿で明らかにするように、その間にあって東条内閣をはじめ東久邇、幣原、吉田各内閣に様々な形で関与している。そしてＧＨＱによる占領と民主改革、日本国憲法の施行ののち、四七年九月に公職追放の指定をうけ伊沢は政界活動に終止符を打つ。敗戦後なお影響力を保持していた伊沢が、占領政策の進展のなかでそれを喪失していくのは何故か。

本稿では、まず伊沢の戦時中の政権構想と人脈から伊沢の政界での位置を明らかにし、これらが戦後に継承されることにより影響力が行使され、次で喪失していった過程を検討する。伊沢はこの時期依然として出身の内務省と内務官僚たちに強い影響力を保持しており、本稿は伊沢を通じて戦前期日本の内政の中心にあった内務省と内務官僚支配がどのように連続し、また終焉していくのかという、戦中戦後の政治構造の変容過程の一端を明らかにするものである。

一　戦時下の伊沢

1　東条内閣支持と批判

枢密顧問官に任ぜられた伊沢が直面した最初の大きな問題は、日米開戦をめぐってであった。四一年一二月一日対米開戦が御前会議で決定されたのを受け、四日開かれた枢密院会議で伊沢は「日米交渉における東条内閣の態度如何を質」した。すなわちアメリカが「妥協的態度」から「急に強硬の態度に変じたるは如何なる事情によるか」東条首相に数次にわたって迫り、開戦に至った経緯を質したのである。さらに一二月八日早朝に緊急招集された全員委員会では、宣戦布告の諮詢に際しても伊沢は「侵略は我国伝来の精神に反す」と発言し、また「現状亡国の徴あり」とした。これら発言は、同席の深井顧問官をして「今日の言議中最も重要の意義あり」との印象を抱かせたように、開戦にあたり大胆な政府批判を行うものであった。(3)

しかし、翌四二年一〇月の大東亜省設置をめぐっての伊沢の態度は、この深井をして「最近態度一変して東条内閣の一般的支持者たるが如き相貌を示す」と言わしめるものであった。新たに占領地行政を所管しようとする大東亜省の設置に対し、外務省出身の小幡酉吉と石井菊次郎ら顧問官は、同省設置は外交の二元化を招来するものとして激しく批判した。この案について枢密院の委員会で賛成した唯一の委員が伊沢であり、本会議でも伊沢は「大東亜地域に対して英米流の外交を排し、「民族徳化を主」とすることを説き政府案に全面賛成を表明したのであった。この伊沢の行動は「伊沢氏の従来の閲歴及び思想の方向に照らして、意外の感なきを得ざる」ものであった。(4)

伊沢はなぜ大東亜省設置に賛成したのか。外務省出身の有田八郎は一九四二年一一月一一日、伊沢に、「御来示之通り大東亜省之事は全く今後之運用如何ニ繫り候次第ニ付総理をして誤り無からしむる様今後共御配慮相願度候」と送り、(5)大東亜省の「運用」について深く注視すべきことを説いている。伊沢と有田は現に戦争が遂行されミッドウェーやガダルカナルの敗北が相次ぎ形勢が不利に推移しているなかで、外交形式の正統性を云々するよりも、戦争指導に当たっている現内閣の試みに賭けたのである。

有田は右の書翰に続けて、「今の人仮令大局ニ通する者あるも敢然所信ニ邁進する気魄ニ缺き国家興亡之関所ニ立ち乍ら曠日弥久所謂趙抗兵を談する之愚を学ふ者多きハ誠ニ長大息之至りなる事全然同感ニ有之候」とも述べている。戦時外交の課題として重要なのは外交の正統性ではなく変容し膨張する外交機能の調整であり、伊沢は両省の間でそうした活動も行う。(6)彼らは消極的な政府批判ではなく、「国家興亡之関所」にあって「敢然所信ニ邁進」する積極的な政治への関わりを共有しているのである。つまり大東亜省設置に対する伊沢の態度は、東条個人はもちろん同内閣への信任ではなく、戦争指導の内閣への批判的な支持といえるものであった。

2　東条後継論

戦局が悪化していくなか、伊沢は東条以後をどのように構想したのだろうか。四三年一月五日、桜内幸雄が来訪し、東条内閣の「更迭若くは大改造の余地なきを説」いたのに対し、伊沢は「後継者により優れる者なきこと等を説き更迭には賛成せず」として東条内閣を擁護し、むしろ「元勲重臣を枢府に集め挙国一致、政府を援護し国家の危機を救ふの外なし。首相前官礼遇者十名内外を枢府に〇〇〔不明〕し、此形態を採ることを必要」と述べた。後継の有力者が見あたらない現状では元勲・重臣を枢密院に結集して政府を援護する以外にないとしたのであり、ここにも政府への消極的な批判ではなく、「敢然所信ニ邁進」しようとする伊沢の積極的な政治姿勢を認めることができる。

当時、東条にかわる最有力候補として一般に注目されていたのは、近衛文麿と宇垣一成であった。伊沢はかつて宇垣の擁立工作に動いたこともあり(7)、この時期にも期待するところがあったのであろう、一月二三日、伊沢は湯河原の近衛と面談した。しかし近衛から「宇垣は最も適任ならんも東条に優るとは思はず、近衛論あるも甚だ迷惑し中野正剛活躍しつゝありとのこと」を聞いた。

では近衛の擁立についてはどうか。伊沢は翌二四日岩波茂雄の別荘で近衛、西田幾太郎、長与善郎らと会見し、その際に西田が「近衛公は聡明なるも勇気を欠く。首相には適せず内大臣に適すと」としたことに「予と同論なり」と記している。さらに同年九月一八日に近衛を訪ねた際に伊沢は、「哲学的研究を打切り信仰に入るべきを説き遂に本人より生ひ立ち家庭環境等を語り其スケプチックなるは第二に天性なりと告白せり。予は全然同感なる為め特に信仰に入るべきを力説せるなり」とまで述べている。「所信ニ邁進」すべき難局にあってなお懐疑的な近衛に、伊沢は期待することはできなかったのである。

東条以後に宇垣、近衛をはじめ有力な指導者を見出し得なかった伊沢が、この国家的危機にあって唱えたのが枢密院に重臣を結集し、内閣を支援するという右の主張であった。八月七日、近衛に対し「皇族を首班とし重臣総出の態勢を作り内外に対して挙国一致国難に当るべしと説」き、以後東郷茂徳（八月一四日、一八日）、原嘉道（八月三〇日）、高村坂彦（九月五日）らに同様の趣旨を唱えた。内大臣木戸も近衛からの話として「伊沢氏は東条内閣は既に行きづまれり、此際東久邇宮を中心として重臣にて組閣しては如何との意見を述べたる由なり」と記すほどであった。(8)伊沢が後継に東久邇の皇族内閣を模索していたことは、戦後の政局との関連で注目されよう。

しかし、この東久邇首班・重臣内閣という挙国一致内閣は和平を目的としたものではなく、むしろ国家の存亡をかけてあくまで戦争の勝利を目指すものであった。フィリピン、硫黄島での激戦が続き軍部が本土決戦の準備を進めていた四五年二月四日、伊沢は来訪した天羽英二に「外交問題其他に付交渉、予は絶対交戦、敗るれば日本民族はエキターミネードせらるべきを主張」し、二月二八日には若槻を訪い「国策の根本方針は死中活を求るの外なし。和平の如きは絶対になし」とも語った。この「日本民族」は、多くの指導者と同様、伊沢にとって「国体」と同義であることは、のちに明らかである。

こうした強硬論は伊沢の外交感覚の欠如を物語るものともいえるが、しかしといって伊沢は軍部の主戦論に盲従したわけではない。四五年二月一九日、星野直樹が来訪し東条内閣の再任を説いたのに対し、伊沢は「政治が戦争を指導すべく軍人はバットルに専心すべきを説けり。東条論は遠慮すべし」と説いた。伊沢は末期的な戦局のなかで、なお政治優位の戦争指導を模索しようとしたのである。

3 鈴木貫太郎の擁立

戦争指導のいく末に苦悶するなかで、伊沢は三月一一日、日記に「枢府辞任に関する感想、理由等記述」し、翌一二日には後藤文夫に電話し「枢府顧問官辞意」を伝えた。その理由を伊沢は「予は心身特に体力大に衰へ旅行は勿論邸内の歩行すら困難にして大廟参列、天機奉伺の為参内すらなし得ず臣節を全ふする所以にあらず直に辞任したし」とした（三月一三日）。このように伊沢は辞任の理由を健康問題としたが、後の翻意からすれば政府指導者に支援を傾注するという伊沢の政治手法が、その対象を失って十分発揮できないという自責の念や戦局の前途への悲観などが大きな原因であったと思われる。(9)

その後、伊沢は後藤文夫の強い「留任勧告」によって「今日我意を主張すべきものにあらさる」と態度を軟化させ（三月二九日）、結局辞任を思いとどまる。そればかりかこの頃小磯内閣退陣が決定的となり後継問題が活発化する中で、これに伊沢は係わっていくのである。すなわち枢密院議長鈴木貫太郎の擁立運動であり、鈴木内閣の成立こそ伊沢の年来の持論、枢密院を中心とした重臣総出の挙国一致内閣実現の機会であった。

小磯の後継に鈴木を推す動きはこれ以前から若槻、近衛、岡田、平沼、米内ら重臣間で進められていたが、鈴木はこれを固辞していた。それが受諾へと転換していく間に動いたのは、元共産党員でありながら戦後天皇に拝謁したことで知られる異色の人物田中清玄とその師山本玄峰、そして伊沢であった。その伝記によると、田中は四五年一月〜二月ころ、師の臨済宗龍沢寺住職山本玄峰の和平への意志を鈴木貫太郎、米内光政へ伝えるために伊東の伊沢を訪問、伊沢は米内への伝言を約束した。その結果数日後田中に迫水久常から鈴木が山本と面会する旨の回答があり、三月二五日赤坂の旧乃木邸の向かいにあった内田眼科病院の内田博士邸で山本と鈴木が会談、鈴木の組閣受諾を勧めたという。(10)内田とは、伊沢の従弟の医学博士内田孝蔵（母たけの弟内田文皐の子）で、伊沢は治療などの名目でしばしば往来している。[11] 山本玄峰は三四年九月、弟子の井上日召の血盟団事件の公判に弁護で上京した際に内田邸に滞在しており、三六年二月にも同邸に滞在するなど、内田とは昵懇の間柄であった。そして鈴木貫太郎もこの「老大師に親しまれた一人」であったという。[12]

伊沢が田中清玄や山本玄峰といつごろから関係があったのかは不明であるが、四三年の四月三日の伊沢の日記には「本日田中清玄君山本玄峯禅師の使者として来訪すべく期待せるも遂に来らず、若槻男に電話せるも微恙にて断らる」とあり、以前から交流があり、しかも若槻とも関係していたことが知られる。

結局右の山本・鈴木の会見の翌二六日に岡田啓介が鈴木に打診して受諾の感触を得ており、山本玄峰の説得は鈴木が組閣を決意する一因となったようである。[13] 伊沢は小磯内閣が総辞職する前夜四月四日、この情報を、内田及び正力松太郎から得ると「鈴木枢相に電話にて之を内報」し、直ちに枢密院会議に参集している。そして同会議で「鈴木枢相を推薦して散会、枢相と内府と予残り夜半まで会議」とあり、鈴木、木戸らと組閣に向け協議した。枢密顧問官辞任の意志を漏らした数週間前とは打って変わる精力的な活動であった。伊沢は戦争指導の行方を鈴木貫太郎に託したのである。

以上のように、伊沢は戦時において東条内閣以来一貫して重臣と枢密顧問官の積極的な内閣支援の政治運営によって難局打開を図ることを目指した。鈴木内閣の成立はその最後の試みとなったわけだが、このようないわば間接的な政治指導の手法は、伊沢の戦後における政治活動にも継続する。そして伊沢が関わった戦前最後の首班擁立運動が、和平を使命とし、それをまがりなりにも達成した鈴木内閣であったことは、伊沢の政治活動を戦後に継続させる上で重要であった。すなわち伊沢自身は強硬な主戦論を持していたにもかかわらず、鈴木内閣を支持することによって国体護持・和平派として敗戦を迎えることになったのである。

二　戦後活動の始動

1　東久邇内閣

ポツダム宣言の受諾をめぐって政府が連合国側に照会をした八月一一日、枢密院は当面の事態に備えて各顧問官の上京待機を要請した。しかし、伊沢は「目下病気の為旅行不可能」と伝えて軽井沢に止まり、同地の細川護立、前田多門、後藤文夫、田島道治、青木一男、来栖三郎、二上兵治らと様々な「情報交換意見交換」を行っていた。そこで焦点になったのは、中央と同様ポツダム宣言が天皇制の存続を含むかどうかであり、一三日青木、二上両顧問官と会見した伊沢は、「皇室保存の外無条件降伏との意見圧倒的」と記した。一四日再度枢密院から要請があったが、これにも伊沢は「明日上京せず」と答え、一五日の「詔勅降下戦争中止」を聞いたのであった。

「戦後」を軽井沢で迎えた伊沢は一七日東久邇内閣が成立すると、閣僚に任命された内務省出身者を通じて本格的に戦後政治に関わっていく。同内閣で文相に任命された前田多門は、東京市助役、新潟県知事を歴任したのち貴族院では伊沢が主宰する同成会に所属し、この頃は別荘有力者で組織された「軽井沢会」の理事長で頻繁に交流していた。前田が組閣本部に招集されることになると、伊沢は前田が上京する前に早速「善後策に就き協議」している（一七日）。

内相となった山崎巌も、警保局長、警視総監、内務次官を歴任した伊沢系の有力内務官僚の一人であった。八月二〇日、山崎内相は皇太后の旧軽井沢への行啓に帯同し、その際同地で伊沢と会談した。この会談で伊沢は非常事態下に内相に就任した山崎に様々な示唆を与えるとともに、国務大臣となった近衛への手紙を託し、帰京後山崎は伊沢にあて、近衛に「詳細御報告申上」たと書き送っている。(14)伊沢は山崎を通じてこの内閣の副総理格であった近衛とも連絡をとったのである。

こうして敗戦後しばらく軽井沢で情勢を観望していた伊沢は、降伏調印があった九月二日上京した。翌三日枢府会議に出席し、重光葵外相、松村謙三厚生大臣、町村金吾東京都次長らと会見、四日は前田文部大臣、次田大三郎、五日羽田武嗣郎代議士、六日正力松太郎、七日伊藤清、佐藤助九郎代議士らと会見し八日まで滞京した。伊沢はこれら「朝野の名士数十人と会談」により「大体の政情」を把握し、軽井沢に帰着後は二日にわたり近衛と懇談し「時局に対する卑見」を述べている。(15)

では敗戦直後の伊沢は、近衛ほか東久邇内閣の閣僚や政治家たちにどのような献策を行ったのだろうか。第一は、敗戦に伴う人心の荒廃を防ぎ治安維持を急務とする内務官僚らしい主張である。八月二〇日に山崎に託した近衛あて書簡によると、敗戦という事態に際し最も危惧されるのは「精神的な滅亡」であり、これを救済するために「道義と信仰の昂揚」と「国家の治安の殆ど全部は警察の責任」とした。(16)

山崎内相は伊沢との会見後、八月二五日天皇に拝謁し、木戸内大臣に「警察拡充案其他」を報告し、また「大東亜戦争終結ニ伴フ民心ノ動向」について全国の府県知事に調査を命じた。(17)さらに山崎内相は九月二日高松宮邸に伺候し、その日のメモに「進駐軍ニ対スル国民ノ心情」などと記している。敗戦直後の人心の動向と治安への危機感は、伊沢や山崎ら内務官僚にはとりわけ重大な問題であった。(18)

第二は進駐してくる占領軍への対応である。山崎内相にあてたと思われる伊沢の意見書の草稿は、「例之醜業婦(米人向き)の募集広告を日刊の新聞に掲載しつつあること、此醜態は世界歴史にも嘗て見ざる処にして道義国家を建設せんとする吾日本国の偽政者は何を考へつつありや米国に媚びんとして却つて米人の侮と怒を買ふ所以にあらずや速かに善後策を講するの要あるへし」と、述べている。(19)

内務省警保局長が占領軍対策としていわゆる「特殊慰安施設」の設置を全国に通達したのは八月一八日で、最初に米軍が進駐した横浜で従業員が募集され営業が開始されたのは九月三日であるから、この文書は米軍の進駐直前の時期と思われる。(20) 伊沢にとって敗戦が人心の荒廃を意味したことは先に述べたとおりであるが、「道義国家」の再建のためには「米国に媚びん」とする姿勢を批判し、「純真なる意味に於て米人等に対し出来得る限りの歓待を為す」ことを推賞した。伊沢は敗れたとはいえ占領軍に対して毅然たる態度をとり、また勝者と敗者ではない対等な関係を求めたのである。ここには敗戦の衝撃を乗り越え、連合軍の占領という事態にいち早く対応しようとする伊沢の現実的な政治姿勢をうかがうことができる。

こうした伊沢の占領軍への認識が、当時の政府と同様に余りに素朴なものであったことはすぐに明らかとなるが、民心の荒廃と占領軍の進駐という二つの危機は、敗戦直後の内閣が直面した最大の内政問題であったことにまちがいはなく、伊沢が戦後政治に深くコミットすることを可能にした要因であった。

2　幣原内閣の成立

一〇月三日、山崎内相が外国人記者に語った秘密警察の存続や共産主義者への取締方針は、伊沢らに共通する内務官僚の伝統的な治安観にもとづくのであった。周知のようにこれがGHQの逆鱗にふれ、四日、内相・特高警察の罷免に始まり、政治犯の即時釈放などを内容とする「政治警察禁止に関する覚書」が発令され、翌五日東久邇内閣は総辞職した。

九日、後継首班に指名された幣原喜重郎と伊沢は三高、東京帝大の同窓生で、同大明治二八年卒業生の二八会で長年交遊を暖めていたことはよく知られている。(21) この伊沢の盟友幣原が首相となることによって、伊沢の政治活動は頂点を迎える。

幣原は敗戦にあたって「終戦善後策」と題する「時局に関する私見」を関係方面に発送し、九月二日伊沢にもこれを送って意見を求めた。(22) 幣原の「終戦善後策」は、第一に「連合諸国の我国に対する信頼の念を深からしむること」ために「国内の秩序治安を整然維持すること」、第二には、国民が「連合国諸国の歓心を求むる」ことを戒め、第三に「国際情勢の機宜を逸せず、我に有利なる新局面の展開を図ること」とした。(23) これら意見は、国内人心の思想的悪化を何よりも危惧し、その防止のための治安維持の必要、米国への迎合を戒める点で、先の伊沢の意見書と一致するものである。幣原・伊沢は敗戦後の現状認識をほぼ共有していたといえるだろう。

幣原内閣の成立に際し、幣原を首班に推した一人古島一雄によると、古島が東久邇後継について近衛や次田大三郎と相談した際、真っ先に賛成したのが次田であった。(24) 次田は、すでに四四年末頃より長岡隆一郎とともに幣原に「戦後」の決起を促し、八月下旬から九月初めに幣原邸を訪れて奮起を促していた。(25) 幣原の伝記には、組閣に至る過程で伊沢の名前は出てこないが、伊沢は幣原擁立の中心となった次田および正力と頻々と面会し（「伊沢日記」九月二六日、二八日、三〇日、一〇月二日）、さらに軽井沢に帰着した三日には「松平宮相の来訪を受け懇談」し、関屋貞三郎に「急転せる時局に関し」書簡を送り、宮中方面とも連絡を取っている。(26) 幣原内閣成立直前のこうした動きから、伊沢も次田や正力らと幣原擁立に関与していたことは明らかである。

幣原を擁立したもう一方は前外相吉田茂であった。吉田は五月末に憲兵隊から釈放されて以降、和平工作の一環として「幣原をして時局収拾の重責に当たらしむる」ことに奔走し、今回も木戸内大臣、平沼枢府議長、および占領軍司令部との間を奔走し「幣原引き出し工作」を行った。(27)

一〇月六日、幣原首相が閣僚の選考に入ると、次田と吉田はその参謀となった。同日次田は幣原に組閣支援を申し出、留任の吉田外相と幣原の三人で協議に入った。その後次田は書記官長に「讀賣新聞ノ正力」を推薦、「先般伊沢多喜男サントノ御話ノ時ニ其ノ話ハ出マセンデシタカ」と持ち出した。幣原は伊沢より「正力君ニ会ツテ見ロト云フ話ハ聞イタ」と返答したが、吉田はこれに反対し、書記官長には次田自身の就任を要請した。[28] 次田は次いで正力を内務大臣に推したが、吉田はこれにも反対し、松村義一、丸山鶴吉、藤沼庄平などが検討されたが、いずれも警察出身者であることがネックとなった。[29] 結局、神奈川県知事、東京市長など「生粋の内務畑」を歩んだ堀切善次郎が就任した。次田、堀切、前田らこの内閣の主要閣僚は内務省入省同期「四二年会」の顔ぶれであった。[30]

伊沢はこの間七日、軽井沢より組閣本部に電話し、幣原も折り返し伊沢に電話して連絡をとった。伊沢は幣原に対し組閣にあたり「身命は勿論、名誉も幸福も一切を犠牲とし、只管承詔必謹匪躬の誠を致さん」とすること、閣僚には「従来とは全く異り、所謂戦争犯罪人或は戦争責任者として排除せらるべき虞ある者を避けさるべからず」を述べた。[31] 八日次田が発表した「組閣の基本方針」も「戦争責任者排除」を掲げるものであった。しかしこの「戦争責任者」が「戦争をはじめることに賛成したもの」を指したことは、幣原・伊沢に共通する認識であり、その後の幣原内閣の前途と伊沢の追放の伏線となるものであった。[32]

ともかくこうして次田と吉田のラインで成立した幣原内閣は、敗戦状況への治安と占領軍との渉外という二つの使命を持ち、これに対応する人脈のバランスの上になっていた。次田ラインには内務官僚から内相堀切善次郎、文相前田多門、衆議院の旧民政党系として農林相松村謙三、商工相小笠原三九郎、運輸相田中武雄がおり、吉田ラインとして旧政友会—自由党系の芦田均、楢橋渡らがおり、これらは幣原・吉田・次田三者の個人的関係での人事であった。[33] そしてこの三者を結びつけた存在こそ伊沢であり、伊沢が組閣の結果について「拙生としても欣躍至極に候」と賛辞を送ったゆえんであった。[34]

3　幣原内閣への関与

幣原内閣が吉田、次田の人脈の上に構成されていたことは、やがて閣内にこの両派の対抗関係を顕在化させることになった。その一つはこの内閣で設置された戦災復興院の総裁問題であった。戦災復興院は八月二六日、大東亜省・軍需省の廃止、農林省・商工省の復活などに伴う機構改革の際に論議され、総裁を親任官、各省・民間に人材を求める構想であった。(35) この総裁候補としてあげられたのが、正力松太郎と小林一三であった。

幣原内閣組閣の際、次田と伊沢が正力を書記官長ないし内相候補に推し失敗したことは前述したが、その償いとしての意味があったのであろうか、次田は今度は正力を戦災復興院総裁に充てようとし、幣原首相の了解も取り付けていた。(36) しかし、一〇月二三日の閣議で吉田外相が小林を推し紛糾した。幣原はすでに小林を枢密顧問官の補充に擬していたが、吉田は小林案を幣原も承知と理解して池田成彬、近衛文麿らに小林起用を依頼し彼らの内諾を得ており、もし小林案が拒否されれば吉田は面目を失し外相辞任もありうるという重大な「行違ヒ」となった。(37) その後二六日正力のところに池田が「戦災復興ノ仕事ハ折角ダカラ小林ニヤラセヨ、君ノコトハ吉田君ニ話シテヤル、別ニ方法ガアリソウナモノダ」と辞退を勧告し、吉田・池田らは連携して正力の就任を阻止しようとした。(38)

この問題は結局内閣瓦解をおそれる次田が譲歩し、三〇日小林が国務相として入閣し、一一月五日戦災復興院官制施行とともに総裁に就任することによって決着した。この間正力を推した藤原銀次郎は伊沢に対し、「小林一三などの問題起り之を調和して双方とも無難ニ結末ニ至らしむるコと此際の処置として適当ならん」書き送っている。(39) 伊沢は戦災復興院総裁問題をめぐる次田・吉田両派の対立を「調和」に導くことができる存在と目されていたのである。

このように、伊沢はこの内閣の両輪である次田と吉田双方に強い影響力を持っていたが、このほかにもこの内閣に様々な関与を行っている。その第一は、各省の政策の基本方針への示唆であった。司法大臣に再任された岩田宙蔵への書簡草稿によれば、「司法の現状は腐敗堕落暗黒其物」とし、「司法の革正は平沼（塩野）と闘ひ勝つにあり」とした。伊沢は東条内閣に岩田を推薦したこともあり、また前内閣でも岩田に判事の本省採用について依頼を行うなど、岩田とは「年来の友人」であった。(40) 伊沢は「道義国家確立」と「司法の公正なる運行を実現」するために岩田を通じて長年の「平沼、鈴木（喜三郎）等の司法部内の悪勢力」を排して「司法の革正」を期待したのである。(41)

四六年の年頭、公職追放令を機に行われた内閣改造によって新内相となった三土忠造（枢密顧問）は、就任早々の二月一四日伊沢に「色々御高見拝聴致度」、「其内誰か差遣度と存候」と書き送っている。(42) その結果三月八日三土内相の代理として文書課長が伊沢を訪い、「ジャーナリズム」国を亡ぼす此取締如何」、「日本人全体特に警察は虚脱状態なり、此に活を入るゝ方策如何」など、治安政策の「方策」を諮問した。(43) 三土は政友会の重鎮で各省大臣を歴任していたものの内政には通じておらず、伊沢に協力を要請したのである。

さらに幣原改造内閣の最大重要課題は憲法改正作業の着手であったが、伊沢はこれにも関与している。いわゆる松本試案が二月八日GHQに提出され、GHQ草案が一三日に政府に手交されて政府はこれを基礎として憲法改正案の作成に入った。作業の中心になった次田の後任書記官長楢橋渡はこの間の二月一一日、伊東の別荘に伊沢を訪問し、伊沢は楢橋に「首相宛の覚書六枚」を託した。(44) 楢橋の用件と伊沢の幣原宛「覚書」の内容は不明であるが、伊沢は枢密院の憲法審査会のメンバーとして前年来「天皇戦争責任問題、天皇側近陣容　憲法改正程度」などに関心を寄せ、(45) 楢橋もこのころ憲法改正作業のなかで「天皇」の地位について「追いつめられ」、田中清玄の紹介で伊豆長岡に山本玄峰老師を訪問し天皇「象徴」化への示唆を受けたとされる。(46) 一一日の楢橋の伊沢訪問も、山本玄峰や田中清玄と密接な関係にあった伊沢に憲法改正作業に伴う問題を諮問し、伊沢は楢橋、幣原に憲法改正の基本方針に係わる進言を行ったと推測される。

三　占領政策の転換と伊沢

1　伊沢とノーマン

以上のような伊沢の幣原内閣に対する影響力の行使は、しかし彼の政治生命にとって両刃の剣となるものであった。それはこの内閣で占領改革を本格的に展開し始めたGHQとの関係において現実のものとなった。すなわち四五年一一月一九日荒木貞夫、真崎甚三郎ら一一名、一二月二日梨本宮守正、平沼騏一郎ら五九名、同六日近衛文麿、木戸孝一ら九名が相次いで戦犯容疑者として逮捕され前内閣以来の戦争責任指導者の追及は本格的に開始され、伊沢もこのなかで無縁ではすまされなかったのである。

戦後の伊沢についていち早くそして最も大きな関心を注いだのは、『日本における近代国家の成立』などの著書で知られるカナダ人歴史家E・Hノーマンであった。すなわち四五年一二月一九日の日付を持つ原題A Japanese Eminence Grise:IZAWA,TAKIWO (Summary of Memorandum)「伊沢多喜男—日本の黒幕」は、『ノーマン全集』第二巻に「戦争責任に関する覚書」の一つとして収録されている戦前戦後にわたる伊沢の政治活動とその派閥に関するきわめて詳細な分析である。

同全集編者大窪愿二によれば、この「覚書」は「日本政治の封建的背景」へのノーマンの強い関心に基づくもので、必ずしも「直接戦犯容疑を論じたものでな」いとされる。[47] しかしこの「覚書」が書かれたのは、九月に来日したノーマンが連合国軍最高司令官総司令部GHQ／SCAPの参謀第二部（GⅡ）に所属する民間諜報局（Civil Inteligence

Section）調査分析課長の職にあった時期である（四五年一〇から同年一二月まで）。ＣＩＳはＧＨＱによる戦犯容疑者追及の中心となった法務局（ＬＳ）及び国際検察局（ＩＰＳ）、公職追放や教職追放を担当した民政局（ＧＳ）や民間情報教育局（ＣＩＥ）などに、関係する日本人の情報を収集して提供する機関であり[48]、ノーマンの任務も「日本の政治情況を分析してＳＣＡＰに報告すること」、「政治犯人の釈放や戦争犯罪人に関する仕事」であった[49]。ノーマンは、このころ近衛文麿（一一月五日付）と木戸孝一（一一月一九日付）についても「覚書」を作成し、これらはアチソンＧＨＱ政治顧問からバーンズ国務長官にあて送付され、彼らの戦犯としての逮捕（一二月三日）の基礎となっている[50]。こうした職責にあったノーマンが、近衛や木戸と密接な関係を有していた伊沢に関心を寄せたのは当然であった。

このほか一二月二日逮捕された笹川良一に関して対敵情報部隊（ＣＩＣ）からＩＰＳにあて提出された報告書の情報提供者としてもノーマンの名前がある[51]。その中で笹川は、数多くの日本政府高官を告発しているが、四六年一月一六日付けの手記の中で、伊沢を「内閣製造の内幕」、後藤文夫の「保護者」、東条内閣の「絶対的な支持者」と断じている。ＧＨＱの戦犯追及の組織内で伊沢の存在はノーマンの情報を元に広く知られていた。近衛や後藤ら伊沢と近い有力者が相次いで逮捕されるなか、伊沢はこの時期近衛らと同様に戦犯に訴追される可能性が十分あったのであり、実際ＩＰＳ内で伊沢を「被告」にしようとした動きがあったという[52]。

ノーマンが伊沢に関して特に関心を持つことになったのは、大蔵官僚から台湾総督府、関東庁に勤め、後には実業界に転じ、戦後は国務大臣を務めた殖田俊吉からの情報であった[53]。ノーマンと殖田とは、「一九四五年の秋、私が東京に滞在していた折りに彼と知り合い、戦前・戦時の人物や事件の背景史を語ってもらい、私は彼との会話から多くを学びました」という[54]。殖田は田中義一と縁戚にあたる政友会系官僚であり、元来民政党系の伊沢とは合わず、三三年の台湾総督府から関東庁への転任を不満とし、その「私怨」からひそかに東京地区のＣＩＣの第八〇部隊に接触して伊沢を攻撃する情報を提供したとされる。[55] ＣＩＣはＣＩＳの下部組織であり、ノーマンに情報を提供したのである。[56] この情報をもとに作成されたノーマンの伊沢覚書は、一九四六年一月二日に法務局調査課を通じて国際検察局（ＩＰＳ）の尋問調書ファイル№２７２として収録された。すなわちＧＨＱによる戦争犯罪人追及のための資料となったのである。[57] さらに一月二四日、政府がＧＨＱからの指令で調査の対象とした三一年以降の枢密院関係者のリストでも伊沢は氏名を挙げられており、彼がこうした戦争責任者の追及の例外でなかったことは明らかである。[58]

しかし、ノーマンの伊沢覚書には何カ所かpendingと書き入れがあり、起訴への取り扱いは保留されていたようである。そして、結局伊沢は逮捕を免れた。伊沢の次男飯沢匡は、この点について幣原の「占領軍からの信用」をあげ、幣原の盟友を自認する伊沢も戦犯になることは全然問題としていなかったという。[59] たしかに伊沢が逮捕を免れたのは、幣原とその内閣との密接な関係に負うところが大きかったと思われる。しかしそれは内務省の存続が初期の対日占領政策に認められた一定の価値と同様の意味からにほかならない。とすれば、幣原内閣の退陣と占領改革の本格的な開始は、伊沢の政治活動の命脈を決定づけることになるだろう。

2　吉田内閣と伊沢

この年一二月に入り農地改革、労働改革が急テンポで進展し、またＧＨＱによる戦犯逮捕が相次いで行われ、これらに鼓舞された共産党が華々しく活動し始める情勢となるにしたがい、それまで幣原内閣を支えてきた吉田は内閣への失望をあらわにするようになったた。すなわち吉田は一二月五日伊沢にあて「平和的責任内閣出来ぬ迄ハ進駐軍我国より撤退せず」との認識から「責任内閣の成立」を急務とし、「此為め老首相ニハ御気の毒千万ニ候得共右成立を早め候為ニ老躯をも煩ハさるを得ず。小生専ら之を力説致候得共直ニ其快諾を不能得昨今甚た焦心苦慮罷在候」とし、伊沢に対し「老閣の如き政界の通人ニして平生御懇意の辺より是非ニ為国家更ニ御勧説相煩度奉切願候」と幣原退陣への説得を依頼した。(60) 吉田は幣原と同期の二八会の有力者大平駒槌にもこの件を依頼し、幣原退陣を働きかけている。

その後八日に上京した伊沢は吉田外相官邸に宿泊し、さらに戦犯逮捕の命令が発せられた近衛自殺の翌一六日、吉田は伊沢に対し「近衛公の事又云ふに忍ひす嘸かし老閣御愁嘆の事と奉存候。誠ニ惜しく仕候。」と述べるとともに「昨今の政界分けて共産系の活動可恐」と述べ「右ニ付高木海軍大将老閣往訪依頼致置候。同君ハ故近衛公其他のゆかりの人ニハ御承知と存候其節御引見御懇談願上候」と高木惣吉中将差し向けを伝えた。(61) 高木は、近衛、吉田とともに二月の近衛上奏に係わった一人であった。

吉田の共産党への警戒は一貫しており、このころ伊沢にあてた他の書簡でも「我治安状態誠ニ近時可憂分て共産分子の活動頻ニ活溌を加へ来」とし、「就てハ閣下より当局の注意を促かされ帝国治安の為一層の努力効力を発揮致候様御力添切望ニ不堪。此侭ニせハ一内閣の運命ハ兎も角騒擾生して収拾付き兼ぬるような事態発生するに於てハ対米干係ニも関係可致憂心此事ニ候」と、書き送っている。(62) 近衛上奏文で強調された共産主義の脅威論は、敗戦後、共産党の台頭によっていっそう現実味をおびており、吉田は「帝国治安」のため「当局の注意」を伊沢に期待するとともに、この危機状況を克服するために幣原を退陣させ、自らへ政権を委譲すべく伊沢に協力を依頼したのである。

このように幣原内閣末期に権力獲得のために伊沢に協力を要請した吉田であったが、四六年四月の第二二回衆議院議員総選挙をへて幣原内閣が総辞職し、鳩山追放後に自由党総裁となり、五月一六日自力で政権を獲得すると、両者の距離は次第に懸隔していく。

吉田の組閣にあたっても伊沢は例によって書簡を出して意見を開陳したようだが、首相からの返事はなかった（五月一七日日記）。吉田内閣の人事は、吉田の官僚・学者人事と鳩山系の自由党人事が対立して難航し、一九日には吉田は一旦は組閣打ち切りを表明したほどであった。この間、伊沢は「自由党、進歩党の我利連入閣運動激烈」「幣原、吉田統制力無く醜状を暴露す」と嘆いているが（五月一八日）、本格的に活動を開始した政党勢力の入閣運動のなかで、伊沢が前内閣のように人事に介入する余地はほとんどなかったのである。

二二日成立した第一次吉田内閣の組閣参謀は農林官僚の石黒武重であり、閣僚をみても農林大臣の和田博雄、厚生大臣の河合良成、経済安定本部総務長官の膳桂之助、内閣副書記官長の周東英雄ら農林省出身者が多く、さらに自由党所属の代議士のなかでも星島二郎、植原悦二郎、林譲治ら政友会系の出身が多い。吉田が組閣にあたり重視したのは、当時の深刻な食糧事情を反映した農相の人事であり、[63]内務省、民政党系の伊沢はこの内閣に前の二つの内閣のように影響力を行使する回路を持つことができなかったといえる。この内閣では前内務次官の大村清一が内相に就任したが、吉田は大村内相との会見を希望した伊沢に対しても[64]「唯今議会中ニて内相貴地参向ハ六ケ敷」と拒否した。伊沢のこの内閣への影響力の後退を物語るものといえるだろう。

3　追放

一九四七年五月二日、枢密院は日本国憲法の施行を前にその使命を終えて消滅し、伊沢もまたその任を解かれた。しかし伊沢はその後も「牧野翁往訪夕五時半まで対座交談、皇室、国家問題、退位、恩賞、教育、国際大に獲る所あり」といった具合に、かつての重臣たちを訪ねては国事を談じる日々を送っていた。[65]こうして軽井沢で健在を示していた伊沢であったが、九月二二日中央公職適否審査委員会は三六名の公職追放該当者指名を発表した。[66]今回の追放指定は、「戦時中の枢密院関係者」が新たに加えられ、伊沢のほか枢密院議長清水澄、同副議長潮恵之輔、顧問官三土忠造、林頼三郎、竹越与三郎ら六人が指定を受けた。

地方制度改革や憲法改正を達成したＧＨＱの民政局は、すでに同年六月下旬、それまでの内務省の「分権化」方針を転換して一二月三一日をもって廃止することを決定し、以後「内務官僚の進退に対する厳重な監視を含む、機構の徹底した解体・分散が追求」された。(67) ＧＨＱは公職追放の「潜在該当者」が政治活動を行っている事態を重視し、五月日本政府に取り締まりを指示し、政府は七月に勅令第一号の改定と仮指定の政令を発表した。(68)

駐日カナダ代表部主席となっていたノーマンは、同年一二月に本国にあてた報告書で「日本の隠れた政府」や「封建的に組織された党派や派閥」をめぐる最近の動きについてふれ、「ＧＨＱのいろいろな局が、指令の実施に対する抵抗の存在に、次第に気づきはじめ」ていると記している。(69) この時期ＧＨＱは占領政策に障碍となる勢力の最終的な除去を進めていたのである。そしてノーマンがその報告書の最後で参考として挙げたのが、前述した自らの著作「伊沢多喜男―日本の黒幕」であった。すなわちノーマンのいう「隠れた政府」の中核とは、内務省であり伊沢であった。今回追放指定された清水、潮、伊沢らは内務省出身、三土は前内相であり、彼らの追放指定は新たな憲法体制の形成のうえで必要とされた内務省支配の徹底的解体という政治的文脈の上で実施されたのである。

軽井沢の伊沢のもとに「公追放令該当の旨片山首相より書面」が来たのは、九月二六日であった。九月二九日には警察署より電話で「証人として内務省出頭」が伝えられたが伊沢は「出頭不能」と答え、一〇月七日には軽井沢行幸に際し「天機奉伺記帳」を行った。

この公職追放該当は伊沢にとって「意外」であった。(70) 伊沢自身は戦争反対に尽力したとの意識があったからである。四七年七月一日の追放令は公職資格訴願委員会を設置しており、追放該当者が異議を申し立てる道が開かれていた。ちなみに仮指定された追放該当者数二〇万四三〇四人のうち、異議申し立て後に非該当となったものは一万一一六二人あった。(71) そこで伊沢は直ちに追放解除のための特赦訴願に向け友人らに働きかけた。

伊沢の追放解除運動の協力者となった一人は、東大教授で商法の権威田中耕太郎であった。伊沢と田中とは戦前来のつきあいで、戦後も四七年四月の参議院選挙に田中が出馬するにあたり支援するなどの関係にあった[71]。田中は幣原内閣の文部省学校教育局長、吉田内閣の文部大臣として教職員の適格審査、いわゆる教職追放の日本側責任者であり、GHQ当局のCIEとは密接な関係を持っており、伊沢はこれに期待していたと思われる。一一月二五日、伊沢は田中と会い「予の将来の在り方に関し意見交換」し、一二月六日には田中が来訪し訴願について相談を行っている。しかし教育界からの超国家主義、軍国主義一掃を峻厳に行った田中が、伊沢の追放解除にどこまで協力したか、あるいは立場上できたかは疑問である[73]。

次いで伊沢に協力したのは伊沢と東大法科の同期卒業生（二八会）で社会統計学者の高野岩三郎、満鉄顧問を務めた田中清次郎らであった。社会党の創建にもかかわった高野と伊沢は一見その政治的立場を異にするようだが、高野の伝記でも両者は「公私とも深い交際があった」という[74]。

四八年一月二〇日、伊沢は熱海に高野、田中清次郎を訪問し「予の追放問題に関し高野より提案」を聞いた。それは東京裁判の被告となっていた東条の弁護人清瀬一郎を通じて、伊沢が「日米戦争反対を主張し最後まで抗争せる事実に附き東条をして発表せしむること」であり、「其為め予より其要点を計画提出してハ如何」ということであった。伊沢はこの提案を「余り気乗せす」（「伊沢日記」三月一日）としたが、清瀬を通じて巣鴨拘置所の東条に伝えられた。しかし三月二六日、高野から伝えられた清瀬の返答に、伊沢は「只呆然たる外なし、何等かの間違なるべし」と記した。すなわち「東条は予の日米戦争反対論を記憶せずとのこと」であった。

すでにふれたように、伊沢は四一年一二月一日の御前会議、一二月八日の枢密院の全員委員会で日米交渉の結果について東条内閣を追及する質問を行っており、伊沢はこれを自らの「日米戦争反対論」としたのである。しかし、これらは政府の「開戦責任」を突いたものであっても、その後の大東亜省設置問題などでの伊沢の姿勢からもうかがえるように、伊沢が政府の戦争遂行を支持していたことは明らかである。伊沢の戦争責任意識は、戦争の敗北という結果に対し、国家指導の一端に与かった者としての責任に限定されており、だからこそ「戦後」において「敗戦」を克服すべき政治責任を有すると考えたのである。戦争責任を自国民への責任ではなく対外的な侵略への荷担としてとらえ、その国家指導者たちをトータルに糾弾するＧＨＱの戦争責任観は、伊沢の想像を超えた概念であったといえよう。

おわりに

高野らの尽力もむなしく、四八年五月五日「追放確定通知」を受けとった伊沢がその生涯を閉じるのは、その一年あまり後の四九年八月一三日であった。伊沢は四八年ころからひどく衰弱したというから、追放は伊沢にとって大きな打撃になったようである。[75] 葬儀委員長を務めたのは幣原喜重郎、導師は山本玄峰であった。[75]

伊沢が戦後の東久邇、幣原、吉田各内閣で政治的影響力を行使しえたのは、敗戦後の混乱期にあって内政を所管する内務省による統治の安定が最重要課題であったからにほかならない。幣原、吉田両首相が外務省出身で内政に通じていなかったことは、内務省に豊富な人脈を持つ伊沢の存在を重用させることになった。そしてこれが可能となったのは、伊沢が戦争末期に鈴木首班擁立運動に関わり、それまでの主戦派から和平派に連なる位置に転換していたからであった。伊沢の盟友たちが次々と戦犯容疑で逮捕されるなか、伊沢がそれを免れた理由は敗戦直後の政界における伊沢の位置と有用性にあったといえるだろう。

しかし、吉田内閣期に入って、ＧＨＱの占領改革が本格化すると、そうした条件は次第に失われていく。すなわち伊沢の最大のパートナー幣原が退陣し、自由党と提携して自力で政権を獲得した吉田は伊沢を敬遠し、治安維持から食糧問題への対応に政策の重点を移行させた同内閣では、農林官僚が重用され内務官僚の地位は低下した。そしてGHQは、公職追放を本格化して旧勢力の一掃と内務省支配の解体に着手し、占領改革の障碍として伊沢の存在が再びクローズアップされたのである。その伊沢の存在を最も強く評価したのが、GHQ民間諜報局のハーバート・ノーマンであった。伊沢が公職追放の指定を受けたのが、GHQ民政局の支援のもと社会党と民主党の連立で成立した片山内閣下であったことは、以上のような伊沢の戦後活動の結末を象徴するものであり、伊沢はやはり同内閣のもとで解体した内務省と自らの政治的生涯の終焉を同じくしたといえるのである。

註

(1) 伊沢多喜男伝記編纂委員会編『伊沢多喜男』(羽田書店、一九五一年) 三〇〇頁、二八九頁。
(2) 五百旗頭真『二〇世紀の日本3　占領期　首相たちの新日本』(読売新聞社、一九九七年) 一三九頁。天川晃「幣原内閣」辻清明・林茂編『日本内閣史録5』(第一法規出版、一九八一年) 参照。なお本稿脱稿後に由井正臣編『枢密院の研究』(吉川弘文館、二〇〇三年) が刊行され、池田順「戦時下の枢密院」がこの時期の枢密院の政治的地位の変化を考察している。
(3) 深井英五『枢密院重要議事覚書』(岩波書店、一九八二年) 一九一、一九二頁。
(4) 同右、二六八頁。
(5) 伊沢あて有田八郎書翰一九四二年一一月一一日 (伊沢多喜男文書研究会『伊沢多喜男関係文書』芙蓉書房出版、二〇〇〇年、一一一頁)。
(6) 「伊沢多喜男日記」(「伊沢多喜男文書」所収) 一九四三年四月一五日「午前十時大東亜大臣秘書官渡辺昭君来訪。予は大東亜省と外務省関係に関し大臣に伝言せしむ」とある。以下、「伊沢日記」の引用にあたっては、とくに注記しない。
(7) 拙稿「伊沢多喜男と宇垣一成―宇垣擁立工作を中心に」(堀真清編『宇垣一成とその時代』新評論、一九九九年)。
(8) 『木戸孝一日記　下』(東京大学出版会、一九七八年) 一九四三年八月三〇日の条、一〇四九頁。
(9) 伊沢の『昭和二〇年手帳』末尾欄によれば、伊沢は枢密顧問辞任問題の際、自らの後任として藤原銀次郎と正力松太郎両者の名前を挙げている。

(10)『田中清玄自伝』(文芸春秋社、一九九四年) 一三五〜一三七頁。
(11)「伊沢日記」一九四五年三月一八日、二一日参照。なお、『伊沢多喜男』にも、「幣原首相代理の失言問題当時、伊沢氏は、赤坂の眼科医内田孝蔵博士邸に安達内相を招いた。内田邸は広い邸宅で、伊沢氏は同邸をいつも活動の足場とした」とある(同書、二〇三頁)。
(12) 高木蒼梧『玄峰老師』(大蔵出版、一九六三年) 八一、一八五、一九五、一九六頁。
(13) 矢部貞治『近衛文麿』(読売新聞社、一九七六年) 六七六、七〇五、七〇六頁。
(14)「伊沢日記」一九四五年八月二〇日［欄外］には「内相に近公宛書面を托す」とある。伊沢あて山崎巌書翰(一九四五年)八月二七日(『伊沢多喜男関係文書』四三七頁)参照。
(15) 山崎巌あて伊沢多喜男書簡一九四五年(九)月(一二)日(『伊沢多喜男関係文書』九三頁)。
(16) 前掲『伊沢多喜男』三〇一頁。
(17) 前掲『木戸孝一日記 下』一二二九頁。「大東亜戦争終結ニ伴フ民心ノ動向ニ関スル件」粟屋憲太郎・川島高峰編『敗戦時全国治安情報』第2巻(日本図書センター、一九九四年)所収。
(18) 東京大学法政史料センター所蔵「山崎巌文書」I・一三二「職員手帖」一九四五年。
(19)「道義国家再建意見」(『伊沢多喜男関係文書』五二四頁)。
(20)『神奈川県警察史』下巻(神奈川県警察史編纂委員会、一九七四年)三四六〜三五〇頁。
(21)『幣原喜重郎』(幣原平和財団編刊、一九五五年)二〇〜二一頁。
(22) 伊沢あて幣原喜重郎書簡、一九四五年九月二日(『伊沢多喜男関係文書』二六九、二七〇頁)。
(23) 前掲『幣原喜重郎』五四八〜五四九頁。
(24) 古島一雄『一老政治家の回想』(中央公論社、一九五一年)二八六頁。
(25) 塩田潮『最後の御奉公 宰相幣原喜重郎』(文芸春秋、一九九二年)三九一、三九二頁。
(26) 関屋貞三郎あて伊沢書簡一九四五年一〇月四日(『伊沢多喜男関係文書』六〇頁)。
(27) 前掲『幣原喜重郎』五四四頁、前掲天川晃「幣原内閣」三三頁。
(28) 太田健一ほか編著『次田大三郎日記』(山陽新聞社、一九九一年)四七頁、五〇頁。
(29) 同右五四頁、一一三頁。
(30)『朝日新聞』一九四五年一〇月九日。
(31) 幣原喜重郎あて伊沢書簡(一九四五)年一〇月九日書簡(『伊沢多喜男関係文書』五六頁)。

(32)『朝日新聞』一九四五年一〇月八日。
(33)前掲天川論文三七、三八頁。
(34)(32)に同じ。
(35)『朝日新聞』一九四五年八月二六日。
(36)前掲『次田日記』一〇六頁。
(37)同右一〇七頁。
(38)同右一一四頁。
(39)伊沢あて藤原銀次郎書簡一九四五年一〇月二八日(『伊沢多喜男関係文書』三八五頁)。
(40)伊沢あて岩田宙造書簡一九四五年九月二四日(『伊沢多喜男関係文書』一三九頁)および前掲『伊沢多喜男』三二四、三二五頁。
(41)岩田宙造あて伊沢書簡(一九四五)年(一〇)月(『伊沢多喜男関係文書』三八頁)。
(42)伊沢あて三土忠造書簡(一九四六)年二月一五日(『伊沢多喜男関係文書』四二二頁)。
(43)「伊沢日記」一九四六年三月八日。
(44)「伊沢日記」一九四六年二月一一日。
(45)「伊沢日記」一九四五年一二月七日。
(46)『楢橋渡伝』(「楢橋渡伝」出版会、一九八二年)一五二〜一五六頁。
(47)大窪愿二編訳『ハーバート・ノーマン全集』第二巻(岩波書店、一九七七年)「解題」四五七頁。
(48)竹前栄治ほか監修『GHQ日本占領史1　GHQ日本占領史序説』(日本図書センター、一九九六年)「解説」三六〜四一頁、およびOperation of the Civil Inteligence Section GHQ, FEC & SCAP(国立国会図書館憲政資料室所蔵)参照。
(49)馬場伸也「占領とノーマン」『思想』六三四号(一九七七年四月)五七頁。
(50)Case ＃272 IZAWA Takio(伊沢多喜男)粟屋憲太郎・吉田裕編『国際検察局(IPS)尋問調書』第３７巻(日本図書センター、一九九三年)一四三〜一七九頁。
(51)Case ＃185 SASAGAWA Ryoichi(笹川良一)前掲『国際検察局(IPS)尋問調書』第２４巻、一四五頁及び一八七頁。
(52)飯沢匡「官僚政治の幕間話」『資料日本現代史月報』(大月書店、一九八四年一月)一一頁。
(53)殖田俊吉については、荒垣秀雄「吉田の懐刀、興信録的人物殖田俊吉」『現代人物論』(河出書房、一九五〇年)参照。
(54)カナダ外務省あてディスパッチ№５０９一九四八年一一月一日。Ｅ・Ｈ・ノーマン、加藤周一監修、中野利子編訳『日本

占領の記録　１９４６―４８』（人文書院、一九九七年）三八八頁。
(55) 粟屋憲太郎『未決の戦争責任』（柏書房、一九九四年）九一頁。
(56) (51)に含まれる一九四六年一月一〇日付対敵情報部L. H. Barnardの報告書中には情報源としてＣＩＣのノーマンとされている。
(57) 前掲『国際検察局（IPS）尋問調書』第３７巻、一四五頁。
(58)『朝日新聞』一九四六年一月二五日。
(59) (52)に同じ。
(60) 伊沢あて吉田茂書簡（一九四五）年一二月五日（『伊沢多喜男関係文書』四五四頁）。
(61) 伊沢あて吉田茂書簡（一九四五）年一二月一七日（『伊沢多喜男関係文書』四五四、四五五頁）。
(62) 伊沢あて吉田茂書簡年月日不詳（『伊沢多喜男関係文書』四五五、四五六頁）。
(63) 天川晃「第４５代　第一次吉田内閣」前掲『日本内閣史録５』七七、七八頁。
(64) 伊沢あて吉田茂書簡一九四六年七月一〇日（『伊沢多喜男関係文書』四五五頁）。
(65)「伊沢日記」一九四七年六月二一日。
(66)『朝日新聞』一九四七年九月二三日。
(67) 平野孝『内務省解体史論』（法律文化社、一九九〇年）一八〇頁。
(68) 増田宏「公職追放の衝撃」『戦後日本　占領と戦後改革　第二巻　占領と改革』（岩波書店、一九九五年）一〇七頁。
(69) カナダ外務省あてディスパッチNo.３０４一九四七年一二月五日。前掲『日本占領の記録』二六五～二七二頁。
(70) 前掲『伊沢多喜男』二九九頁。
(71) (69)に同じ。
(72) 伊沢あて田中耕太郎書簡一九四二年九月一八日、一九四三年二月一六日、（一九四七）年三月一四日（『伊沢多喜男関係文書』三二一、三二二頁）参照。
(73) 山本礼子『占領下における教職追放―ＧＨＱ／ＳＣＡＰ文書による研究』（明星大学出版部、一九九四年）六〇、六七頁。
(74) 大島清『高野岩三郎伝』（岩波書店、一九六八年）四二四頁。
(75) 前掲『伊沢多喜男』三七三頁。
(76) 同右、三七八頁。

伊沢多喜男年譜

年	年齢	経歴
一八六九（明治二）	一	一一月二四日、長野県上伊那郡高遠町に伊沢勝三郎（文谷）、多計の四男として生まれる。
一八七四（明治七）	六	名古屋市の長兄・修二（当時、愛知師範学校長）宅に到り、愛知師範学校附属小学校に入学。
一八七五（明治八）	七	修二の米国留学につき、高遠に戻る。
一八七六（明治九）	八	高遠町東高遠小学校に入学。
一八七八（明治一一）	一〇	修二帰国、父勝三郎死去。
一八八一（明治一四）	一三	修二に招かれ上京し、東京師範学校附属小学校に入学。
一八八四（明治一七）	一六	慶応普通部入学。
一八八七（明治二〇）	一九	慶応普通部を卒業し、大阪第三高等中学校入学。
一八八九（明治二二）	二一	第三高等中学校、京都移転。
一八九二（明治二五）	二四	第三高等中学校を卒業し、帝国大学法科大学に入学。
一八九五（明治二八）	二七	七月、帝国大学法科大学政治学科卒業。
一八九六（明治二九）	二八	三月、愛知県属。一二月、文官高等試験合格。この年、母多計死去。

一八九七（明治三〇）　二九　四月、内務属（内務部第一課長）。九月、山梨県参事官となる（土木局、道路課勤務
一〇月、色川三郎兵衛四女とくと結婚。

一八九八（明治三一）　三〇　七月、岐阜県参事官となる。この年、長女高誕生。

一九〇〇（明治三三）　三二　七月、岐阜県警部長となる。この年、次女常誕生。

一九〇二（明治三五）　三四　二月、福井県書記官（内務部長）となる。この年、長男龍作誕生。

一九〇四（明治三七）　三六　九月、滋賀県書記官（内務部長）となる（同県知事安楽兼道）。この年、次女常死去。

一九〇五（明治三八）　三七　四月、地方官制改正により、滋賀県事務官（第一部長）となる。一二月、第三部長
兼補。

一九〇六（明治三九）　三八　四月、警視・警視庁第一部長（警視総監安楽兼道）となる。

一九〇七（明治四〇）　三九　一月、和歌山県知事となる。

一九〇九（明治四二）　四一　七月、愛媛県知事に転ずる。この年、次男紀誕生。愛媛県知事として、別子銅山四坂
島精練所煙害問題を解決。

一九一一（明治四四）　四三　三女いよ誕生。

一九一二（大正元）　四四　一二月、新潟県知事となる。

一九一三（大正二）　四五　三月、文官分限令により休職となる（内務大臣原敬）。この年、四女みや誕生、巣鴨
宮仲二五一七に住居を新築。

一九一四（大正三）　四六　四月、警視総監となる。

一九一五（大正四）　四七　八月、警視総監を辞任。

一九一六（大正五）　四八　一〇月、貴族院議員に勅選される。

一九一七（大正六）　四九　五月、長兄修二死去。

一九一八（大正七）　五〇　九月、臨時国民経済調査委員となる。

一九一九（大正八）　五一　第四一議会で「開墾助成法案」について質問演説。一一月、同成会結成。この年、長女高、河井重蔵五男昇三郎と結婚。

一九二一（大正一〇）　五三　一月、臨時治水調査会委員となる。この年、第七回万国議院商事会議（リスボン）に列席。

一九二二（大正一一）　五四　第四五議会で「過激社会運動取締法案」に反対。

一九二三（大正一二）　五五　一〇月、帝都復興院評議会議員（会長阪谷芳朗）となる。

一九二四（大正一三）　五六　二月、特別都市計画委員会委員となる。九月、台湾総督となる（総務長官に後藤文夫）。

一九二六（大正一五）　五八　七月、台湾総督を辞任し、東京市長となる（助役に丸山鶴吉、山口安憲、松本忠雄）も、体調を崩し軽井沢で静養。八月、瓦斯事業委員会委員・中央紙業委員会委員となる。一〇月、東京市長を辞職。

一九二八（昭和三）　六〇　第一六回総選挙（二月二〇日実施）に際し選挙革正会を組織。

一九三〇（昭和五）　六二　一月、衆議院議員選挙革正審議会委員となる。七月、鉄道会議議員となる。一一月、浜口遭難に際し、幣原総理大臣臨時代理実現に奔走。

一九三一（昭和六）　六三　五月、文政審議会委員となる。この年、近衛文麿貴族院副議長実現へ向け運動。

一九三二（昭和七）　六四　一一月、米穀統制調査会委員となる。この年、長男龍作、鹿子木小五郎三女清子と結婚。

一九三三（昭和八）　六五　七月、鉄道会議議員となる。

一九三四（昭和九）　六六　九月、米穀対策調査会委員となる。この年、三女いよ、黒河内太門次男透と結婚。

一九三五（昭和一〇）　六七　五月、内閣審議会委員となる。

一九三六（昭和一一）　六八　七月、議院制度調査会委員となる。九月、鉄道会議議員となる。

一九三七（昭和一二）　六九　六月、貴族院制度調査会委員となる。この年、四女みや、藤浪剛一養子得二と結婚。

一九三八（昭和一三）　七〇　六月、議会制度審議会委員・国家総動員審議会委員となる。

一九三九（昭和一四）　七一　一一月、鉄道会議議員となる。

一九四〇（昭和一五）　七二　一一月、枢密顧問官となる。

一九四一（昭和一六）　七三　一月、貴族院議員を辞職。この年、二男紀、西宗久壽馬四女常枝と結婚。

一九四二（昭和一七）　七四　一〇月、大東亜省設置案に枢密院審査委員会内で唯一政府原案に賛成。

一九四五（昭和二〇）　七七　四月、東京巣鴨の居宅、空襲により罹災。

一九四七（昭和二二）　七九　第一回参議院議員選挙（四月二〇日実施）への出馬を勧められるも辞退。一二月、公職追放。

一九四九（昭和二四）　八一　八月一三日、東京第一国立病院にて逝去。八月一六日、葬儀（委員長幣原喜重郎）。

作成にあたり、

伊沢多喜男伝記編纂委員会『伊沢多喜男』(羽田書店、一九五一年)
戦前期官僚制研究会編／秦郁彦著『戦前期日本官僚制の制度・組織・人事』(東京大学出版会、一九八一年)
『枢密院高等官履歴』第八巻(東京大学出版会、一九九七年)
を参照した。年齢は数え年とした。

(作成：中島康比古)

あとがき

『伊沢多喜男関係文書』刊行後、二年半の歳月が過ぎてしまった。約束の期限がとうに過ぎるなか、支援をいただいた関係者には多大のご迷惑をおかけしたことをお詫びしなければならない。関係ご遺族の方々はその間、われわれへの当然というべき督促や注文をいっさい控えられ、辛抱強く刊行を待って下さった。深くお詫び申し上げると共に、そのご配慮に深甚の感謝の意を表させていただきたい。

前書同様、本書の上梓は、二〇〇一年六月に逝かれた伊沢多喜男の孫にあたる故河井公二氏に、まずもって捧げなければならない。本会の活動のすべての出発点は、一九九四年七月、編者と河井氏との出会いに始まる。関係資料の利用は、全面的に氏からご便宜をいただいた。のみならず毎回の研究会にかかさず参加され、報告に耳を傾けられ、さまざまなご意見を述べられ、時にユーモアあふれたエピソードを披露された。会が終わると、帽子を手にとりさっと席をあとにされた氏の飄々としたお姿は、今も忘れることができない。氏は風貌もそうであったが、後進への情に厚く、地位や私欲に恬淡としておられ、時に見せる頑固振りと潔癖さは、失礼ながら祖父ゆずりとお見受けした。特に気にかかることは昼夜なく何度でも電話で確認してこられるあたりは、『伝記』に出てくる伊沢多喜男の性格とそっくりであることを発見して、思わず笑い出したことを想い出す。亡くなる直前までわれわれに惜しみないご支援を賜った氏への感謝の気持ちは言葉で尽くせない。

病床に伏すことになられた公二氏のあと、兄上にかわって本会との連絡ほかに終始奔走して下さった河井志郎氏にも感謝申し上げたい。不自由な身となられた兄上とのバトンタッチはまさに絶妙のタイミングであり、志郎氏の深いご配慮を思わずにいられない。伊沢多喜男四女藤浪みや子氏にご紹介いただき、父伊沢多喜男の想い出についてインタビューさせていただいたのは東京小日向の志郎氏のお宅であった。

以来、藤浪みや子氏にもひとかたならぬご支援をいただいた。九九年九月研究会のメンバーで、蓼科の藤浪氏と志郎氏の別荘に泊まり込み、関係文書解読の合宿を張ったのは楽しい思い出である。また前書刊行のあかつきに、吉良芳恵氏とともに志郎氏の車に同乗させていただき、伊沢兄弟の郷里高遠町にある町立歴史博物館を訪問したのは、二〇〇〇年一一月、信州に紅葉が始まるころであった。前書同様、本書はこれら関係各位のご支援の賜である。

実証的な歴史研究は、良質な資料にめぐまれることが一つの条件であるが、とりわけ新しい資料との出会いは、所蔵者との信頼関係に深くかかっている。その信頼に応え得たかどうかはなはだ心許ないが、資料の調査、整理、資料集の編集と刊行、それら基礎資料にもとづく研究成果の発表という一連の仕事をここに一応の形を以てなしえたのは、ひとえに関係ご遺族のご理解とご協力によるものであり、歴史研究を志すわれわれにとってまたとない貴重で幸福な仕事であった。ここに改めて感謝申し上げる次第である。

また芙蓉書房出版の平澤公裕社長には、『伊沢多喜男関係文書』に引き続き、今回の論文集の刊行を引き受けていただいた。平澤社長とは、早稲田大学のメンバー（代表は兼近輝雄当時政経学部教授）で編集し、芙蓉書房出版から刊行した『宇垣一成関係文書』（一九九五年刊行）以来のおつきあいをさせていただいている。資料集の編集と刊行といった地味で手間のかかる活動の意義を諒とせられ、一貫してご支援いただいたことに厚く御礼を申し上げる。

伊沢多喜男文書研究会の活動は、これら各位のご支援によって一応の成果を発表し得たわけだが、残されたわれわれの課題は、基礎作業に着手したわれわれにまず許された関係資料の利用を、広く研究者、国民に供すべく準備することである。これは長年「伊沢多喜男文書」を保管して来られた伊沢女婿故黒河内透氏（戦後農林省山林局長）の遺志であり、それを託された故河井公二氏のご希望であった。また官僚政治家として明治国家とともに生き、晩年まで自ら関係資料を整理して手元に残した伊沢多喜男自身の意にかなうものでもあるとも思われる。

研究することと、基礎となった資料の整理、保存、その後の公開による共有は一体であるべきである、これはわれわれ研究会のメンバーの共通認識である。メンバーは皆、日本政治史の研究を専攻するだけでなく、現在までさまざまな機関でそうした資料保存の活動に深く関わってきている。その意味で伊沢多喜男文書研究会の活動は、「伊沢多喜男文書」が広く国民の歴史的共有財産となったとき完結すると考える。それに向けて「伊沢多喜男文書」は、近く国立国会図書館憲政資料室に収蔵され、公開へ向けて準備される手はずであることを記しておく。

編者

■編者・執筆者略歴

大西比呂志（おおにし　ひろし）
1955年生まれ。1988年早稲田大学大学院政治学研究科博士後期単位取得退学。現在、早稲田大学講師。
著書・論文：「伊沢多喜男と宇垣一成」（『宇垣一成とその時代』新評論、1999年）『「大東京」空間の政治史』（共編著、日本経済評論社、2002年）

吉良　芳恵（きら　よしえ）
1948年生まれ。1975年早稲田大学大学院文学研究科修士課程修了。現在、日本女子大学助教授。
論文：「徴兵制における所在不明者―昭和期長野県の兵事資料から―」（『帝都と軍隊』日本経済評論社、2002年）「屎尿処理をめぐる都市と農村―1921年の横浜市街地と近郊地域―」（『横浜近郊の近代史』日本経済評論社、2002年）

季武　嘉也（すえたけ　よしや）
1954年生まれ。1985年東京大学大学院人文科学研究科博士課程単位取得退学。現在、創価大学教授。博士（文学）。
著書・論文：『大正期の政治構造』（吉川弘文館、1998年）「戦前期の総選挙と地域社会」（『日本歴史』544号、1993年）

櫻井　良樹（さくらい　りょうじゅ）
1957年生まれ。1988年上智大学大学院文学研究科博士後期課程単位取得退学。現在、麗澤大学教授。博士（史学）。
著書：『大正政治史の出発』（山川出版社、1997年）『地域政治と近代日本』（編著、日本経済評論社、1998年）『阪谷芳郎東京市長日記』（共編、芙蓉書房出版、2000年）

加藤　聖文（かとう　きよふみ）
1966年生まれ。2001年早稲田大学大学院文学研究科博士後期課程単位取得退学。現在、国文学研究資料館史料館助手。
著書：『近代日本と満鉄』（共著、吉川弘文館、2000年）『枢密院の研究』（共著、吉川弘文館、2003年）

黒川　徳男（くろかわ　のりお）
1966年生まれ。1997年國學院大學大学院文学研究科博士後期課程単位取得退学。現在、國學院大學講師。
論文：「無産派代議士の職能的側面と戦時社会政策」（『日本歴史』579号、1996年）「日米交渉と賀川豊彦」（『近代日本の形成と展開』巌南堂、1998年）

中島康比古（なかじま　やすひこ）
1963年生まれ。1996年早稲田大学大学院政治学研究科博士後期課程単位取得退学。現在、国立公文書館公文書専門官。
論文：「太平洋戦争期の宇垣一成―その対外構想」（『宇垣一成とその時代』新評論、1999年）「1930年代東京における郊外統制構想―戦時下の『過大過密』化と都市計画―」（『「大東京」空間の政治史』日本経済評論社、2002年）

伊沢多喜男《いざわたきお》と近代日本《きんだいにほん》

2003年6月25日　第1刷発行

編　者

大西比呂志《おおにしひろし》

発行所

㈱芙蓉書房出版

（代表　平澤公裕）

東京都文京区白山1-26-22（〒113-0001）

TEL 03-3813-4466　FAX 03-3813-4615

組版／*Kalmia*　印刷／興英文化社　製本／協栄製本

ISBN 4-8295-0332-7